KB219145

GSAT

4급 전문대졸
온라인 삼성직무적성검사

시대에듀

2025 최신판 시대에듀 All-New 삼성 온라인 GSAT 4급
전문대졸 채용 7개년 기출 + 모의고사 4회 + 무료4급특강

Always **with you**

사람의 인연은 길에서 우연하게 만나거나 함께 살아가는 것만을 의미하지는 않습니다.
책을 펴내는 출판사와 그 책을 읽는 독자의 만남도 소중한 인연입니다.
시대에듀는 항상 독자의 마음을 헤아리기 위해 노력하고 있습니다. 늘 독자와 함께하겠습니다.

자격증 · 공무원 · 금융/보험 · 면허증 · 언어/외국어 · 검정고시/독학사 · 기업체/취업
이 시대의 모든 합격! 시대에듀에서 합격하세요!
www.youtube.com → 시대에듀 → 구독

머리말 PREFACE

삼성 경영철학의 최우선순위는 '인간존중' 이념이다. 이를 구현하기 위해 삼성은 1995년에 개인의 능력과 무관한 학력, 성별 등의 모든 차별을 배제한 '열린채용'을 실시함으로써 채용문화에 변화의 바람을 일으켰다. 이때 삼성 직무적성검사(SSAT ; SamSung Aptitude Test)를 도입, 단편적 지식과 학력 위주의 평가 방식에서 과감히 탈피했다.

20년 동안 채용을 진행하면서 입사 후 우수 직원들의 업무성과 요인 등을 분석한 결과 직군별 성과요인에 차이가 있었다. 또한 미래 경영환경의 변화와 글로벌 주요 기업들의 사례를 통해 창의적이고 우수한 인재를 효과적으로 확보할 필요성이 생겼다. 이에 삼성은 2015년 하반기 공채부터 시험 위주의 획일적 채용방식을 직군별로 다양화하는 방향으로 채용제도를 개편했다. 이와 더불어 SSAT(국내)와 GSAT(해외)로 혼재되어 사용하던 삼성 직무적성검사의 명칭을 GSAT(Global Samsung Aptitude Test)로 통일시켰다.

실제 삼성직무적성검사 기출문제를 살펴보면 평소 꾸준히 준비하지 않는 이상 쉽게 통과할 수 없도록 구성되어 있다. 더군다나 입사 경쟁이 날이 갈수록 치열해지는 요즘과 같은 상황에서는 더욱 철저한 준비가 요구된다. '철저한 준비'는 단지 입사를 위해서뿐만 아니라 성공적인 직장생활을 위해서도 필수적이다.

이에 시대에듀는 수험생들이 GSAT에 대해 '철저한 준비'를 할 수 있도록 다음과 같이 교재를 구성하였으며, 이를 통해 단기간에 성적을 올릴 수 있는 학습법을 제시하였다.

도서의 특징

① 2024~2018년에 출제된 7개년 기출복원문제를 수록하여 최신 출제경향을 파악할 수 있도록 하였다.
② 온라인 삼성직무적성검사에 맞춰 영역과 문항을 구성하고, 영역별 핵심이론과 적중예상문제를 통해 체계적으로 학습할 수 있도록 하였다.
③ 최종점검 모의고사 2회와 도서 동형 온라인 실전연습 서비스를 제공하여 실제와 같이 연습할 수 있도록 하였다.
④ 인성검사와 실제 면접 기출 질문을 수록하여 한 권으로 채용 전반에 대비할 수 있도록 하였다.

끝으로 본서를 통해 GSAT 4급 채용을 준비하는 여러분 모두의 합격을 진심으로 바란다.

SDC(Sidae Data Center) 씀

◇ 경영철학과 목표

1. 인재와 기술을 바탕으로

- 인재 육성과 기술 우위 확보를 경영 원칙으로 삼는다.
- 인재와 기술의 조화를 통하여 경영 시스템 전반에 시너지 효과를 증대한다.

2. 최고의 제품과 서비스를 창출하여

- 고객에게 최고의 만족을 줄 수 있는 제품과 서비스를 창출한다.
- 동종업계에서 세계 1군의 위치를 유지한다.

3. 인류사회에 공헌한다.

- 인류의 공동 이익과 풍요로운 삶을 위해 기여한다.
- 인류 공동체 일원으로서의 사명을 다한다.

◇ 핵심가치

인재제일	➤ '기업은 사람이다.'라는 신념을 바탕으로 인재를 소중히 여기고 마음껏 능력을 발휘할 수 있는 기회의 장을 만들어 간다.
최고지향	➤ 끊임없는 열정과 도전정신으로 모든 면에서 세계 최고가 되기 위해 최선을 다한다.
변화선도	➤ 변화하지 않으면 살아남을 수 없다는 위기의식을 가지고 신속하고 주도적으로 변화와 혁신을 실행한다.
정도경영	➤ 곧은 마음과 진실되고 바른 행동으로 명예와 품위를 지키며 모든 일에 있어서 항상 정도를 추구한다.
상생추구	➤ 우리는 사회의 일원으로서 더불어 살아간다는 마음을 가지고 지역사회, 국가, 인류의 공동 번영을 위해 노력한다.

◇ 경영원칙

법과 윤리적 기준을 준수한다.

- 개인의 존엄성과 다양성을 존중한다.
- 법과 상도의에 따라 공정하게 경쟁한다.
- 정확한 회계기록을 통해 회계의 투명성을 유지한다.
- 정치에 개입하지 않으며 중립을 유지한다.

깨끗한 조직 문화를 유지한다.

- 모든 업무활동에서 공과 사를 엄격히 구분한다.
- 회사와 타인의 지적 재산을 보호하고 존중한다.
- 건전한 조직 분위기를 조성한다.

고객, 주주, 종업원을 존중한다.

- 고객만족을 경영활동의 우선적 가치로 삼는다.
- 주주가치 중심의 경영을 추구한다.
- 종업원의 '삶의 질' 향상을 위해 노력한다.

환경·안전·건강을 중시한다.

- 환경친화적 경영을 추구한다.
- 인류의 안전과 건강을 중시한다.

기업 시민으로서 사회적 책임을 다한다.

- 기업 시민으로서 지켜야 할 기본적 책무를 성실히 수행한다.
- 사업 파트너와 공존공영의 관계를 구축한다.
- 현지의 사회 · 문화적 특성을 존중하고 공동 경영(상생/협력)을 실천한다.

신입사원 채용 안내 INFORMATION

◇ **모집시기**

연 1~2회 공채 및 수시 채용(시기 미정)

◇ **지원자격**

❶ 전문대 졸업 또는 졸업예정자

❷ 군복무 중인 자는 당해년도 전역 가능한 자

❸ 해외여행에 결격사유가 없는 자

◇ **채용절차**

| 지원서 작성 | 서류전형 | GSAT(직무적성검사) | 면접전형 | 건강검진 | 최종합격 |

◇ **시험진행**

구분	영역	문항 수	시험시간
기초능력검사	수리능력검사	40문항	15분
	추리능력검사	40문항	20분
	지각능력검사	40문항	10분

※ 채용절차 및 전형은 채용유형과 직무, 시기 등에 따라 변동될 수 있으므로 반드시 채용공고를 확인하기 바랍니다.

총평

2024년 GSAT 4급은 어렵지 않은 수준으로 출제되었다. 상대적으로 난도가 높았다는 수리 영역도 응용수리를 제외한 자료해석 유형은 수월하게 풀 수 있었다는 후기가 대부분이었다. 추리와 지각 영역은 매우 쉬웠다는 평이며, 기존의 유형을 크게 벗어나지 않은 시험이었다. 온라인으로 시행된 만큼 복잡한 풀이 과정을 요구하는 문제는 출제되지 않은 것으로 보인다. 또한 재능보다는 시간 안에 해결하려는 의지와 노력에 초점을 맞춘 시험이었다. 평소 수리 영역의 기본기를 다져 자신 있는 문제 위주로 풀어 나가는 습관을 들였다면 좋은 결과를 얻었으리라 본다.

◇ 영역별 출제비중

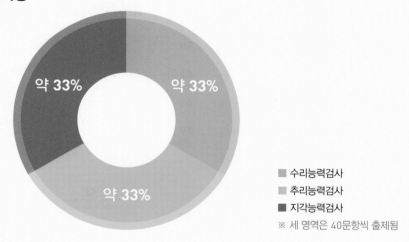

약 33%　　약 33%　　약 33%

■ 수리능력검사
■ 추리능력검사
■ 지각능력검사
※ 세 영역은 40문항씩 출제됨

◇ 영역별 출제특징

구분	영역	출제특징
기초능력검사	수리능력검사	• 사칙연산을 활용하여 빈칸에 들어갈 값을 찾는 문제 • 경우의 수, 확률 계산을 활용한 줄 세우기 문제 • 원 그래프를 활용한 문제
	추리능력검사	• 분수를 곱하여 빈칸에 들어갈 수를 추론하는 문제 • 주어진 자료를 활용하여 코드를 분석하고 조합하는 문제
	지각능력검사	• 뜻을 제시하고 그에 해당하는 단어를 찾는 문제 • 정육면체를 만들기 위해 추가로 필요한 블록의 개수를 구하는 문제

이 책의 차례 CONTENTS

PART 1   7개년 기출복원문제

CHAPTER 01 2024년 하반기 기출복원문제   2

CHAPTER 02 2024년 상반기 기출복원문제   10

CHAPTER 03 2023년 하반기 기출복원문제   18

CHAPTER 04 2023년 상반기 기출복원문제   26

CHAPTER 05 2022년 하반기 기출복원문제   33

CHAPTER 06 2022년 상반기 기출복원문제   41

CHAPTER 07 2021년 하반기 기출복원문제   48

CHAPTER 08 2021년 상반기 기출복원문제   55

CHAPTER 09 2020년 하반기 기출복원문제   62

CHAPTER 10 2020년 상반기 기출복원문제   68

CHAPTER 11 2019년 하반기 기출복원문제   79

CHAPTER 12 2019년 상반기 기출복원문제   84

CHAPTER 13 2018년 하반기 기출복원문제   89

CHAPTER 14 2018년 상반기 기출복원문제   95

PART 3   최종점검 모의고사

제1회 최종점검 모의고사   190

제2회 최종점검 모의고사   225

PART 4   인성검사

CHAPTER 01 인성검사   264

CHAPTER 02 UK작업태도검사   277

PART 5   면접

CHAPTER 01 면접 유형 및 실전 대책   284

CHAPTER 02 삼성그룹 실제 면접   294

PART 2   기초능력검사

CHAPTER 01 수리능력검사   100

CHAPTER 02 추리능력검사   138

CHAPTER 03 지각능력검사   160

별   책   정답 및 해설

PART 1 7개년 기출복원문제   2

PART 2 기초능력검사   42

PART 3 최종점검 모의고사   60

PART

1

7개년 기출복원문제

CHAPTER 01 2024년 하반기 기출복원문제
CHAPTER 02 2024년 상반기 기출복원문제
CHAPTER 03 2023년 하반기 기출복원문제
CHAPTER 04 2023년 상반기 기출복원문제
CHAPTER 05 2022년 하반기 기출복원문제
CHAPTER 06 2022년 상반기 기출복원문제
CHAPTER 07 2021년 하반기 기출복원문제
CHAPTER 08 2021년 상반기 기출복원문제
CHAPTER 09 2020년 하반기 기출복원문제
CHAPTER 10 2020년 상반기 기출복원문제
CHAPTER 11 2019년 하반기 기출복원문제
CHAPTER 12 2019년 상반기 기출복원문제
CHAPTER 13 2018년 하반기 기출복원문제
CHAPTER 14 2018년 상반기 기출복원문제

01 수리능력검사

※ 다음 식을 계산한 값으로 옳은 것을 고르시오. [1~2]

01

$$102+100\times0.2\div5$$

① 106 ② 107
③ 108 ④ 109

02

$$1,203\div3+703$$

① 1,101 ② 1,102
③ 1,103 ④ 1,104

03 다음 빈칸에 들어갈 수로 옳은 것은?

$$(\quad)+388\div2=750$$

① 555 ② 556
③ 557 ④ 558

04 S사에는 1층에서 9층까지 왕복으로 운행하는 엘리베이터가 있다. A와 B는 9층에서 엘리베이터를 타고 내려오다가 각자 어느 한 층에서 내렸다. 이때 2명이 서로 다른 층에서 내릴 확률은?(단, 2명은 엘리베이터를 타고 내려오다가 다시 올라가지 않는다)

① $\dfrac{3}{8}$ ② $\dfrac{1}{2}$

③ $\dfrac{5}{8}$ ④ $\dfrac{7}{8}$

05 정가가 3,000원인 바닐라라테를 2할 할인하여 팔았더니 원가의 5할 만큼 이익이 생겼다. 이때 바닐라라테의 원가는?

① 1,600원   ② 1,800원

③ 2,000원   ④ 2,200원

06 다음은 우리나라 건강보험 재정 현황에 대한 자료이다. 이에 대한 설명으로 옳지 않은 것은?

〈건강보험 재정 현황〉

(단위 : 조 원)

구분		2016년	2017년	2018년	2019년	2020년	2021년	2022년	2023년
수입		32.0	37.0	42.0	45.0	48.5	55.0	55.5	56.0
	보험료 등	27.5	32.0	36.5	39.4	42.2	44.0	44.5	48.0
	정부지원	4.5	5.0	5.5	5.6	6.3	11.0	11.0	8.0
지출		35.0	36.0	40.0	42.0	44.0	51.0	53.5	56.0
	보험급여비	33.5	34.2	37.2	37.8	40.5	47.3	50.0	52.3
	관리운영비 등	1.5	1.8	2.8	4.2	3.5	3.7	3.5	3.7
수지율(%)		109	97	95	93	91	93	96	100

※ $[수지율(\%)] = \dfrac{(지출)}{(수입)} \times 100$

① 2016년 대비 2023년 건강보험 수입의 증가율과 건강보험 지출의 증가율의 차이는 15%p이다.
② 2017년부터 건강보험 수지율이 전년 대비 감소하는 해에는 정부지원 수입이 전년 대비 증가하였다.
③ 2021년 보험료 등이 건강보험 수입에서 차지하는 비율은 75% 이상이다.
④ 건강보험 지출 중 보험급여비가 차지하는 비중은 2018년과 2019년 모두 95% 이상이다.

07 다음은 S고등학교 1학년 3반 학생들의 음악 수행평가 점수에 대한 그래프이다. 이를 참고할 때, 1학년 3반 학생들의 음악 수행평가 평균은?(단, 수행평가는 80점 만점이다)

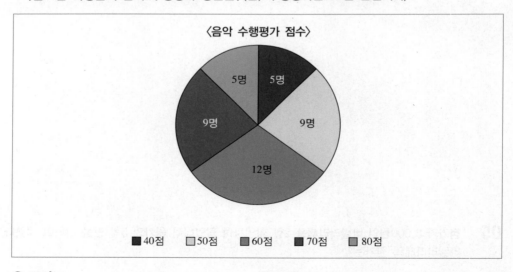

〈음악 수행평가 점수〉

① 50점 ② 60점
③ 65점 ④ 70점

※ 일정한 규칙으로 수 또는 문자를 나열할 때, 빈칸에 들어갈 알맞은 수 또는 문자를 고르시오. [1~4]

01

-2 1 6 13 22 33 46 61 78 97 ( )

① 102

② 106

③ 112

④ 118

02

$\dfrac{1}{3,000}$ $\dfrac{2}{1,500}$ $\dfrac{6}{500}$ ( ) $\dfrac{24}{125}$ $\dfrac{30}{100}$

① $\dfrac{10}{250}$

② $\dfrac{15}{250}$

③ $\dfrac{30}{200}$

④ $\dfrac{12}{250}$

03

ㄴ D ㅂ H ㅊ L ㅎ ( )

① P

② ㄴ

③ S

④ ㅁ

04

1 3 2 F 2 5 7 N 3 6 9 ( )

① K

② P

③ R

④ W

※ 다음 제시문을 읽고 각 문제의 명제가 항상 참이면 ①, 거짓이면 ②, 알 수 없으면 ③을 고르시오.
[5~7]

- A가게의 매출액은 1,500만 원이다.
- B가게의 매출액은 A가게의 매출액보다 500만 원이 많다.
- C가게의 매출액은 A가게의 매출액보다 많고 D가게의 매출액보다 적다.
- D가게의 매출액은 B가게의 매출액보다 200만 원이 적다.

05 A가게의 매출액이 가장 적다.
　① 참　　　　　　　② 거짓　　　　　　　③ 알 수 없음

06 B가게의 매출액이 가장 많다.
　① 참　　　　　　　② 거짓　　　　　　　③ 알 수 없음

07 C가게의 정확한 매출액은 알 수 없다.
　① 참　　　　　　　② 거짓　　　　　　　③ 알 수 없음

※ 다음은 각종 사무용품을 제작하는 S사의 제품식별코드 부여 방법이다. 이어지는 질문에 답하시오.
[8~9]

〈제품식별코드 부여 방법〉

제품식별코드는 14자리로 이루어져 있으며, 검증번호만 줄표(-)로 구분한다.

AAA	B	CCCCCC	DD	E	F
제조공장 및 동수	물품종류	제조연월	생산단위	판매처	검증번호

제조공장	물품종류	제조연월
GN : 군산(1 ~ 3동) SU : 수원(1 ~ 4동) PA : 파주(1, 2동)	1 : 지류 2 : 잉크/토너 3 : 필기구 4 : 전산소모품	연, 월, 일 2자리씩 표시

생산단위	판매처	검증번호
하루 총 생산량을 10으로 하여 분할 관리(01 ~ 10단위)	1 : 국내 2 : 해외	앞의 11개 숫자를 각각 더하여 9로 나눈 나머지 값

※ 예시 : SU23241205011-3 → 수원공장 2동, 필기구, 2024년 12월 5일 제조, 1번째 생산단위, 국내 판매처

---

08 다음 상황에서 문제가 되는 제품의 식별코드로 옳은 것은?

> 고객 상담을 담당하는 A사원은 해외 판매처에서 고객 불만을 접수하였다. 제품식별코드를 확인한 결과 파주공장 2동에서 2024년 5월 8일 8번째 생산단위의 필기구에서 결함이 발생했음을 파악하여 문제 사항을 생산 담당자에게 전달하였다.

① PA22240507082-2
② PA23240508041-2
③ PA23240508072-4
④ PA23240508082-7

---

09 다음 중 제품식별코드가 잘못 부여된 것을 〈보기〉에서 모두 고르면?

> **보기**
> ㄱ. SU23241124012-4
> ㄴ. PA31240711081-1
> ㄷ. GN34240230101-2
> ㄹ. SU41240812102-7
> ㅁ. PA11240111062-0

① ㄱ, ㄴ, ㄷ
② ㄱ, ㄷ, ㅁ
③ ㄴ, ㄷ, ㄹ
④ ㄴ, ㄷ, ㅁ

※ 제시된 도형이 정육면체가 되기 위해서 필요한 블록의 최소 개수를 구하시오(단, 보이지 않는 곳은 블록이 있다고 가정한다). [1~2]

01

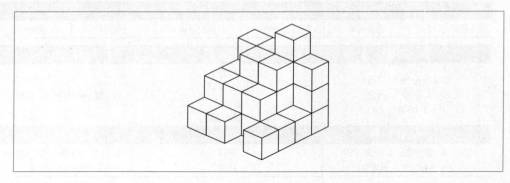

① 30개   ② 31개

③ 32개   ④ 33개

02

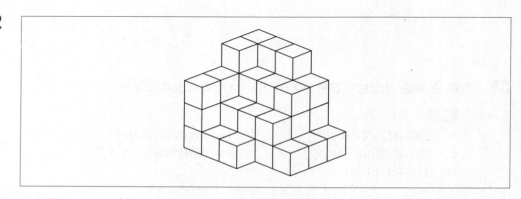

① 77개   ② 78개

③ 79개   ④ 80개

03 다음 제시된 문자를 오름차순으로 나열했을 때 3번째에 오는 문자는?

ㄴ ㅅ K ㄷ P ㅎ E

① ㄴ
② ㅅ
③ ㅎ
④ E

04 다음 제시된 문자를 내림차순으로 나열했을 때 5번째에 오는 문자는?

T ㄱ Y ㄹ I ㅊ C

① Y
② T
③ ㅊ
④ ㄹ

05 다음 제시된 뜻을 가진 단어는?

꽃이나 푸성귀, 돈 따위의 묶음 또는 그것을 세는 단위

① 대발
② 도발
③ 다발
④ 두발

CHAPTER 02 2024년 상반기 기출복원문제

정답 및 해설 p.005

01 수리능력검사

※ 다음 식을 계산한 값으로 옳은 것을 고르시오. [1~3]

01

$$312 \div 3 + 257$$

① 360　　　　　　　　　　　　② 361
③ 362　　　　　　　　　　　　④ 363

02

$$123 + 4{,}997 - 108$$

① 5,011　　　　　　　　　　　② 5,012
③ 5,013　　　　　　　　　　　④ 5,014

03

$$493 - 1{,}005 \div 5 \div 3$$

① 422　　　　　　　　　　　　② 424
③ 426　　　　　　　　　　　　④ 428

04 올해의 매출액과 순이익에 대한 설명이 다음과 같을 때, 올해의 매출액은?[단, (순이익)＝(매출액) － (원가)이다]

> • 작년의 매출액보다 올해의 매출액은 20% 증가했다.
> • 올해의 원가는 작년과 같고, 올해의 순이익은 1억 4천만 원이다.
> • 작년의 원가는 작년 매출액의 50%이다.

① 2억 원   ② 2억 4천만 원
③ 2억 8천만 원   ④ 3억 원

05 A사원은 회사 근처 카페에서 거래처와 미팅을 갖기로 했다. 처음에는 4km/h의 속력으로 걸어가다 가 늦지 않기 위해 10km/h의 속력으로 뛰어서 24분 만에 미팅 장소에 도착했다. 회사에서 카페까 지의 거리가 2.5km일 때, A사원이 뛴 거리는?

① 0.6km   ② 0.9km
③ 1.2km   ④ 1.5km

※ 다음은 1,000명을 대상으로 한 5개 제조사 타이어 제품의 소비자 선호도 조사 결과이다. 대상자들은 1차 선택 후 일주일간 사용하고 다시 2차 선택을 했다. 이어지는 질문에 답하시오. [6~7]

〈5개 제조사 타이어 제품에 대한 소비자 선호도 조사 결과〉

1차 선택＼2차 선택	A사	B사	C사	D사	E사	총계
A사	120	17	15	23	10	185
B사	22	89	11		14	168
C사	17	11	135	13	12	188
D사	15	34	21	111	21	202
E사	11	18	13	15	200	257
총계	185	169	195	194	157	1,000

06 다음 중 빈칸에 들어갈 숫자로 옳은 것은?

① 31 　　　　　　　　　　② 32
③ 33 　　　　　　　　　　④ 34

07 1차에서 D사를 선택하고, 2차에서 C사를 선택한 소비자 수와 1차에서 E사를 선택하고 2차에서 B사를 선택한 소비자 수의 차이는?

① 1 　　　　　　　　　　② 2
③ 3 　　　　　　　　　　④ 4

※ 일정한 규칙으로 수 또는 문자를 나열할 때, 빈칸에 들어갈 알맞은 수 또는 문자를 고르시오. **[1~4]**

01

| 11 12 15 20 27 36 ( ) |

① 45   ② 46

③ 47   ④ 48

02

$$\frac{214}{26} \quad \frac{174}{66} \quad \frac{191}{49} \quad (\quad) \quad \frac{103}{137} \quad \frac{81}{159}$$

① $\dfrac{133}{57}$ ② $\dfrac{165}{57}$

③ $\dfrac{171}{57}$ ④ $\dfrac{183}{57}$

03

| V E 17 P D 12 Z W ( ) |

① 3   ② 6

③ 9   ④ 12

04

| 10 ㅈ 11 ㅇ 12 ㅅ 13 ( ) |

① ㄷ   ② ㅂ

③ ㅋ   ④ ㅍ

- A는 아이스크림 2개를 구매하였다.
- B는 아이스크림 5개를 구매하였다.
- C는 아이스크림을 A보다 많이 구매하였지만, B보다는 적게 구매하였다.
- D는 아이스크림을 B보다 많이 구매하였다.
- E는 아이스크림을 6개 구매하였지만, 5명 중 가장 많이 구매한 것은 아니다.

05 C는 아이스크림 3개를 구매하였다.

① 참   ② 거짓   ③ 알 수 없음

06 가장 많은 아이스크림을 구매한 사람은 D이다.

① 참   ② 거짓   ③ 알 수 없음

※ S사는 관리 중인 창고를 유형별로 구분하여 코드번호를 부여하고 암호화하여 관리하고 있다. 다음은 코드부여 규칙 및 암호화 규칙을 설명한 자료이다. 이어지는 질문에 답하시오. [7~8]

- 창고의 코드번호는 [위치코드] – [유형코드] – [연도코드] – [처리코드] 순으로 나열한다.
- 위치코드, 유형코드, 연도코드, 처리코드의 부여 규칙은 다음과 같다.
  − 위치코드 부여 규칙

위치	수도권	비수도권
위치코드	20832	80910

  − 유형코드 부여 규칙

유형	폐기물	중장비	기타
유형코드	BBA	TKA	XUI

  − 연도코드 부여 규칙

설립연도	~ 2000년 12월 31일	2001년 1월 1일 ~
연도코드	9814	9916

  − 처리코드 부여 규칙

처리상태	운영 중	운영 일시중지	영구폐쇄
처리코드	A29	L17	K03

- 창고의 코드번호를 암호화하는 규칙은 다음과 같다.
1. 위치코드와 연도코드의 위치를 바꾼다.
2. 연도코드와 유형코드의 문자의 배치를 역순으로 나열한다.
3. 처리코드의 숫자에 15를 더한다.

07 어떤 창고의 코드번호가 20832TKA9916L17일 때, 이 창고코드를 암호화한 것으로 옳은 것은?

① L17991620832TKA
② 6199AKT20832L17
③ 991620832TKAL17
④ 6199AKT20832L32

08 어떤 창고의 암호화한 코드번호가 4189ABB80910A44일 때, 이 창고의 원본 코드번호로 옳은 것은?

① 80910ABB9814A29
② 80910BBA9814A29
③ 80910BBA9814A44
④ 981480910BBAA44

※ 다음과 같은 모양을 만드는 데 사용된 블록의 개수를 고르시오(단, 보이지 않는 곳의 블록은 있다고 가정한다). [1~2]

01

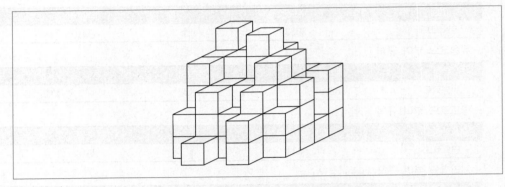

① 68개　　　　　　　② 69개
③ 70개　　　　　　　④ 71개

02

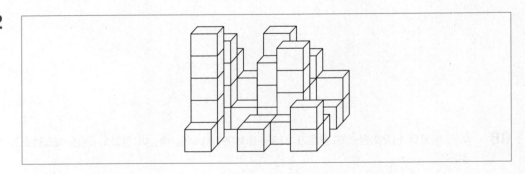

① 41개　　　　　　　② 42개
③ 43개　　　　　　　④ 44개

03 다음 제시된 문자를 오름차순으로 나열했을 때 4번째에 오는 문자는?

ㅈ T ㅁ H ㄱ G ㅍ

① ㅈ   ② ㅁ

③ H   ④ G

04 다음 제시된 문자를 내림차순으로 나열했을 때 2번째에 오는 문자는?

V ㅌ F ㅅ X ㄴ C

① V   ② C

③ ㅅ   ④ ㄴ

05 다음 제시된 단어에서 공통으로 연상할 수 있는 단어는?

비누, 물, 뱀

① 방울   ② 컵

③ 비늘   ④ 띠

01 수리능력검사

※ 다음 식을 계산한 값으로 옳은 것을 고르시오. [1~3]

01

$$5^2+3^3-2^2+6^2-9^2$$

① 1 ② 2
③ 3 ④ 4

02

$$6,788 \div 4 + 2,847$$

① 4,534 ② 4,544
③ 4,554 ④ 4,564

03

$$54 \times 3 - 113 + 5 \times 143$$

① 754 ② 764
③ 774 ④ 784

04 길이 258m인 터널을 완전히 통과하는 데 18초가 걸리는 A열차가 있다. 이 열차가 길이 144m인 터널을 완전히 통과하는 데 걸리는 시간이 16초인 B열차와 서로 마주보는 방향으로 달려 완전히 지나는 데 걸린 시간이 9초였다. B열차의 길이가 80m라면, A열차의 길이는?

① 320m

② 330m

③ 340m

④ 350m

05 농도 12%의 소금물 600g에 물을 넣어 농도 4% 이하의 소금물을 만들고자 한다. 부어야 하는 물의 최소 용량은?

① 1,150g

② 1,200g

③ 1,250g

④ 1,300g

※ 다음은 2022년 가계대출 유형별 가중평균 금리에 대한 표이다. 이어지는 질문에 답하시오. [6~7]

〈2022년 가계대출 유형별 가중평균 금리〉

(단위 : 연 %)

구분	5월	6월	7월	8월
가계대출	3.49	3.25	3.12	2.92
소액대출	4.65	4.55	4.37	4.13
주택담보대출	2.93	2.74	2.64	2.47
예·적금담보대출	3.20	3.21	3.12	3.02
보증대출	3.43	3.20	3.11	2.95
일반신용대출	4.40	4.23	3.96	3.63
집단대출	3.28	2.85	2.76	2.76
공공 및 기타부문대출	3.61	3.75	3.49	3.32

06 다음 중 자료에 대한 설명으로 옳지 않은 것은?

① 6~8월 동안 전월 대비 가계대출 가중평균 금리는 매달 감소했다.

② 7월에 가계대출 금리 이하의 금리를 갖는 대출 유형은 보증대출, 집단대출 2가지이다.

③ 5월 대비 6월에 금리가 하락한 유형 중 가장 적게 하락한 유형은 소액대출이다.

④ 8월 공공 및 기타부문대출과 주택담보대출 금리 차이는 0.85%p이다.

07 다음 중 5월 대비 8월에 가중평균 금리가 가장 많이 감소한 가계대출 유형은?

① 일반신용대출   ② 소액대출

③ 집단대출   ④ 보증대출

※ 일정한 규칙으로 수 또는 문자를 나열할 때, 빈칸에 들어갈 알맞은 수 또는 문자를 고르시오(단, 모음은 일반 모음 10개만 세는 것을 기준으로 한다). [1~4]

01

| 6   24   60   120   (   )   336   504   720 |

① 198   ② 210
③ 256   ④ 274

02

| 77   35   42   −7   49   (   )   105   −161 |

① −54   ② −56
③ −58   ④ −60

03

| ㅑ   ㅓ   ㅗ   ㅠ   (   ) |

① ㅑ   ② ㅕ
③ ㅛ   ④ ㅣ

04

| b   e   n   o   (   )   a |

① p   ② q
③ r   ④ s

※ 제시문 A를 읽고 제시문 B가 참인지 거짓인지 혹은 알 수 없는지 고르시오. **[5~6]**

05

[제시문 A]
- 피로가 쌓이면 휴식을 취한다.
- 마음이 안정되지 않으면 휴식을 취하지 않는다.
- 피로가 쌓이지 않으면 모든 연락을 끊지 않는다.

[제시문 B]
모든 연락을 끊으면 마음이 안정된다.

① 참   ② 거짓   ③ 알 수 없음

06

[제시문 A]
- A가 수영을 배우면 B는 태권도를 배운다.
- B가 태권도를 배우면 C는 테니스를 배운다.
- D가 중국어를 배우지 않으면 C는 테니스를 배우지 않는다.

[제시문 B]
B가 태권도를 배우면 D는 중국어를 배운다.

① 참   ② 거짓   ③ 알 수 없음

07 다음은 S사의 제품번호 등록규칙이다. 다음 중 제품번호 'IND22Q03D9210'에 대한 설명으로 옳은 것은?

〈S사 제품번호 등록규칙〉

• 제품번호 등록규칙은 다음과 같다.
  [생산지 구분] – [생산 연도] – [생산 분기] – [제품 구분] – [운송 구분]
• 생산지 구분

국내	중국	인도네시아
KOR	CHN	IND

• 생산 연도

2019	2020	2021	2022	2023
19	20	21	22	23

• 생산 분기

1분기	2분기	3분기	4분기
Q01	Q02	Q03	Q04

• 제품 구분

식료품	의류	식기류	가전제품	기타
D81	D92	C13	E65	K00

• 운송 구분

일반	긴급	연기
10	20	30

① 중국에서 생산된 식기류 제품이다.

② 일반운송 대상이며 인도네시아에서 생산된 제품이다.

③ 2021년 3분기에 생산되었다.

④ 긴급한 운송을 요하는 제품이다.

※ 다음과 같은 모양을 만드는 데 사용된 블록의 개수를 고르시오(단, 보이지 않는 곳의 블록은 있다고 가정한다). [1~2]

01

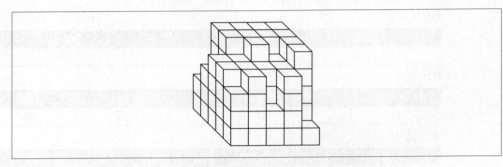

① 97개   ② 102개

③ 107개   ④ 112개

02

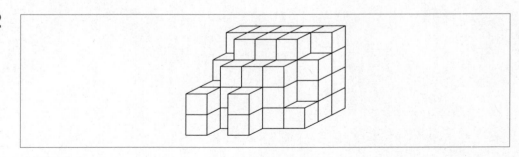

① 50개   ② 52개

③ 54개   ④ 56개

03 다음 제시된 문자를 오름차순으로 나열하였을 때 3번째에 오는 문자는?

K ㅈ H ㅅ J ㅌ

① ㅌ ② K

③ ㅈ ④ J

04 다음 제시된 단어에서 공통으로 연상할 수 있는 단어는?

범, 무서운, 고양이

① 늑대 ② 곰

③ 호랑이 ④ 이리

05 다음 제시된 좌우의 문자 또는 기호를 비교하여 같으면 ①을, 다르면 ②를 고르면?

EUIOLLSHSIJP213 [   ] EUIOLLSHSIJP213

① 같음 ② 다름

01   수리능력검사

※ 다음 식을 계산한 값으로 옳은 것을 고르시오. [1~3]

01

$$22,245+34,355-45,456$$

① 14,144   ② 13,144
③ 12,144   ④ 11,144

02

$$0.4545+5\times0.6475+0.3221$$

① 4.0441   ② 4.0341
③ 4.0241   ④ 4.0141

03

$$\frac{4}{13}-\frac{6}{26}-\frac{3}{39}+\frac{8}{52}$$

① $\frac{5}{13}$ ② $\frac{4}{13}$

③ $\frac{3}{13}$ ④ $\frac{2}{13}$

04 A씨는 저가항공을 이용하여 비수기에 제주도 출장을 가려고 한다. 1인 기준으로 작년에 비해 비행기 왕복 요금은 20% 내렸고, 1박 숙박비는 15% 올라서 올해의 비행기 왕복 요금과 1박 숙박비 합계는 작년보다 10% 증가한 금액인 308,000원이라고 한다. 이때, 1인 기준으로 올해의 비행기 왕복 요금은?

① 31,000원   ② 32,000원

③ 33,000원   ④ 34,000원

05 현수는 비커에 소금물 200g을 가지고 있었다. 물 50g을 증발시킨 후 소금 5g을 더 녹였더니 처음 농도의 3배인 소금물이 되었다. 현수가 처음에 가지고 있던 소금물의 농도는?(단, 소수점 둘째 자리에서 반올림한다)

① 1.0%   ② 1.3%

③ 1.6%   ④ 1.9%

※ 다음은 4개 지역의 2022년 월별 평균기온 및 강수량에 대한 표이다. 이어지는 질문에 답하시오. **[6~7]**

⟨4개 지역의 2022년 월별 평균기온 및 강수량⟩

지역		서울	대구	광주	제주
평균기온(℃)	1월	−3.8	−0.1	0.3	5.0
	2월	−0.7	2.2	2.5	5.5
	3월	4.5	7.2	7.1	8.8
	4월	11.6	13.5	13.3	12.1
	5월	17.2	18.7	18.3	17.2
	6월	21.7	22.8	22.4	21.2
	7월	25.3	26.3	26.2	25.4
	8월	25.8	26.6	27.1	26.7
	9월	20.2	21.3	21.1	22.4
	10월	13.4	15.3	15.7	17.4
	11월	6.7	8.2	9.1	12.3
	12월	−0.3	2.4	3.7	7.4
강수량(mm)	1월	20	20	40	40
	2월	20	30	40	50
	3월	40	40	50	60
	4월	50	70	80	100
	5월	60	60	60	100
	6월	100	130	150	200
	7월	300	210	230	200
	8월	250	200	220	210
	9월	150	110	150	200
	10월	30	40	50	40
	11월	20	30	50	20
	12월	20	20	30	30

06 서울, 대구, 광주, 제주의 월별 강수량을 더해 4로 나눈 평균 강수량을 구했을 때, 그 평균이 가장 큰 달의 값과 가장 작은 달의 값을 더하면?

① 245mm ② 250mm
③ 255mm ④ 260mm

07 각 지역의 연간 평균기온은 월별 평균기온을 모두 더한 후 12로 나누어 계산한다고 한다. 2022년 연간 평균기온이 낮은 지역부터 높은 지역의 순서로 올바르게 나열하면?(단, 연간 평균기온은 소수점 둘째 자리에서 반올림한다)

① 서울 – 대구 – 광주 – 제주 ② 서울 – 광주 – 대구 – 제주
③ 대구 – 서울 – 제주 – 광주 ④ 대구 – 제주 – 서울 – 광주

※ 일정한 규칙으로 문자를 나열할 때, 빈칸에 들어갈 알맞은 문자를 고르시오(단, 모음은 일반모음 10개만 세는 것을 기준으로 한다). [1~2]

01

| ㅣ ㅓ ㅠ ㅛ ( ) ㅡ

① ㅛ   ② ㅗ
③ ㅜ   ④ ㅠ

02

B D F ( ) R P

① E   ② O
③ J   ④ T

※ 다음 제시문을 읽고 각 문제가 항상 참이면 ①, 거짓이면 ②, 알 수 없으면 ③을 고르시오. [3~5]

- 시계 초침 소리는 20db이다.
- 라디오 음악 소리는 시계 초침 소리의 2배이다.
- 일상 대화 소리는 라디오 음악 소리보다 크다.
- 전화벨 소리는 70db로 일상 대화 소리보다 크다.
- 비행기 소리는 라디오 음악 소리의 3배이다.

03 시계 초침 소리가 가장 작다.

① 참   ② 거짓   ③ 알 수 없음

04 일상 대화 소리는 시계 초침 소리의 3배이다.

① 참   ② 거짓   ③ 알 수 없음

05 100db 이상의 소리에 장시간 노출 시 청각 장애가 올 수 있다고 할 때, 비행기 소리는 청각 장애를 유발할 수 있다.

① 참   ② 거짓   ③ 알 수 없음

PART 1

06

[제시문 A]
• 병원의 월요일 진료 시간은 오후 6시까지이다.
• 화요일은 월요일보다 1시간 30분 연장하여 진료한다.
• 수요일과 금요일의 진료 시간은 월요일과 같다.
• 목요일은 수요일보다 1시간 연장하여 진료한다.
• 토요일은 금요일보다 4시간 빨리 진료를 마감하며, 일요일은 휴무일이다.

[제시문 B]
가장 늦은 시간까지 진료하는 요일은 목요일이다.

① 참   ② 거짓   ③ 알 수 없음

07

[제시문 A]
• 가영이는 독서보다 피아노 치는 것을 좋아한다.
• 가영이는 독서보다 운동을 좋아한다.
• 가영이는 운동보다 TV 시청을 좋아한다.
• 가영이는 TV 시청보다 컴퓨터 게임을 좋아한다.

[제시문 B]
가영이는 피아노 치는 것보다 컴퓨터 게임을 좋아한다.

① 참   ② 거짓   ③ 알 수 없음

※ 다음과 같은 모양을 만드는 데 사용된 블록의 개수를 고르시오(단, 보이지 않는 곳의 블록은 있다고 가정한다). [1~3]

01

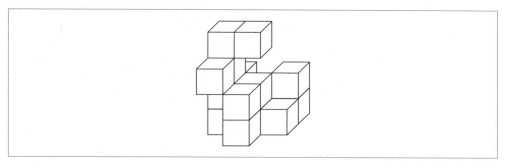

① 16개   ② 18개

③ 19개   ④ 21개

02

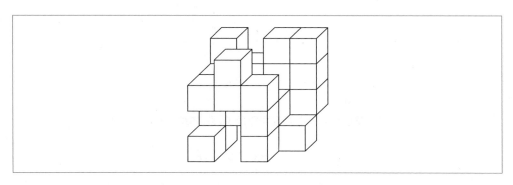

① 23개   ② 25개

③ 26개   ④ 28개

03

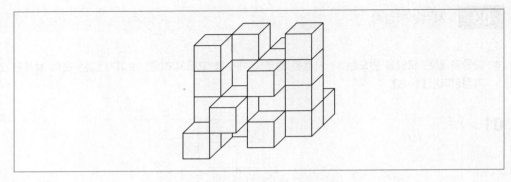

① 26개   ② 28개

③ 30개   ④ 32개

04 다음 제시된 단어에서 공통으로 연상할 수 있는 단어는?

운동, 조직, 공중

① 근육   ② 기구

③ 댄스   ④ 다이빙

05 다음 제시된 수를 오름차순으로 나열하였을 때 5번째에 오는 수는?

34   85   22   58   49   66

① 58   ② 49

③ 66   ④ 85

01   수리능력검사

※ 다음 식을 계산한 값으로 옳은 것을 고르시오. [1~3]

01

$$4,355-23.85÷0.15$$

① 1,901
② 2,190
③ 3,856
④ 4,196

02

$$0.28+2.4682-0.9681$$

① 1.8701
② 1.7801
③ 1.7601
④ 1.5601

03

$$41+414+4,141-141$$

① 4,055
② 4,155
③ 4,255
④ 4,455

04 영희는 과일을 주문하려 인터넷 쇼핑몰에 들어갔다. 쇼핑몰에서는 사과, 수박, 바나나, 자두, 포도, 딸기, 감, 귤 총 8개의 과일 중에서 최대 4개의 과일을 주문할 수 있다. 다음 중 영희가 감, 귤, 포도, 딸기 4개 과일에 대해서는 2개까지만 선택을 하고, 3종류의 과일을 주문한다고 할 때, 영희가 할 수 있는 모든 주문의 경우의 수는?

① 48가지   ② 52가지

③ 56가지   ④ 64가지

05 농도가 20%인 묽은 염산 300g이 있다. 농도가 5%인 묽은 염산을 섞어 실험에 쓸 수 있는 묽은 염산으로 희석하려 한다. 농도가 10%보다 진하면 실험용 염산으로 사용할 수 없다고 할 때, 최소로 필요한 농도 5%의 묽은 염산의 양은?

① 600g   ② 650g

③ 700g   ④ 750g

06 학원 선생님 A씨는 갑 ~ 정학생 4명의 평균이 80점 이상일 경우 아이스크림을 사겠다고 약속했다. 제자 갑, 을, 병의 성적은 각각 76점, 68점, 89점일 때 정학생이 몇 점 이상이어야 아이스크림을 먹을 수 있는가?

① 87점   ② 88점

③ 89점   ④ 90점

07 다음은 S매장의 총예산 및 인건비에 대한 표이다. S매장이 하루 동안 고용할 수 있는 최대 인원은?

〈총예산 및 인건비〉		
총예산	본예산	500,000원
	예비비	100,000원
인건비	1인당 수당	50,000원
	산재보험료	(수당)×0.504%
	고용보험료	(수당)×1.3%

① 10명   ② 11명

③ 12명   ④ 13명

01 일정한 규칙으로 수를 나열할 때, 빈칸에 들어갈 수로 옳은 것은?

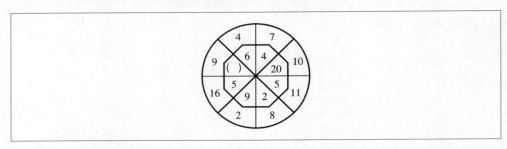

① 10   ② 16

③ 20   ④ 26

02 오각형 모서리의 숫자들이 일정한 규칙에 따라 다음과 같이 증가한다고 할 때, 여섯 번째 오각형 모서리의 숫자들의 합은?

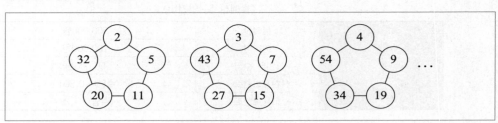

① 175   ② 185

③ 195   ④ 205

※ 일정한 규칙으로 문자를 나열할 때, 빈칸에 들어갈 알맞은 문자를 고르시오. [3~4]

03

ㄱ ㄷ ㄴ ( ) ㄹ ㅅ

① ㅈ   ② ㅅ
③ ㅇ   ④ ㅁ

04

A B D H P ( )

① G   ② E
③ F   ④ Z

05 '선생님은 친절하다.'라는 명제가 참일 때, 다음 중 옳은 것을 모두 고르면?

ㄱ. 친절하면 선생님이다.
ㄴ. 친절하지 않으면 선생님이 아니다.
ㄷ. 선생님이 아니면 친절하지 않다.

① ㄱ   ② ㄴ
③ ㄷ   ④ ㄴ, ㄷ

※ S부서는 보안을 위해 부서원들만 알 수 있는 비밀번호를 생성하려고 한다. 이를 위해 부서원에게 다음과 같은 내용의 메일을 보냈다. 이어지는 질문에 답하시오. **[6~7]**

〈신규 비밀번호 생성방법〉

- 보안을 위해 각자의 컴퓨터에 새로운 비밀번호를 생성하십시오.
- 비밀번호 생성방법은 다음과 같습니다.
  1. 앞 두 자리는 성을 제외한 이름의 첫 자음으로 합니다. → 마동석=ㄷㅅ
  2. 한글의 경우, 대응되는 알파벳으로 변형합니다. → ㄷ=C, ㅅ=G
  3. 세 번째와 네 번째 자리는 생년월일의 일로 합니다. → 10월 3일=03
  4. 다섯 번째와 여섯 번째 자리는 첫 번째와 두 번째 자리의 알파벳에 3을 더한 알파벳으로 합니다.
     → C=F, G=J
  5. 가장 마지막 자리는 직급의 번호로 합니다. → 사원=01, 대리=11, 과장=12, 차장=22, 부장=03

---

06 새로 발령을 받은 공효주 사원은 9월 13일생이다. 이 사원이 생성할 비밀번호로 옳은 것은?

① NI13QL11 ② NI13QL01

③ NI13JV01 ④ NI45QL01

07 부서원들이 만든 비밀번호 중 잘못 만들어진 것은?

① 김민경 사원(12월 6일생) → EA06HD01
② 유오성 대리(2월 25일생) → HG25KJ11
③ 손흥민 과장(3월 30일생) → NE30QH12
④ 황희찬 부장(4월 8일생) → NJ08QN03

※ 다음과 같은 모양을 만드는 데 사용된 블록의 개수를 고르시오(단, 보이지 않는 곳의 블록은 있다고 가정한다). **[1~3]**

01

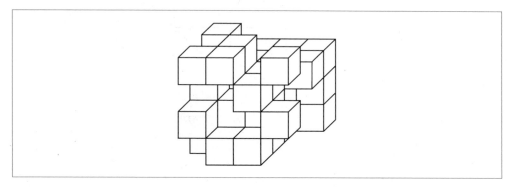

① 43개
② 42개
③ 41개
④ 40개

02

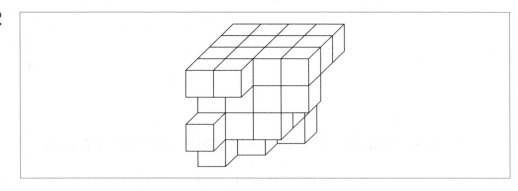

① 40개
② 39개
③ 38개
④ 37개

03

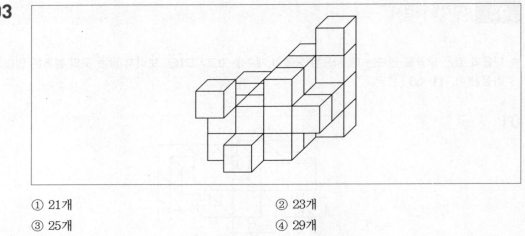

① 21개   ② 23개
③ 25개   ④ 29개

04 다음 제시된 단어에서 공통으로 연상할 수 있는 단어는?

난제, 코, 한

① 어렵다   ② 막히다
③ 춥다   ④ 풀다

05 다음 제시된 좌우의 문자 또는 기호를 비교하여 같으면 ①을, 다르면 ②를 고르면?

12LJIAGPOQl;HN [   ] 12LJIAGPOQl;HN

① 같음   ② 다름

정답 및 해설 p.017

PART 1

01	수리능력검사

※ 다음 식을 계산한 값으로 옳은 것을 고르시오. [1~2]

01

$$79,999+7,999+799+79$$

① 88,866　　　　　　　　② 88,876

③ 88,886　　　　　　　　④ 88,896

02

$$\frac{4,324}{6} \times \frac{66}{2,162} - \frac{15}{6}$$

① 17.79　　　　　　　　② -1,779

③ 19.5　　　　　　　　④ -1,950

03 은경이는 태국 여행에서 A ~ D 네 종류의 손수건을 총 9장 구매했으며, 그중 B손수건은 3장, 나머지는 각각 같은 개수를 구매했다. 기념품으로 친구 3명에게 종류가 다른 손수건을 3장씩 나눠주는 방법의 경우의 수는?

① 5가지   ② 6가지

③ 7가지   ④ 8가지

04 한국인의 혈액형 중 O, A, B, AB형이 차지하는 비율이 3 : 4 : 2 : 1이라면, 한국인 2명을 임의로 선택할 때 혈액형이 다를 확률은?

① $\dfrac{1}{10}$ ② $\dfrac{3}{10}$

③ $\dfrac{1}{2}$ ④ $\dfrac{7}{10}$

05 농도가 $A\%$인 소금물에 물을 200g 더 넣었더니 농도 4%의 소금물이 되었다. 처음 소금물의 양은?

① $\dfrac{800}{A-4}$ g   ② $\dfrac{600}{A-4}$ g

③ $\dfrac{800}{A-8}$ g   ④ $\dfrac{600}{A-8}$ g

※ S사는 직원들의 명함을 다음의 명함 제작 기준에 따라 제작한다. 이어지는 질문에 답하시오. **[6~7]**

〈명함 제작 기준〉

(단위 : 원)

구분	100장	추가 50장
국문	10,000	3,000
영문	15,000	5,000

※ 고급종이로 제작할 경우 정가의 10% 가격 추가

06 올해 신입사원이 입사해서 국문 명함을 만들었다. 명함은 1인당 150장씩 지급하며, 일반종이로 만들어 총제작비용은 195,000원이다. 신입사원의 총인원은?

① 12명　　　　　　　　　　　　　② 13명

③ 14명　　　　　　　　　　　　　④ 15명

07 이번 신입사원 중 해외영업 부서로 배치받은 사원이 있다. 해외영업부 사원들에게는 고급종이로 영문 명함을 200장씩 만들어 주려고 한다. 총인원이 8명일 때 총제작비용은?

① 158,400원　　　　　　　　　　② 192,500원

③ 210,000원　　　　　　　　　　④ 220,000원

※ 일정한 규칙으로 수 또는 문자를 나열할 때, 빈칸에 들어갈 알맞은 수 또는 문자를 고르시오. **[1~4]**

01

| 3 5 4 9 25 16 27 ( ) 64 |

① 45   ② 64

③ 85   ④ 125

02

| 27 81 9 243 3 729 ( ) |

① 1   ② 2

③ 4   ④ 6

03

| B E H ( ) N |

① I   ② J

③ K   ④ M

04

ㄴ	ㄷ	ㅁ	ㅅ
e	h	( )	t

① j   ② n

③ o   ④ r

05 제시된 명제가 모두 참일 때, 다음 중 반드시 참인 것은?

> • 딸기에는 비타민 C가 키위의 2.6배 정도 함유되어 있다.
> • 귤에는 비타민 C가 키위의 1.6배 정도 함유되어 있다.
> • 키위에는 비타민 C가 사과의 5배 정도 함유되어 있다.

① 키위의 비타민 C 함유량이 가장 많다.
② 딸기의 비타민 C 함유량이 가장 많다.
③ 귤의 비타민 C 함유량이 가장 많다.
④ 사과의 비타민 C 함유량이 가장 많다.

※ S카페를 운영 중인 갑은 직원들의 출근 확인 코드를 다음 규칙에 따라 정하였다. 이어지는 질문에 답하시오. [6~7]

〈규칙〉
• 다음의 규칙에서 1과 4는 이름과 생년월일을 기준으로 한다.
 1. 첫 번째 글자의 초성은 두 번째 글자의 초성자리로, 두 번째 글자의 초성은 세 번째 글자의 초성자리로, …, 마지막 글자의 초성은 첫 번째 글자의 초성자리로 치환한다. → 강하늘=낭가흘
 2. 각 글자의 종성은 1의 규칙을 반대 방향으로 적용하여 옮긴다(종성이 없는 경우 종성의 빈자리가 이동한다). → 강하늘=가할능
 3. 생년월일에서 연도의 끝 두 자리를 곱하여 이름 앞에 쓴다. → 1993년생 강하늘=27강하늘
 4. 생년월일에서 월일에 해당하는 네 자리 숫자는 각각 1=a, 2=b, 3=c, 4=d, 5=e, 6=f, 7=g, 8=h, 9=i, 0=j로 치환하여 이름 뒤에 쓴다. → 08월 01일생 강하늘=강하늘hjja

06 1980년대 생인 A직원의 출근 확인 코드가 '64강형욱jabc'이라면 A직원의 이름과 생년월일은?

① 강영훅, 1988년 1월 23일생
② 학영궁, 1980년 1월 23일생
③ 학영궁, 1988년 1월 23일생
④ 악경훙, 1980년 1월 23일생

07 다음 직원 중 출근 확인 코드가 옳지 않은 것은?

① 2011년 03월 05일생, 최민건 → 1퀸친머jcje
② 1998년 05월 11일생, 김사랑 → 72리강삼jeaa
③ 1985년 07월 26일생, 심이담 → 40디심암jgbf
④ 1992년 11월 01일생, 송하윤 → 18오산횽aaaj

※ 다음과 같은 모양을 만드는 데 사용된 블록의 개수를 고르시오(단, 보이지 않는 곳의 블록은 있다고
  가정한다). [1~2]

01

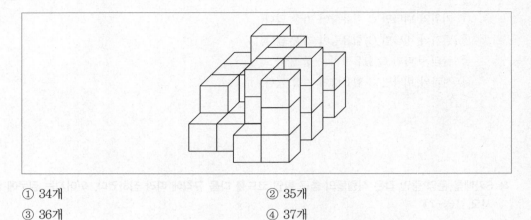

① 34개   ② 35개
③ 36개   ④ 37개

02

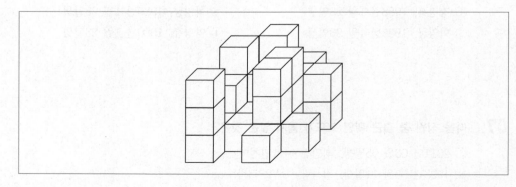

① 32개   ② 33개
③ 34개   ④ 35개

03 다음 제시된 단어에서 공통으로 연상할 수 있는 단어는?

매화, 난, 대나무

① 절   ② 봄
③ 국화   ④ 군자

04 다음 제시된 수를 내림차순으로 나열하였을 때 3번째에 오는 수는?

20　35　42　95　64　12

① 20   ② 42
③ 12   ④ 95

---

01 수리능력검사

※ 다음 식을 계산한 값으로 옳은 것을 고르시오. [1~3]

01

$$545-245-247+112$$

① 145 　　　　　　　　　　② 155
③ 165 　　　　　　　　　　④ 175

02

$$777-666+555-444$$

① 212 　　　　　　　　　　② 222
③ 232 　　　　　　　　　　④ 242

03

$$543+34\times34-354$$

① 1,045 　　　　　　　　　　② 1,145
③ 1,245 　　　　　　　　　　④ 1,345

04 다음은 S매장을 방문한 월별 손님 수에 대한 자료이다. 남자 손님 수가 가장 많은 달은?

〈월별 S매장 방문 손님 수〉

(단위 : 명)

구분	1월	2월	3월	4월
전체 손님 수	56	59	57	56
여자 손님 수	23	29	34	22

① 1월
② 2월
③ 3월
④ 4월

05 다음은 연도별 제주도 감귤 생산량과 수확 면적에 대한 그래프이다. 2017년부터 2021년 동안 전년 대비 감귤 생산량의 감소량이 가장 큰 연도의 수확 면적은?

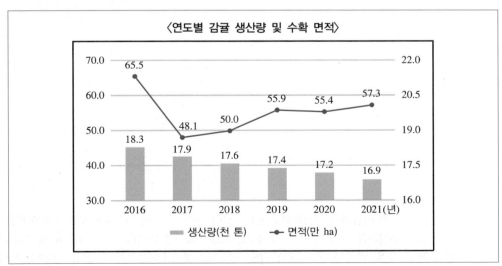

〈연도별 감귤 생산량 및 수확 면적〉

① 57.3만 ha
② 55.9만 ha
③ 50.0만 ha
④ 48.1만 ha

06 농도가 10%인 소금물 200g에 농도가 15%인 소금물을 섞어서 농도가 13%인 소금물을 만들려고
한다. 이때 농도가 15%인 소금물은 몇 g이 필요한가?

① 150g   ② 200g

③ 250g   ④ 300g

07 S씨는 헬스클럽 이용권을 구입하려고 한다. A이용권은 한 달에 5만 원을 내고 1번 이용할 때마다
1,000원을 내야하고, B이용권은 한 달에 2만 원을 내고 1번 이용할 때마다 5,000원을 낸다고 한다.
한 달에 최소 몇 번 이용해야 A이용권을 이용하는 것이 B이용권을 이용하는 것보다 저렴한가?

① 5번   ② 8번

③ 11번   ④ 14번

※ 일정한 규칙으로 수 또는 문자를 나열할 때, 빈칸에 들어갈 알맞은 수 또는 문자를 고르시오(단, 모음은 일반모음 10개만 세는 것을 기준으로 한다). **[1~4]**

01

| D E G J N S ( ) |

① U   ② W
③ X   ④ Y

02

| ㄴ f ㅕ i ( ) 12 ㅇ ㄱ |

① ㅛ   ② 八
③ e   ④ ㅗ

03

| 3 7 15 31 63 ( ) |

① 109   ② 117
③ 119   ④ 127

04

| 0.4 0.5 0.65 0.85 1.1 ( ) |

① 1.35   ② 1.4
③ 1.45   ④ 1.5

05 제시문 A를 읽고 제시문 B가 참인지 거짓인지 혹은 알 수 없는지 고르면?

[제시문 A]
- 철수는 자전거보다 오토바이를 더 좋아한다.
- 철수는 오토바이보다 자동차를 더 좋아한다.
- 철수는 대중교통을 가장 좋아한다.

[제시문 B]
철수는 자동차를 두 번째로 좋아한다.

---

① 참   ② 거짓   ③ 알 수 없음

※ 다음은 식탁을 주문제작하는 S공방에서 쓰이는 제품번호이다. 이어지는 질문에 답하시오. **[6~7]**

- 제품번호는 모두 8자리로 구성되어 있고, 제품번호는 중복될 수 있다.

AA		BB		CC		DD	
소재		사용인원		의자구성		벤치구성	

소재	TR	SE	ST	MR
	원목	세라믹	스테인레스	유리
사용인원	02	20	22	00
	2인용	4인용	6인용	8인용
의자구성	00	01	11	10
	해당 없음	의자 2개	의자 4개	의자 6개
벤치구성	00	01	11	－
	해당 없음	벤치 1개	벤치 2개	－

06 세라믹 소재의 4인용 탁자이고, 의자 2개와 벤치 1개로 구성된 식탁의 제품번호로 옳은 것은?

① SE020101   ② SE020011

③ SE200101   ④ SE200011

07 다음 제품번호 중 S공방의 제품번호로 볼 수 없는 것은 모두 몇 개인가?

ㄱ. TR020100   ㄴ. SE200111
ㄷ. ST221010   ㄹ. MR000000
ㅁ. MR200011

---

① 1개   ② 2개

③ 3개   ④ 4개

01 다음과 같이 쌓여 있는 블록에 최소한 몇 개의 블록을 더 쌓아야 정육면체 모양의 블록이 되겠는 가?(단, 보이지 않는 곳의 블록은 있다고 가정한다)

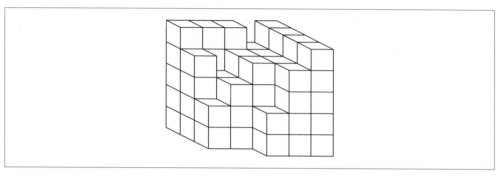

① 50개   ② 52개

③ 54개   ④ 56개

02 다음과 같은 모양을 만드는 데 사용된 블록의 개수는?(단, 보이지 않는 곳의 블록은 있다고 가정한다)

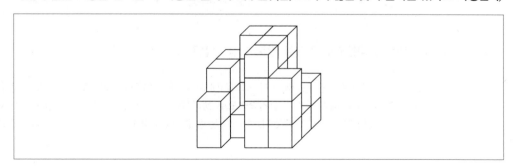

① 30개   ② 31개

③ 32개   ④ 33개

03 다음 속담과 같은 뜻을 가진 한자성어는?

소 잃고 외양간 고친다.

① 십벌지목(十伐之木)　　　　　　② 망우보뢰(亡牛補牢)
③ 견문발검(見蚊拔劍)　　　　　　④ 조족지혈(鳥足之血)

04 다음 글의 빈칸에 공통으로 들어갈 말로 가장 적절한 것은?

_____은/는 인류에게 끈덕진 동반자였지. 석기시대 사람들은 아침부터 저녁까지 먹거리를 찾아 헤
맸을 거야. 그러다가 19세기 후반의 산업혁명으로 생산성이 눈부시게 향상되어 오늘날에는 19세기
같은 '물질적인 결핍'이 사라지게 되었지. 하지만 벌써 없어졌어야 하는 _____ 문제는 아직도 해결
되지 못하고 있어.

① 공해　　　　　　　　　　　　② 전쟁
③ 인구　　　　　　　　　　　　④ 기아

01 수리능력검사

※ 다음 식을 계산한 값으로 옳은 것을 고르시오. **[1~2]**

01

$$0.901+5.468-2.166$$

① 2.194   ② 4.203
③ 6.206   ④ 8.535

02

$$315\times69\div5$$

① 3,215   ② 4,007
③ 4,155   ④ 4,347

03 농도 9%의 소금물 800g이 있다. 이 소금물을 증발시켜 농도 16%의 소금물을 만들려면 몇 g을 증발시켜야 하는가?

① 300g   ② 325g
③ 350g   ④ 375g

04 30명의 남학생 중에서 16명, 20명의 여학생 중에서 14명이 수학여행지로 국외를 선호하였다. 국내 여행을 선호하는 학생 중 임의로 1명을 선택했을 때, 이 학생이 남학생일 확률은?

① $\dfrac{3}{5}$ ② $\dfrac{7}{10}$

③ $\dfrac{4}{5}$ ④ $\dfrac{9}{10}$

05 서경이는 흰색 깃발과 검은색 깃발을 하나씩 갖고 있는데, 깃발을 총 5번 들어 신호를 표시하려고 한다. 같은 깃발은 4번까지만 사용하여 신호를 표시한다면, 만들 수 있는 신호의 경우의 수는?

① 14가지   ② 16가지
③ 30가지   ④ 32가지

※ 다음은 2019 ~ 2020년 광역시별 인구 대비 헌혈 인구 비율에 대한 그래프이다. 이어지는 질문에 답하시오. [6~7]

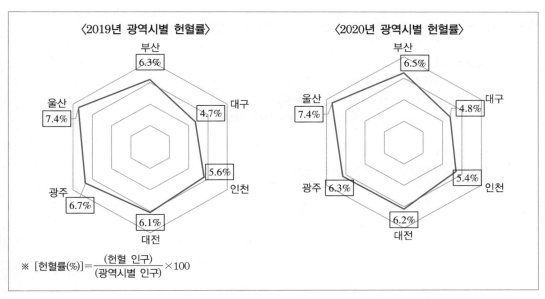

<2019년 광역시별 헌혈률>
부산 6.3%
대구 4.7%
인천 5.6%
대전 6.1%
광주 6.7%
울산 7.4%

<2020년 광역시별 헌혈률>
부산 6.5%
대구 4.8%
인천 5.4%
대전 6.2%
광주 6.3%
울산 7.4%

※ [헌혈률(%)] = (헌혈 인구) / (광역시별 인구) × 100

06 다음 중 전년 대비 2020년 헌혈률이 감소한 지역은?

① 울산광역시   ② 부산광역시
③ 광주광역시   ④ 대전광역시

07 2020년도 대구광역시 인구가 240만 명, 인천광역시 인구는 300만 명일 때, 각 지역의 헌혈 인구는?

	대구광역시	인천광역시
①	106,200명	157,000명
②	115,200명	162,000명
③	115,200명	157,000명
④	106,200명	162,000명

01 제시문 A를 읽고 제시문 B가 참인지 거짓인지 혹은 알 수 없는지 고르면?

[제시문 A]
• 야구를 좋아하는 사람은 여행을 좋아한다.
• 그림을 좋아하는 사람은 독서를 좋아한다.
• 여행을 좋아하지 않는 사람은 독서를 좋아하지 않는다.

[제시문 B]
그림을 좋아하는 사람은 여행을 좋아한다.

---

① 참   ② 거짓   ③ 알 수 없음

※ 일정한 규칙으로 수 또는 문자를 나열할 때, 빈칸에 들어갈 알맞은 수 또는 문자를 고르시오(단, 모음은 일반모음 10개만 세는 것을 기준으로 한다). **[2~5]**

02

ㅑ ㅓ ㅗ ㅠ ( )

① ㅑ   ② ㅕ
③ ㅛ   ④ ㅣ

03

a 2 c 5 h 13 ( ) 34

① k   ② n
③ q   ④ u

04

| 24 189 34 63 44 ( ) 54 7 |

① 6
② 11
③ 16
④ 21

05

$$\frac{3}{2} \quad 8 \quad 12 \quad \frac{7}{20} \quad \frac{5}{3} \quad \frac{7}{12} \quad \frac{5}{6} \quad \frac{2}{5} \quad (\quad)$$

① $\frac{5}{6}$
② $\frac{2}{3}$
③ $\frac{1}{6}$
④ $\frac{1}{3}$

※ S자동차 회사는 2022년까지 자동차 엔진마다 시리얼 번호를 부여할 계획이다. 부여 방식은 다음과 같을 때, 이어지는 질문에 답하시오. [6~7]

〈S자동차 회사 엔진 시리얼 번호〉

첫째 자리 수＝제조년												
1997년	1998년	1999년	2000년	2001년	2002년	2003년	2004년	2005년	2006년	2007년	2008년	2009년
V	W	X	Y	1	2	3	4	5	6	7	8	9
2010년	2011년	2012년	2013년	2014년	2015년	2016년	2017년	2018년	2019년	2020년	2021년	2022년
A	B	C	D	E	F	G	H	J	K	L	M	N

둘째 자리 수＝제조월											
1월	2월	3월	4월	5월	6월	7월	8월	9월	10월	11월	12월
A	C	E	G	J	L	N	Q	S	U	W	Y
B	D	F	H	K	M	P	R	T	V	X	Z

※ 셋째 자리 수부터 여섯째 자리 수까지는 엔진이 생산된 순서의 번호이다.

06 다음 중 시리얼 번호가 옳은 것은?

① OQ3258　　　　　　　② LI2316

③ HS1245　　　　　　　④ SU3216

07 1997 ~ 2000년, 2014 ~ 2018년에 생산된 엔진을 분류하려 할 때 해당하지 않는 엔진의 시리얼 번호는?

① FN4568　　　　　　　② DU6548

③ WS2356　　　　　　　④ HH2314

※ 다음과 같은 모양을 만드는 데 사용된 블록의 개수를 고르시오(단, 보이지 않는 곳의 블록은 있다고 가정한다). [1~2]

01

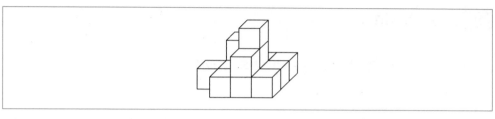

① 14개   ② 13개
③ 12개   ④ 11개

02

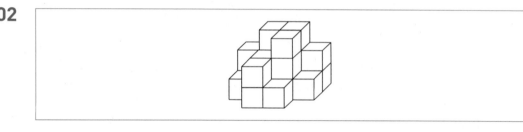

① 23개   ② 22개
③ 21개   ④ 20개

03 다음 제시된 문자를 오름차순으로 나열하였을 때 5번째에 오는 문자는?

ㅎ ㄱ ㅅ ㅇ ㅈ ㅂ

① ㅅ   ② ㅈ
③ ㅇ   ④ ㅂ

04 다음 제시된 단어에서 공통으로 연상할 수 있는 단어를 고르면?

닭, 꺼병이, 까투리

① 장끼   ② 오리
③ 꿩   ④ 꼬끼오

01	수리능력검사

※ 다음 식을 계산한 값으로 옳은 것을 고르시오. [1~4]

01

$$15 \times 108 - 303 \div 3 + 7$$

① 1,526   ② 1,626
③ 1,536   ④ 1,636

02

$$(102 + 103 + 104 + 105 + 106) \div 5$$

① 104   ② 105
③ 114   ④ 115

03

$$48,231 - 19,292 + 59,124$$

① 85,023   ② 98,063
③ 76,033   ④ 88,063

04

$$342 \div 6 \times 13 - 101$$

① 610   ② 620
③ 630   ④ 640

05 다음은 S시 A ~ C동에 있는 벚꽃나무 수에 대한 자료이다. 빈칸에 들어갈 수치로 옳은 것은?(단, 각 수치는 매년 일정한 규칙으로 변화한다)

〈연도별 벚꽃나무 수 변화 추이〉

(단위 : 그루)

구분	A동	B동	C동
2014년	60	110	35
2015년	66	120	19
2016년	60	103	42
2017년	56	105	44
2018년	55	97	53
2019년		112	50
2020년	48	116	41

① 50
② 48
③ 47
④ 43

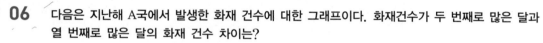

06 다음은 지난해 A국에서 발생한 화재 건수에 대한 그래프이다. 화재건수가 두 번째로 많은 달과 열 번째로 많은 달의 화재 건수 차이는?

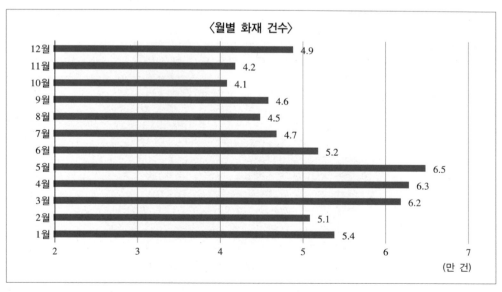

〈월별 화재 건수〉

- 12월 4.9
- 11월 4.2
- 10월 4.1
- 9월 4.6
- 8월 4.5
- 7월 4.7
- 6월 5.2
- 5월 6.5
- 4월 6.3
- 3월 6.2
- 2월 5.1
- 1월 5.4

(만 건)

① 1.6만 건
② 1.7만 건
③ 1.8만 건
④ 1.9만 건

※ 일정한 규칙으로 수 또는 문자를 나열할 때, 빈칸에 들어갈 알맞은 수 또는 문자를 고르시오. **[1~4]**

01

−7	−1	−8	5	−9	( )	−10	17	

① 10   ② 11

③ 12   ④ 13

02

4	6	2	11	12	15	3	5	( )

① −5   ② 0

③ 3   ④ 4

03

ㄹ	ㄷ	ㅁ	ㄴ	ㅂ	( )

① ㄱ   ② ㄴ

③ ㄷ   ④ ㄹ

04

E	C	J	H	P	N	( )

① W   ② Y

③ F   ④ U

05 다음은 청소년이 고민하는 문제에 대한 그래프이다. 13 ~ 18세 청소년이 가장 많이 고민하는 문제와 19 ~ 24세가 두 번째로 많이 고민하는 문제를 바르게 나열한 것은?

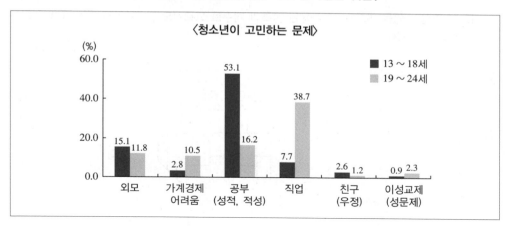

① 직업, 직업

② 공부, 공부

③ 외모, 직업

④ 직업, 공부

06 다음은 출생연대별 개인주의 가치성향에 대한 그래프이다. 이에 대한 해석으로 옳은 것은?

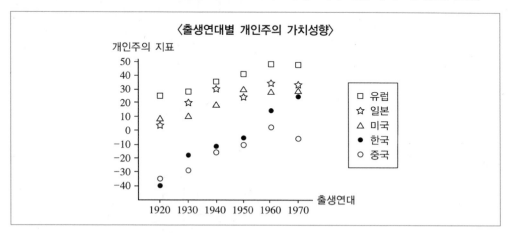

① 세대별로 개인주의 가치성향의 차이는 한국보다 유럽이 큰 편이다.

② 한국을 제외하고는 나이와 개인주의 가치성향이 항상 반비례하고 있다.

③ 중국의 1960년대생과 1970년대생은 비슷한 개인주의 성향을 보인다.

④ 전체 나라를 보면 대체로 유럽, 일본, 미국이 한국, 중국보다 개인주의 성향이 더 강하다.

※ 다음과 같은 모양을 만드는 데 사용된 블록의 개수를 고르시오(단, 보이지 않는 곳의 블록은 있다고 가정한다). [1~3]

01

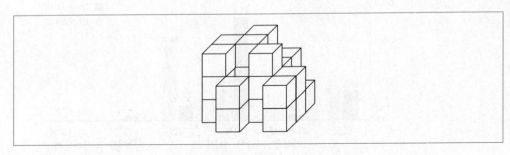

① 32개   ② 31개
③ 30개   ④ 29개

02

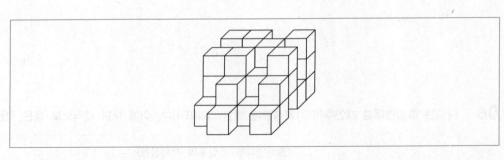

① 36개   ② 37개
③ 38개   ④ 39개

03

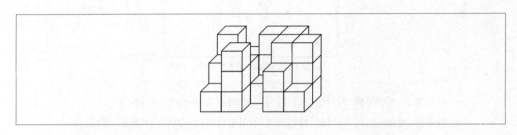

① 26개   ② 27개
③ 28개   ④ 29개

04 다음 제시된 문자나 수를 오름차순으로 나열하였을 때 2번째에 오는 것은?

h 2 y 11 12 z

① 11   ② 2

③ h   ④ y

05 다음 제시된 문자를 내림차순으로 나열하였을 때 6번째에 오는 문자는?

B ㅈ N ㅊ P ㅂ

① B   ② ㅈ

③ N   ④ P

06 다음 제시된 단어에서 공통으로 연상할 수 있는 단어는?

뉴스, 아나운서, 기자, 기상캐스터

① 기사   ② 직업

③ 방송   ④ 날씨

01 **수리능력검사**

※ 다음 식을 계산한 값으로 옳은 것을 고르시오. **[1~3]**

01

$$493-24\times5$$

① 373   ② 390
③ 874   ④ 276

02

$$9.4\times4.8\div1.2$$

① 36   ② 37.6
③ 38   ④ 39.2

03

$$15\times15-300\div3+7$$

① 132   ② 137
③ 142   ④ 147

04 522의 2할 8푼 1리는?

① 143.222   ② 143.252
③ 146.442   ④ 146.682

05 10명의 국회의원들이 모여서 자선자금을 모으려고 한다. 처음 보는 국회의원끼리만 악수하고, 그 횟수만큼 각자 10,000원씩 기부하기로 하였다. 참여한 국회의원 중 각자 아는 사람이 1명 이상일 때, 총기부금의 최대 금액은?

① 60만 원　　　　　　　　　　　　② 70만 원
③ 80만 원　　　　　　　　　　　　④ 90만 원

06 수영장에 물을 공급하는 장치 A와 물을 배출하는 장치 B가 있다. A, B 각각 1시간당 일정한 양의 물을 공급하고 배출한다. A장치를 열고 수영장 물을 가득 채우면 4시간이 걸리고, A와 B를 동시에 작동시키면 6시간이 걸린다. 수영장에 물이 가득 채워져 있을 때 B장치를 열어 전체 물을 배출하는 데 걸리는 시간은?

① 11시간　　　　　　　　　　　　② 12시간
③ 13시간　　　　　　　　　　　　④ 14시간

07 A가 30km/h의 속력으로 $x$km를 가는 데 걸린 시간은 B가 40km/h의 속력으로 30km를 갔을 때보다 5분이 덜 걸렸다고 한다. A가 이동한 거리는?

① 15km　　　　　　　　　　　　② 20km
③ 25km　　　　　　　　　　　　④ 30km

08 다음은 S시 A ~ C동에 있는 연도별 버스정류장 개수에 대한 자료이다. 빈칸에 들어갈 수치로 옳은 것은?(단, 각 수치는 매년 일정한 규칙으로 변화한다)

〈연도별 버스정류장 개수 변화〉

(단위 : 개)

구분	A동	B동	C동
2013년	64	51	43
2014년	66	50	42
2015년	63	49	
2016년	69	53	36
2017년	61	58	39
2018년	70	57	31
2019년	62	52	44

① 46　　　　　　　　　　　　② 37
③ 69　　　　　　　　　　　　④ 24

※ 일정한 규칙으로 수 또는 문자를 나열할 때, 빈칸에 들어갈 알맞은 수 또는 문자를 고르시오. **[1~3]**

01

| 1 | 5 | 2 | 4 | 19 | 38 | 21 | 36 | 117 | 222 | (|) | 307 |

① 27

② 32

③ 54

④ 68

02

| 1 | 2 | 3 | 3 | 7 | (|) | 13 | 11 | 21 | 18 |

① 3

② 4

③ 5

④ 6

03

F　X　O　L　X　( )

① F

② A

③ M

④ E

04 진실마을 사람은 진실만을 말하고, 거짓마을 사람은 거짓만을 말한다. 주형이와 윤희는 진실마을과 거짓마을 중 한 곳에서 사는데, 다음 윤희가 한 말을 통해 주형이와 윤희가 각각 어느 마을에 사는지 바르게 유추한 것은?

> 윤희 : "적어도 우리 둘 중에 1명은 거짓마을 사람이다."

① 윤희는 거짓마을 사람이고, 주형이는 진실마을 사람이다.
② 윤희는 진실마을 사람이고, 주형이는 거짓마을 사람이다.
③ 윤희와 주형이 모두 진실마을 사람이다.
④ 윤희와 주형이 모두 거짓마을 사람이다.

05 영철이의 강아지는 흰색 또는 검정색 또는 노란색 중 하나이다. 다음 정보에서 적어도 하나는 옳고 하나는 틀리다면, 강아지의 색은?

> • 강아지는 검정색이 아니다.
> • 강아지는 흰색이거나 노란색이다.
> • 강아지는 흰색이다.

① 흰색   ② 검정색
③ 노란색   ④ 알 수 없다.

06 체육의 날을 맞이하여 기획개발팀 4명은 다른 팀 사원들과 각각 15회씩 배드민턴 경기를 하였다. 다음과 같은 점수 계산 방법에 따라 각자 자신의 경기 결과를 종합하여 결과를 발표하였다면 기획개발팀의 팀원 중 거짓을 말한 사람은?

〈점수 계산 방법〉
• 점수계산 방법 : 각 경기에서 이길 경우 7점, 비길 경우 3점, 질 경우 −4점을 받는다.
• 각자 15회의 경기 후 자신의 합산 점수를 다음과 같이 발표하였다.

A팀장	B대리	C대리	D연구원
93점	90점	84점	79점

① A팀장   ② B대리
③ C대리   ④ D연구원

07 다음은 물건을 훔친 용의자들의 진술이다. 용의자들 중 2명이 진실을 말한다면 거짓말을 한 사람과 범인은?

> • A : 난 거짓말하지 않는다. 난 범인이 아니다.
> • B : 난 진실을 말한다. 범인은 A이다.
> • C : B는 거짓말을 하고 있다. 범인은 B다.

	거짓말을 한 사람	범인
①	A	A
②	B	B
③	C	C
④	B	A

08 S기업에서는 이번 주 월 ~ 금요일에 건강검진을 실시한다. 서로 요일이 겹치지 않도록 〈조건〉에 따라 하루를 선택하여 건강검진을 받아야 할 때, 다음 중 반드시 참인 것은?

> **조건**
> • 이사원은 최사원보다 먼저 건강검진을 받는다.
> • 김대리는 최사원보다 늦게 건강검진을 받는다.
> • 박과장의 경우 금요일에는 회의로 인해 건강검진을 받을 수 없다.
> • 이사원은 월요일 또는 화요일에 건강검진을 받는다.
> • 홍대리는 수요일에 출장을 가므로 수요일 이전에 건강검진을 받아야 한다.
> • 이사원은 홍대리보다는 늦게, 박과장보다는 먼저 건강검진을 받는다.

① 홍대리는 월요일에 건강검진을 받는다.
② 박과장은 수요일에 건강검진을 받는다.
③ 최사원은 목요일에 건강검진을 받는다.
④ 최사원은 박과장보다 먼저 건강검진을 받는다.

09 제시된 내용을 바탕으로 내린 A, B의 결론에 대한 판단으로 항상 옳은 것은?

> • 준열, 정환, 수호, 재하는 '데이터 선택 65.8', '데이터 선택 54.8', '데이터 선택 49.3', '데이터 선택 43.8' 중 하나의 요금제를 사용한다.
> • 4명 중 같은 요금제를 사용하는 사람은 아무도 없다.
> • 준열이는 '데이터 선택 54.8'과 '데이터 선택 43.8'을 사용하지 않는다.
> • 수호는 '데이터 선택 49.3'을 사용하지 않는다.
> • 정환이는 '데이터 선택 65.8'을 사용한다.

> A : 준열이는 '데이터 선택 49.3'을 사용한다.
> B : 수호는 '데이터 선택 54.8'을 사용한다.

① A만 옳다.
② B만 옳다.
③ A, B 모두 옳다.
④ A, B 모두 틀리다.

10 다음 글을 읽고 참인 것을 고르면?

> 준표, 지후, 이정이는 각각 차를 소유하고 있다. 준표는 흰색 차도 소유하고 있다. 지후는 흰색 차만 소유하고 있다. 이정이는 빨간색 차도 소유하고 있다. 준표, 지후, 이정 세 사람의 차가 주차장에 있다. 주차장에 있는 차는 모두 흰색이다.

① 준표의 차는 주차장에 있다.
② 준표의 빨간색 차는 주차장에 있다.
③ 이정이의 모든 차는 주차장에 있다.
④ 주차장에 있는 모든 차는 지후의 차이다.

※ 다음 제시된 좌우의 문자 또는 기호를 비교하여 같으면 ①을, 다르면 ②를 고르시오. **[1~3]**

01

9927668109 – 9927868100

① 같음   ② 다름

02

不言之敎無爲之益 – 不言之敎無爲之益

① 같음   ② 다름

03

TeachingAmericanHistory – TaechingAmericanHistory

① 같음   ② 다름

※ 제시된 문자와 동일한 문자를 〈보기〉에서 찾아 고르시오(단, 가장 왼쪽 문자를 시작 지점으로 한다).
   [4~5]

보기

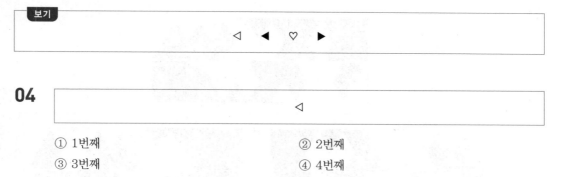

◁   ◀   ♡   ▶

04

◁

① 1번째   ② 2번째
③ 3번째   ④ 4번째

05

▶

① 1번째   ② 2번째
③ 3번째   ④ 4번째

※ 다음 중 제시된 도형과 같은 것을 고르시오(단, 도형은 회전이 가능하다). [6~7]

06

07

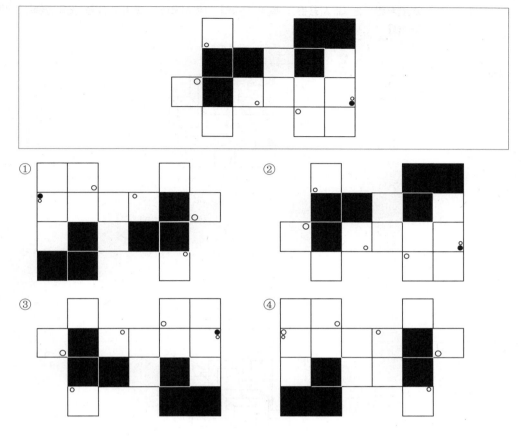

※ 다음과 같은 모양을 만드는 데 사용된 블록의 개수를 고르시오(단, 보이지 않는 곳의 블록은 있다고 가정한다). [8~10]

08

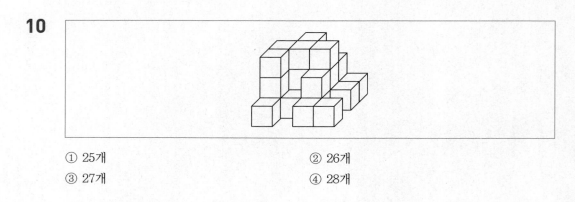

① 23개   ② 22개
③ 21개   ④ 20개

09

① 29개   ② 30개
③ 31개   ④ 32개

10

① 25개   ② 26개
③ 27개   ④ 28개

01 수리능력검사

※ 다음 식을 계산한 값으로 옳은 것을 고르시오. [1~3]

01

$$36 \times 145 + 6,104$$

① 11,245　　　　　　　　　② 11,324
③ 11,464　　　　　　　　　④ 11,584

02

$$89.1 \div 33 + 5.112$$

① 7.612　　　　　　　　　② 7.712
③ 7.812　　　　　　　　　④ 7.912

03

$$491 \times 64 - (2^6 \times 5^3)$$

① 23,914　　　　　　　　　② 24,013
③ 23,424　　　　　　　　　④ 25,919

04 218의 6할 2리는?

① 131.236　　　　　　　　② 177.231
③ 183.144　　　　　　　　④ 185.542

05 다음 빈칸에 들어갈 값으로 옳은 것은?

$$\frac{7}{9} < (\quad) < \frac{7}{6}$$

① $\frac{64}{54}$

② $\frac{13}{18}$

③ $\frac{39}{54}$

④ $\frac{41}{36}$

06 두 지점 A, B 사이를 자동차로 왕복하는데 갈 때는 80km/h, 올 때는 60km/h의 속력으로 달렸더니 올 때는 갈 때보다 시간이 30분 더 걸렸다. 이때 두 지점 A, B 사이의 거리는?

① 100km

② 110km

③ 120km

④ 130km

07 다음은 S사 사내전화 평균 통화시간에 대한 자료이다. 평균 통화시간이 6 ~ 9분인 여자의 수는 12분 이상인 남자의 수에 비해 몇 배 많은가?

〈S사 사내전화 평균 통화시간〉

구분	남자	여자
3분 이하	33%	26%
3 ~ 6분	25%	21%
6 ~ 9분	18%	18%
9 ~ 12분	14%	16%
12분 이상	10%	19%
대상 인원수	600명	400명

① 1.1배

② 1.2배

③ 1.3배

④ 1.4배

※ 일정한 규칙으로 수 또는 문자를 나열할 때, 빈칸에 들어갈 알맞은 수 또는 문자를 고르시오. [1~3]

01

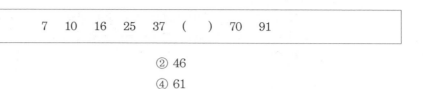

7	10	16	25	37	( )	70	91

① 39   ② 46

③ 52   ④ 61

02

1   8   11   5   15   0   7   9   ( )

① 1   ② 2

③ 3   ④ 4

03

ㄴ   A   8   ㄹ   ( )   16   ㅂ   L

① M   ② N

③ O   ④ P

04 제시된 내용을 바탕으로 내린 A, B의 결론에 대한 판단으로 항상 옳은 것은?

> • 어린이 도서 코너는 가장 오른쪽에 있다.
> • 잡지 코너는 외국 서적 코너보다 왼쪽에 있다.
> • 소설 코너는 잡지 코너보다 왼쪽에 있다.

> A : 소설 코너는 외국 서적 코너보다 왼쪽에 있다.
> B : 어린이 도서 코너는 잡지 코너보다 오른쪽에 있다.

① A만 옳다.   ② B만 옳다.

③ A, B 모두 옳다.   ④ A, B 모두 틀리다.

05 3학년 1반에서는 학생들의 투표를 통해 득표수에 따라 학급 대표를 선출하기로 하였고, 학급 대표 후보로 A ~ E 5명이 나왔다. 투표 결과 5명의 득표수가 다음과 같을 때, 바르게 추론한 것은?(단, 1반 학생들은 총 30명이며, 후보 5명의 득표수는 서로 다르다)

- A는 15표를 얻었다.
- B는 C보다 2표를 더 얻었지만, A보다는 낮은 표를 얻었다.
- D는 A보다 낮은 표를 얻었지만, C보다는 높은 표를 얻었다.
- E는 1표를 얻어 가장 낮은 득표수를 기록했다.

① A가 학급 대표로 선출된다.
② B보다 D의 득표수가 높다.
③ D보다 B의 득표수가 높다.
④ C와 E의 득표수를 합치면 A의 득표수보다 높다.

06 제시문 A를 읽고 제시문 B가 참인지 거짓인지 혹은 알 수 없는지 고르면?

[제시문 A]
- 단거리 경주에 출전한 사람은 장거리 경주에 출전한다.
- 장거리 경주에 출전한 사람은 농구 경기에 출전하지 않는다.
- 농구 경기에 출전한 사람은 배구 경기에 출전한다.

[제시문 B]
농구 경기에 출전한 사람은 단거리 경주에 출전하지 않는다.

① 참   ② 거짓   ③ 알 수 없음

※ 다음 제시된 문자 또는 숫자를 비교하여 같으면 ①, 다르면 ②를 고르시오. [1~2]

01

risingrhythm − risingrhythm

① 같음   ② 다름

02

9888463434 − 9888463424

① 같음   ② 다름

※ 다음 제시된 문자와 다른 것을 고르시오. [3~4]

03

특허허가과허가과장

① 특허허가과허가과장   ② 특허허가과허가과장
③ 특허하가과허가과장   ④ 특허허가과허가과장

04

octonarian

① octonarion   ② octonarian
③ octonarian   ④ octonarian

01 수리능력검사

※ 다음 식을 계산한 값으로 옳은 것을 고르시오. [1~3]

01

$$27 \times 36 + 438$$

① 1,110　　　　　　　　　② 1,210
③ 1,310　　　　　　　　　④ 1,410

02

$$5.5 \times 4 + 3.6 \times 5$$

① 40　　　　　　　　　　② 40.5
③ 48.5　　　　　　　　　④ 50

03

$$27 \times \frac{12}{9} \times \frac{1}{3} \times \frac{3}{2}$$

① 8　　　　　　　　　　② 14
③ 18　　　　　　　　　　④ 20

04 921의 3할 6푼 9리는?

① 339.849　　　　　　　② 340.644
③ 341.943　　　　　　　④ 342.153

05 다음 빈칸에 들어갈 값으로 가장 적절한 것은?

$$\frac{1}{7} < (\quad) < \frac{4}{21}$$

① $\dfrac{1}{28}$

② $\dfrac{1}{6}$

③ $\dfrac{1}{3}$

④ $\dfrac{3}{7}$

06 대각선의 길이가 12cm, 16cm인 마름모 종이를 대각선을 따라 잘라 4등분하여 삼각형 4개를 만들었다. 한 삼각형의 세 변에 일정한 간격으로 점을 찍을 때, 4개의 삼각형에 최대로 표시할 수 있는 점의 개수는?(단, 꼭짓점에 찍는 점을 포함한다)

① 48개

② 49개

③ 50개

④ 51개

07 다음은 2018년 1/4분기 산업단지별 수출현황에 대한 자료이다. (가), (나), (다)에 들어갈 수치가 바르게 나열된 것은?(단, 소수점 둘째 자리에서 반올림한다)

〈2018년 1/4분기 수출현황〉

(단위 : 백만 달러)

구분	2018년 1/4분기	2017년 1/4분기	전년 대비
국가	66,652	58,809	13.3%
일반	34,273	29,094	(가)
농공	2,729	3,172	14.0%
합계	(나)	91,075	(다)

	(가)	(나)	(다)
①	17.8	103,654	11.8
②	15.8	103,654	13.8
③	17.8	103,654	13.8
④	15.8	104,654	11.8

※ 일정한 규칙으로 수 또는 문자를 나열할 때, 빈칸에 들어갈 알맞은 수 또는 문자를 고르시오(단, 모음은 일반 모음 10개만 세는 것을 기준으로 한다). **[1~3]**

01

2	3	5	6	11	12	23	(	)	

① 12   ② 24

③ 72   ④ 84

02

5	4	9	8	4	48	(	)	3	72

① 3   ② 9

③ 15   ④ 18

03

ㄹ	5	六	ㅠ	(	)	11	ㅊ	N

① ㅠ   ② ㅎ

③ P   ④ 九

04 다음 제시된 명제가 모두 참일 때 바르게 추론한 것은?

> • 집과 카페의 거리는 집과 슈퍼의 거리보다 멀다.
> • 집과 꽃집의 거리는 집과 슈퍼의 거리보다 가깝다.
> • 집과 학교의 거리는 집과 카페의 거리보다 멀다.

① 슈퍼는 꽃집보다 집에서 가깝다.
② 집과 가장 가까운 곳은 슈퍼이다.
③ 카페는 집에서 두 번째로 멀다.
④ 학교가 집에서 가장 멀다.

05 제시된 내용을 바탕으로 내린 A, B의 결론에 대한 판단으로 항상 옳은 것은?

> • 랩을 잘하면 춤을 못 춘다.
> • 노래를 잘하면 랩을 잘한다.
> • 연기를 잘하면 노래를 잘한다.

> A : 노래를 잘하면 춤을 못 춘다.
> B : 연기를 잘하면 춤을 못 춘다.

① A만 옳다.   ② B만 옳다.
③ A, B 모두 옳다.   ④ A, B 모두 틀리다.

06 제시문 A를 읽고 제시문 B가 참인지 거짓인지 혹은 알 수 없는지 고르면?

> [제시문 A]
> • 독서실에 가면 영어공부를 할 것이다.
> • 도서관에 가면 과제를 할 것이다.
> • 영어공부를 하면 과제를 하지 않을 것이다.
>
> [제시문 B]
> 독서실에 가면 도서관에 가지 않을 것이다.

① 참   ② 거짓   ③ 알 수 없음

※ 다음 제시된 문자 또는 숫자를 비교하여 같으면 ①, 다르면 ②를 고르시오. [1~2]

01

4685168438186 – 4685168438186

① 같음   ② 다름

02

강약중약약강강중약강중 – 강약중약약강강중악강중

① 같음   ② 다름

※ 다음 제시된 문자와 다른 것을 고르시오. [3~4]

03

somnambulist

① somnambulist   ② somnambulist
③ somnambullst   ④ somnambulist

04

86435476868448

① 86435476868448   ② 86435476888448
③ 86435476868448   ④ 86435476868448

01 수리능력검사

※ 다음 식을 계산한 값으로 옳은 것을 고르시오. [1~3]

01

$$572 \div 4 + 33 - 8$$

① 144   ② 158
③ 164   ④ 168

02

$$4.7 + 22 \times 5.4 - 2$$

① 121.5   ② 120
③ 132.4   ④ 136

03

$$6 \times \frac{32}{3} \times 2 \times \frac{11}{2}$$

① 684   ② 704
③ 786   ④ 792

04 438의 6할 1리는 얼마인가?

① 263.238 ② 277.23

③ 283.144 ④ 285.542

05 다음 빈칸에 들어갈 값으로 옳은 것은?

$$\frac{22}{9} < (\quad) < \frac{11}{4}$$

① $\frac{33}{17}$ ② $\frac{59}{19}$

③ $\frac{62}{21}$ ④ $\frac{66}{25}$

06 12층에 살고 있는 수진이는 출근하려고 나왔다가 중요한 서류를 깜빡한 것이 생각나 다시 집에 다녀오려고 한다. 엘리베이터 고장으로 계단을 이용해야 하는데, 1층부터 6층까지 쉬지 않고 올라갈 때 35초가 걸리고, 7층부터는 한 층씩 올라갈 때마다 5초씩 쉬려고 한다. 수진이가 1층부터 12층까지 올라가는 데 걸린 시간은?(단, 6층에서는 쉬지 않는다)

① 102초 ② 107초

③ 109초 ④ 112초

07 S기업에서 직원들에게 자기계발 교육비용을 일부 지원하기로 하였다. 총무인사팀에서 A ~ E 5명의 직원이 다음과 같이 교육프로그램을 신청하였을 때, S기업에서 직원들에게 지원하는 총금액은?

〈자기계발 수강료 및 지원 금액〉

구분	영어회화	컴퓨터 활용	세무회계
수강료	7만 원	5만 원	6만 원
지원 금액 비율	50%	40%	80%

〈신청한 교육프로그램〉

구분	영어회화	컴퓨터 활용	세무회계
A	○		○
B	○	○	○
C		○	○
D	○		
E		○	

① 307,000원 ② 308,000원
③ 309,000원 ④ 310,000원

※ 일정한 규칙으로 수 또는 문자를 나열할 때, 빈칸에 들어갈 알맞은 수 또는 문자를 고르시오. **[1~3]**

01

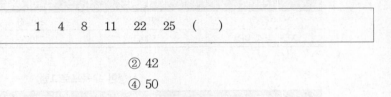

1　4　8　11　22　25　( )

① 36　　　　　　　　　　② 42
③ 46　　　　　　　　　　④ 50

02

5　19　24　3　6　9　( )　9　10

① 1　　　　　　　　　　② 2
③ 3　　　　　　　　　　④ 4

03

A　ㄴ　3　( )　E　ㅂ　7　八

① 4　　　　　　　　　　② D
③ ㄹ　　　　　　　　　④ 四

04 제시된 내용을 바탕으로 내린 A, B의 결론에 대한 판단으로 항상 옳은 것은?

> • 낚시를 하는 사람은 모두 책을 읽는다.
> • 책을 읽는 사람은 모두 요리를 하지 않는다.
> • 요리를 하는 사람은 모두 등산을 한다.

> A : 요리를 하는 사람은 낚시를 하지 않는다.
> B : 등산을 하는 사람은 낚시를 한다.

① A만 옳다.
② B만 옳다.
③ A, B 모두 옳거나 틀리다.
④ A, B 모두 옳은지 틀린지 판단할 수 없다.

05 다음 제시된 명제가 모두 참일 때 바르게 추론한 것은?

> • 가위는 테이프보다 비싸다.
> • 볼펜은 테이프보다 싸다.
> • 공책은 가위보다 비싸다.

① 제시된 문구 중에서 가장 비싼 것은 테이프다.
② 테이프는 공책보다 비싸다.
③ 제시된 문구 중에서 두 번째로 비싼 것은 가위다.
④ 공책은 볼펜보다 싸다.

※ 다음 제시된 좌우의 문자 또는 기호를 비교하여 같으면 ①을, 다르면 ②를 고르시오. [1~2]

01

| 일정일장일중얼장알중울징 – 일정일장일종얼장알중울징 |

① 같음   ② 다름

02

| 98567783251186 – 98567782251186 |

① 같음   ② 다름

※ 다음 제시된 문자와 다른 것을 고르시오. [3~4]

03

| ablessingindis |

① ablessingindls   ② ablessingindis
③ ablessingindis   ④ ablessingindis

04

| 358843187432462 |

① 358843187432462   ② 358843187432462
③ 358843187432462   ④ 358643187432462

01   수리능력검사

※ 다음 식을 계산한 값으로 옳은 것을 고르시오. [1~2]

01

$$738 \div 41 + 69 \times 8$$

① 553   ② 558

③ 562   ④ 570

02

$$6 \times \frac{52}{8} - \frac{8}{3} \times \frac{84}{32}$$

① 32   ② 34

③ 35   ④ 37

03 592의 8할 2리는 얼마인가?

① 473.693   ② 474.784

③ 474.912   ④ 474.926

04 다음 빈칸에 들어갈 값으로 옳은 것은?

$$\frac{40}{11}<(\quad)<\frac{14}{3}$$

① $\dfrac{10}{3}$

② $\dfrac{17}{4}$

③ $\dfrac{24}{5}$

④ $\dfrac{34}{7}$

05 집에서 학교까지 함께 출발하여 동생은 50m/min의 속력으로 달리고, 언니는 30m/min의 속력으로 걸었더니 동생이 5분 먼저 도착했다. 집에서 학교까지의 거리는?

① 360m

② 365m

③ 370m

④ 375m

06 농도가 8%인 소금물 20g을 증발시켜 농도가 10%의 소금물을 만들었다. 이때 증발한 물의 양은?

① 1g

② 2g

③ 3g

④ 4g

07 다음은 공공도서관 현황에 대한 자료이다. 2018년 공공도서관 수는 2015년에 비해 얼마나 증가하였는가?(단, 소수점 첫째 자리에서 반올림한다)

〈공공도서관 현황〉

구분	2015년	2016년	2017년	2018년
공공도서관 수(개소)	644	703	759	786
공공도서관당 이용자 수(명)	76,926	70,801	66,556	64,547
1인당 이용 장서 수(권)	1.16	1.31	1.40	1.49
전체 장서 수(천 권)	58,365	65,366	70,539	75,575
방문자 수(천 명)	204,919	235,140	258,315	270,480

① 20%

② 21%

③ 22%

④ 23%

※ 일정한 규칙으로 수를 나열할 때, 빈칸에 들어갈 알맞은 수를 고르시오. [1~3]

01

	2 6 18 54 162 ( )	

① 324   ② 486

③ 528   ④ 638

02

	4 9 2 7 0 ( )	

① -2   ② 3

③ 5   ④ 7

03

	4 6 -8 1 16 -4 -32 ( )	

① -9   ② 24

③ -16   ④ -48

04 다음 제시된 명제가 모두 참일 때, 바르게 추론한 것은?

- 나무는 바위보다 크다.
- 꽃은 바위보다 작다.
- 풀은 나무보다 크다.

① 꽃이 가장 작다.

② 바위가 풀보다 크다.

③ 나무가 꽃보다 작다.

④ 나무가 가장 크다.

※ 다음 제시된 좌우의 문자 또는 기호를 비교하여 같으면 ①을, 다르면 ②를 고르시오. **[1~2]**

01

정중종강졍공깅귤열염줌춤 – 정중종강졍공깅귤열염줌춤

① 같음   ② 다름

02

956358322429 – 956358332429

① 같음   ② 다름

※ 다음 제시된 문자와 다른 것을 고르시오. **[3~4]**

03

32168725951465

① 32168726951465   ② 32168725951465
③ 32168725951465   ④ 32168725951465

04

Ⅲ Ⅹ Ⅷ Ⅹ Ⅻ Ⅵ Ⅳ Ⅰ Ⅲ Ⅰ Ⅵ Ⅷ Ⅺ Ⅹ

① Ⅲ Ⅹ Ⅷ Ⅹ Ⅻ Ⅵ Ⅳ Ⅰ Ⅲ Ⅰ Ⅵ Ⅷ Ⅺ Ⅹ   ② Ⅲ Ⅹ Ⅷ Ⅹ Ⅻ Ⅵ Ⅳ Ⅰ Ⅲ Ⅰ Ⅵ Ⅷ Ⅺ Ⅹ
③ Ⅲ Ⅹ Ⅷ Ⅹ Ⅺ Ⅵ Ⅳ Ⅰ Ⅲ Ⅰ Ⅵ Ⅷ Ⅺ Ⅹ   ④ Ⅲ Ⅹ Ⅷ Ⅹ Ⅻ Ⅵ Ⅳ Ⅰ Ⅲ Ⅰ Ⅵ Ⅷ Ⅺ Ⅹ

PART

2

기초능력검사

CHAPTER 01　수리능력검사
CHAPTER 02　추리능력검사
CHAPTER 03　지각능력검사

CHAPTER 01 수리능력검사 핵심이론

01 기초계산

1. 기본연산

(1) 사칙연산

① 사칙연산 $+$, $-$, $\times$, $\div$

왼쪽을 기준으로 순서대로 계산하되 $\times$와 $\div$를 먼저 계산한 뒤 $+$와 $-$를 계산한다.

예 $1+2-3\times4\div2=1+2-12\div2=1+2-6=3-6=-3$

② 괄호연산 ( ), { }, [ ]

소괄호 ( ) → 중괄호 { } → 대괄호 [ ]의 순서대로 계산한다.

예 $[\{(1+2)\times3-4\}\div5]\times6=\{(3\times3-4)\div5\}\times6$
$=\{(9-4)\div5\}\times6=(5\div5)\times6=1\times6=6$

(2) 연산 규칙

크고 복잡한 수들의 연산에는 반드시 쉽게 해결할 수 있는 특성이 있다. 지수법칙, 곱셈공식 등 연산 규칙을 활용하여 문제 내에 숨어 있는 수의 연결고리를 찾아야 한다.

자주 출제되는 곱셈공식

- $a^b \times a^c \div a^d = a^{b+c-d}$
- $ab \times cd = ac \times bd = ad \times bc$
- $a^2 - b^2 = (a+b)(a-b)$
- $(a+b)(a^2-ab+b^2) = a^3+b^3$
- $(a-b)(a^2+ab+b^2) = a^3-b^3$

---

2. 식의 계산

(1) 약수 · 소수

① **약수** : 0이 아닌 어떤 정수를 나누어떨어지게 하는 정수

② **소수** : 1과 자기 자신으로만 나누어지는 1보다 큰 양의 정수

　예 10 이하의 소수는 2, 3, 5, 7이 있다.

③ **소인수분해** : 주어진 합성수를 소수의 곱의 형태로 나타내는 것

　예 $12 = 2^2 \times 3$

④ **약수의 개수** : 양의 정수 $N = a^\alpha b^\beta$ (a, b는 서로 다른 소수)일 때, N의 약수의 개수는 $(\alpha+1)(\beta+1)$개다.

⑤ **최대공약수** : 2개 이상의 자연수의 공통된 약수 중에서 가장 큰 수

　예 GCD(4, 8) = 4

⑥ **최소공배수** : 2개 이상의 자연수의 공통된 배수 중에서 가장 작은 수

　예 LCM(4, 8) = 8

⑦ **서로소** : 1 이외에 공약수를 갖지 않는 두 자연수

　예 GCD(3, 7) = 1이므로, 3과 7은 서로소이다.

(2) 수의 크기

분수, 지수함수, 로그함수 등 다양한 형태의 문제들이 출제된다. 분모의 통일, 지수의 통일 등 제시된 수를 일정한 형식으로 정리해 해결해야 한다. 연습을 통해 여러 가지 문제의 풀이방법을 익혀 두자.

예 $\sqrt[3]{2}$, $\sqrt[4]{4}$, $\sqrt[5]{8}$ 의 크기 비교

$$\sqrt[3]{2} = 2^{\frac{1}{3}}, \quad \sqrt[4]{4} = 4^{\frac{1}{4}} = (2^2)^{\frac{1}{4}} = 2^{\frac{1}{2}}, \quad \sqrt[5]{8} = 8^{\frac{1}{5}} = (2^3)^{\frac{1}{5}} = 2^{\frac{3}{5}} \text{ 이므로}$$

지수의 크기에 따라 $\sqrt[3]{2} < \sqrt[4]{4} < \sqrt[5]{8}$ 임을 알 수 있다.

(3) 수의 특징

주어진 수들의 공통점 찾기, 짝수 및 홀수 연산, 자릿수 등 위에서 다루지 않았거나 복합적인 여러 가지 수의 특징을 가지고 풀이하는 문제들을 모아 놓았다. 주어진 상황에서 제시된 수들의 공통된 특징을 찾는 것이 중요한 만큼 혼동하기 쉬운 수의 자릿수별 개수와 홀수, 짝수의 개수는 꼼꼼하게 체크해가면서 풀어야 한다.

1. 방정식의 활용

(1) 날짜·요일·시계

① 날짜·요일

㉠ 1일=24시간=1,440분=86,400초

㉡ 날짜·요일 관련 문제는 대부분 나머지를 이용해 계산한다.

② 시계

㉠ 시침이 1시간 동안 이동하는 각도 : 30°

㉡ 시침이 1분 동안 이동하는 각도 : 0.5°

㉢ 분침이 1분 동안 이동하는 각도 : 6°

(2) 거리·속력·시간

① (거리)=(속력)×(시간)

㉠ 기차가 터널을 통과하거나 다리를 지나가는 경우

: (기차가 움직인 거리)=(기차의 길이)+(터널 또는 다리의 길이)

㉡ 두 사람이 반대 방향 또는 같은 방향으로 움직이는 경우

: (두 사람 사이의 거리)=(두 사람이 움직인 거리의 합 또는 차)

② $(속력)=\dfrac{(거리)}{(시간)}$

㉠ 흐르는 물에서 배를 타는 경우

: (하류로 내려갈 때의 속력)=(배 자체의 속력)+(물의 속력)

(상류로 올라갈 때의 속력)=(배 자체의 속력)−(물의 속력)

③ $(시간)=\dfrac{(거리)}{(속력)}$

(3) 나이·인원·개수

구하고자 하는 것을 미지수로 놓고 식을 세운다. 동물의 경우 다리의 개수에 유의해야 한다.

(4) 원가 · 정가

① (정가)＝(원가)＋(이익), (이익)＝(정가)－(원가)

② a원에서 $b\%$ 할인한 가격＝$a \times \left(1 - \dfrac{b}{100} \right)$

(5) 일률 · 톱니바퀴

① 일률

전체 일의 양을 1로 놓고, 시간 동안 한 일의 양을 미지수로 놓고 식을 세운다.

- (일률)＝$\dfrac{(작업량)}{(작업기간)}$

- (작업기간)＝$\dfrac{(작업량)}{(일률)}$

- (작업량)＝(일률)×(작업기간)

② 톱니바퀴

(톱니 수)×(회전수)＝(총 맞물린 톱니 수)

즉, A, B 두 톱니에 대하여, (A의 톱니 수)×(A의 회전수)＝(B의 톱니 수)×(B의 회전수)가 성립한다.

(6) 농도

① (농도)＝$\dfrac{(용질의 양)}{(용액의 양)} \times 100$

② (용질의 양)＝$\dfrac{(농도)}{100} \times$(용액의 양)

(7) 수Ⅰ

① 연속하는 세 자연수 : $x-1$, x, $x+1$
② 연속하는 세 짝수(홀수) : $x-2$, x, $x+2$

(8) 수Ⅱ

① 십의 자릿수가 x, 일의 자릿수가 y인 두 자리 자연수 : $10x+y$
이 수에 대해, 십의 자리와 일의 자리를 바꾼 수 : $10y+x$
② 백의 자릿수가 x, 십의 자릿수가 y, 일의 자릿수가 z인 세 자리 자연수 : $100x+10y+z$

(9) 증가 · 감소에 관한 문제

① x가 $a\%$ 증가 : $\left(1 + \dfrac{a}{100} \right)x$

② y가 $b\%$ 감소 : $\left(1 - \dfrac{b}{100} \right)y$

2. 일차부등식

(1) 부등식과 그 해

① 부등식 : 부등호 $<$, $>$, $\leq$, $\geq$ 를 사용하여 수 또는 식의 대소 관계를 나타낸 식

$$\underbrace{\underset{\text{좌변}}{x+3} \; > \; \underset{\text{우변}}{7}}_{\text{양변}}$$

② 부등식의 해 : 미지수를 포함한 부등식이 참이 되게 하는 미지수의 값

③ 부등식을 푼다 : 부등식의 해를 모두 구하는 것

(2) 부등식의 성질

① 부등식의 양변에 같은 수를 더하거나 양변에서 같은 수를 빼어도 부등호의 방향은 변하지 않는다.

② 부등식의 양변에 같은 양수를 곱하거나 양변을 같은 양수로 나누어도 부등호의 방향은 변하지 않는다.

③ 부등식의 양변에 같은 음수를 곱하거나 양변을 같은 음수로 나누면 부등호의 방향이 반대가 된다.

부등식의 성질

$a < b$일 때

① $a+c < b+c$, $a-c < b-c$

② $c > 0$이면 $ac < bc$, $\dfrac{a}{c} < \dfrac{b}{c}$

③ $c < 0$이면 $ac > bc$, $\dfrac{a}{c} > \dfrac{b}{c}$

이때 부등호 "$<$"를 "$\leq$"로 바꾸어도 위의 성질이 성립한다.

---

(3) 일차부등식과 풀이

① 일차부등식 : 부등식의 모든 항을 좌변으로 이항하여 정리한 식이 (일차식) < 0, (일차식) > 0, (일차식) ≤ 0, (일차식) ≥ 0 중 어느 하나의 꼴로 나타나는 부등식

② 일차부등식의 풀이 순서

❶ 계수가 소수나 분수이면 계수를 정수로 고친다.

❷ 괄호가 있으면 괄호를 푼다.

❸ x의 항은 좌변, 상수항은 우변으로 이항한다.

❹ $ax > b$, $ax \geq b$, $ax < b$, $ax \leq b$ $(a \neq 0)$의 꼴로 만든다.

❺ 양변을 x의 계수 a로 나눈다. 이때, a가 음수이면 부등호의 방향은 바뀐다.

3. 경우의 수·확률

(1) 경우의 수

① 경우의 수 : 어떤 사건이 일어날 수 있는 모든 가짓수

② 합의 법칙

ㄱ 두 사건 A, B가 동시에 일어나지 않을 때, A가 일어나는 경우의 수를 m, B가 일어나는 경우의 수를 n이라고 하면, 사건 A 또는 B가 일어나는 경우의 수는 $m+n$이다.

ㄴ '또는', '~이거나'라는 말이 나오면 합의 법칙을 사용한다.

③ 곱의 법칙

ㄱ A가 일어나는 경우의 수를 m, B가 일어나는 경우의 수를 n이라고 하면, 사건 A와 B가 동시에 일어나는 경우의 수는 $m \times n$이다.

ㄴ '그리고', '동시에'라는 말이 나오면 곱의 법칙을 사용한다.

④ 여러 가지 경우의 수

ㄱ 동전 n개를 던졌을 때, 경우의 수 : 2^n

ㄴ 주사위 m개를 던졌을 때, 경우의 수 : 6^m

ㄷ 동전 n개와 주사위 m개를 던졌을 때, 경우의 수 : $2^n \times 6^m$

ㄹ n명을 한 줄로 세우는 경우의 수 : $n! = n \times (n-1) \times (n-2) \times \cdots \times 2 \times 1$

ㅁ n명 중 m명을 뽑아 한 줄로 세우는 경우의 수 : $_n\mathrm{P}_m = n \times (n-1) \times \cdots \times (n-m+1)$

ㅂ n명을 한 줄로 세울 때, m명을 이웃하여 세우는 경우의 수 : $(n-m+1)! \times m!$

ㅅ 0이 아닌 서로 다른 한 자리 숫자가 적힌 n장의 카드에서, m장을 뽑아 만들 수 있는 m자리 정수의 개수 : $_n\mathrm{P}_m$

ㅇ 0을 포함한 서로 다른 한 자리 숫자가 적힌 n장의 카드에서, m장을 뽑아 만들 수 있는 m자리 정수의 개수 : $(n-1) \times {}_{n-1}\mathrm{P}_{m-1}$

ㅈ n명 중 자격이 다른 m명을 뽑는 경우의 수 : $_n\mathrm{P}_m$

ㅊ n명 중 자격이 같은 m명을 뽑는 경우의 수 : $_n\mathrm{C}_m = \dfrac{_n\mathrm{P}_m}{m!}$

ㅋ 원형 모양의 탁자에 n명을 앉히는 경우의 수 : $(n-1)!$

⑤ **최단거리 문제** : A에서 B 사이에 P가 주어져 있다면, A와 P의 최단거리, B와 P의 최단거리를 각각 구하여 곱한다.

(2) 확률

① (사건 A가 일어날 확률)= $\dfrac{(\text{사건 A가 일어나는 경우의 수})}{(\text{모든 경우의 수})}$

② 여사건의 확률

　㉠ 사건 A가 일어날 확률이 p일 때, 사건 A가 일어나지 않을 확률은 $(1-p)$이다.

　㉡ '적어도'라는 말이 나오면 주로 사용한다.

③ 확률의 계산

　㉠ 확률의 덧셈

　　두 사건 A, B가 동시에 일어나지 않을 때, A가 일어날 확률을 p, B가 일어날 확률을 q라고 하면, 사건 A 또는 B가 일어날 확률은 $(p+q)$이다.

　㉡ 확률의 곱셈

　　A가 일어날 확률을 p, B가 일어날 확률을 q라고 하면, 사건 A와 B가 동시에 일어날 확률은 $(p \times q)$이다.

④ 여러 가지 확률

　㉠ 연속하여 뽑을 때, 꺼낸 것을 다시 넣고 뽑는 경우 : 처음과 나중의 모든 경우의 수는 같다.

　㉡ 연속하여 뽑을 때, 꺼낸 것을 다시 넣지 않고 뽑는 경우 : 나중의 모든 경우의 수는 처음의 모든 경우의 수보다 1만큼 작다.

　㉢ (도형에서의 확률)= $\dfrac{(\text{해당하는 부분의 넓이})}{(\text{전체 넓이})}$

(1) 꺾은선(절선)그래프

① 시간적 추이(시계열 변화)를 표시하는 데 적합하다.

　　예 연도별 매출액 추이 변화 등

② 경과·비교·분포를 비롯하여 상관관계 등을 나타낼 때 사용한다.

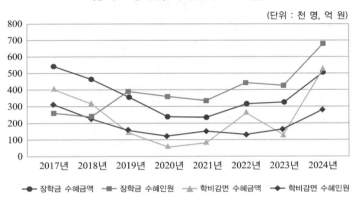

〈중학교 장학금, 학비감면 수혜현황〉

(단위 : 천 명, 억 원)

―●― 장학금 수혜금액　―■― 장학금 수혜인원　―▲― 학비감면 수혜금액　―◆― 학비감면 수혜인원

(2) 막대그래프

① 비교하고자 하는 수량을 막대 길이로 표시하고, 그 길이를 비교하여 각 수량 간의 대소 관계를 나타내는 데 적합하다.

　　예 영업소별 매출액, 성적별 인원분포 등

② 가장 간단한 형태로 내역·비교·경과·도수 등을 표시하는 용도로 사용한다.

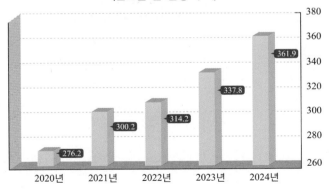

〈연도별 암 발생 추이〉

PART 2

(3) 원그래프

① 내역이나 내용의 구성비를 분할하여 나타내는 데 적합하다.

　예 제품별 매출액 구성비 등

② 원그래프를 정교하게 작성할 때는 수치를 각도로 환산해야 한다.

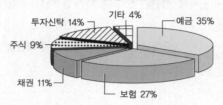

〈P국의 가계 금융자산 구성비〉

(4) 점그래프

① 지역분포를 비롯하여 도시, 지방, 기업, 상품 등의 평가나 위치, 성격을 표시하는 데 적합하다.

　예 광고비율과 이익률의 관계 등

② 종축과 횡축에 두 요소를 두고, 보고자 하는 것이 어떤 위치에 있는가를 알고자 할 때 사용한다.

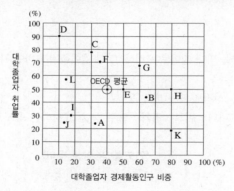

〈OECD 국가의 대학졸업자 취업률 및 경제활동인구 비중〉

(5) 층별그래프

① 합계와 각 부분의 크기를 백분율로 나타내고 시간적 변화를 보는 데 적합하다.

② 합계와 각 부분의 크기를 실수로 나타내고 시간적 변화를 보는 데 적합하다.

　　예 상품별 매출액 추이 등

③ 선의 움직임보다는 선과 선 사이의 크기로써 데이터 변화를 나타내는 그래프이다.

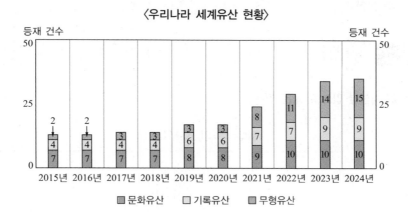

〈우리나라 세계유산 현황〉

(6) 레이더 차트(거미줄그래프)

① 다양한 요소를 비교할 때, 경과를 나타내는 데 적합하다.

　　예 매출액의 계절변동 등

② 비교하는 수량을 직경, 또는 반경으로 나누어 원의 중심에서의 거리에 따라 각 수량의 관계를 나타내는 그래프이다.

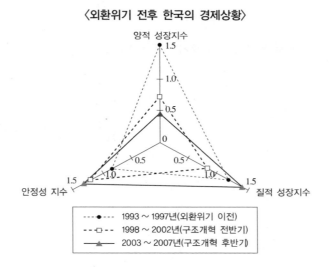

〈외환위기 전후 한국의 경제상황〉

01 기본계산

대표유형 | 사칙연산

다음 식을 계산한 값으로 옳은 것은?

$$3.432+2.121-0.878-1.271$$

① 3.204

② 3.304

③ 3.404

④ 3.504

| 해설 | $3.432+2.121-0.878-1.271$
$=5.553-0.878-1.271$
$=4.675-1.271$
$=3.404$

정답 ③

※ 다음 식을 계산한 값으로 옳은 것을 고르시오. [1~20]

01

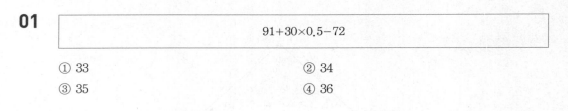

$$91+30\times0.5-72$$

① 33

② 34

③ 35

④ 36

02

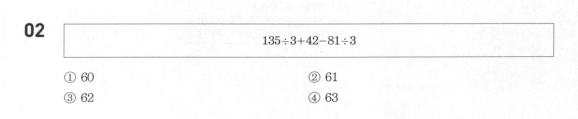

$$135\div3+42-81\div3$$

① 60

② 61

③ 62

④ 63

03

$$(16+4\times5)\div4$$

① 7   ② 8
③ 9   ④ 10

04

$$14.9\times(3.56-0.24)$$

① 46.417   ② 47.427
③ 48.492   ④ 49.468

05

$$35\div7\times5\times\frac{1}{10}$$

① 2.5   ② 3.5
③ 4.5   ④ 5.5

06

$$122-110\div5.5$$

① 101   ② 102
③ 103   ④ 104

07

$$7-\left(\frac{5}{3}\div\frac{15}{21}\times\frac{9}{4}\right)$$

① $\dfrac{3}{5}$ ② $\dfrac{5}{4}$

③ $\dfrac{7}{4}$ ④ $\dfrac{7}{5}$

08

$$9.4 \times 4.8 \div 1.2$$

① 36　　　　　　　　　　② 37.6

③ 38　　　　　　　　　　④ 39.2

09

$$214 - 9 \times 13$$

① 97　　　　　　　　　　② 98

③ 99　　　　　　　　　　④ 107

10

$$13^2 - 7^2$$

① 12　　　　　　　　　　② 120

③ 155　　　　　　　　　④ 218

11

$$(14 + 4 \times 3) \div 2$$

① 11　　　　　　　　　　② 12

③ 13　　　　　　　　　　④ 14

12

$$63 + 7 \div 7 - 16$$

① 46　　　　　　　　　　② 47

③ 48　　　　　　　　　　④ 49

13

$$15 \times 108 - 303 \div 3 + 7$$

① 1,526
② 1,626
③ 1,536
④ 1,636

14

$$17 \times 7 \div 10$$

① 11.9
② 12.9
③ 13.9
④ 14.9

15

$$206 + 310 + 214$$

① 720
② 730
③ 740
④ 750

16

$$(984 - 216) \div 48$$

① 16
② 17
③ 18
④ 19

17

$$\frac{4,324}{6} \times \frac{66}{2,162} - \frac{15}{6}$$

① 17.79   ② − 1,779

③ 19.5   ④ − 1,950

18

$$5.5 \times 4 + 3.6 \times 5$$

① 40   ② 40.5

③ 48.5   ④ 50

19

$$40.5 \times 0.23 + 1.185$$

① 10.45   ② 10.5

③ 9.5   ④ 9.45

20

$$(6^3 - 3^4) \times 15 + 420$$

① 4,019   ② 2,412

③ 2,420   ④ 2,445

대표유형 1 | 거리 · 속력 · 시간

용민이와 효린이가 호수를 같은 방향으로 도는데 용민이는 7km/h, 효린이는 3km/h로 걷는다고 한다. 두 사람이 다시 만났을 때, 7시간이 지나 있었다면 호수의 둘레는 몇 km인가?

① 24km
② 26km
③ 28km
④ 30km

| 해설 | 7시간이 지났다면 용민이는 $7 \times 7 = 49$km, 효린이는 $3 \times 7 = 21$km를 걸은 것인데 용민이는 호수를 한 바퀴 돌고나서 효린이가 걸은 21km까지 더 걸은 것이다.
따라서 호수의 둘레는 $49 - 21 = 28$km이다.

정답 ③

---

01 같은 거리를 갈 때는 50m/min의 속력으로, 올 때는 40m/min의 속력으로 걸을 때, 갈 때가 올 때보다 5분 더 적게 걸리려면 거리는 몇 m여야 하는가?

① 900m
② 1,000m
③ 1,200m
④ 1,400m

02 길이가 9km인 강이 있다. 강물의 속력은 3km/h이고, 배를 타고 강물을 거슬러 올라갈 때 1시간이 걸린다고 하면, 같은 배를 타고 강물을 따라 내려올 때 걸리는 시간은?

① 32분
② 36분
③ 40분
④ 42분

PART 2

03 1km 떨어진 지점을 왕복하는 데 20분 동안 30m/min의 속력으로 갔다. 총 1시간 안에 왕복하려면 이후에는 얼마의 속력으로 가야 하는가?

① 25m/min

② 30m/min

③ 35m/min

④ 40m/min

04 A는 지난 주말 집에서 128km 떨어진 거리에 있는 할머니 댁을 방문했다. 자동차를 타고 중간에 있는 휴게소까지는 40km/h의 속력으로 이동하였고, 휴게소부터 할머니 댁까지는 60km/h의 속력으로 이동하여 총 3시간 만에 도착하였다. 집에서 휴게소까지의 거리는?(단, 휴게소에서 머문 시간은 포함하지 않는다)

① 24km

② 48km

③ 72km

④ 104km

05 터널의 길이가 10km이고 열차의 길이가 2km, 열차의 속력이 3km/h라면 열차가 터널을 통과하는 데에 걸리는 시간은?

① 3시간

② 4시간

③ 5시간

④ 6시간

형과 동생의 나이를 더하면 22, 곱하면 117이라고 할 때, 동생의 나이는?

① 9세

② 10세

③ 11세

④ 12세

| **해설** | 형의 나이를 x세, 동생의 나이를 y세라고 하자(단, $x > y$).
$x + y = 22 \cdots \bigcirc$
$xy = 117 \cdots \bigcirc$
$\bigcirc$, $\bigcirc$을 연립하면 $x = 13$, $y = 9$이므로 동생의 나이는 9세이다.

정답 ①

06 라임이와 아버지의 나이 차는 28세이다. 그리고 아버지의 나이는 라임이의 나이의 3배이다. 현재 아버지의 나이는?

① 40세

② 42세

③ 44세

④ 46세

07 딸의 나이를 8로 나누면 나머지가 없고, 5로 나누면 나머지가 3이다. 아버지는 딸의 나이 십의 자리 수와 일의 자리 수를 바꾼 나이와 같을 때 아버지와 딸의 나이 차는?(단, 딸은 30세 이상 50세 미만이다)

① 30살

② 33살

③ 36살

④ 39살

08 올해 아버지의 나이는 은서 나이의 2배이고, 지은이 나이의 7배이다. 은서와 지은이의 나이 차이가 15세라면, 아버지의 나이는?

① 39세

② 40세

③ 41세

④ 42세

09 현재 아버지와 아들의 나이의 차는 25세이고, 3년 후 아버지 나이는 아들 나이의 2배보다 7살 더 많다. 현재 아버지의 나이는?

① 40세   ② 42세
③ 44세   ④ 46세

S사에서 워크숍을 위해 강당의 대여요금을 알아보고 있다. 강당의 대여요금은 기본요금의 경우 30분까지 같으며, 그 후에는 1분마다 추가 요금이 발생한다. 1시간 대여료는 50,000원, 2시간 동안 대여할 경우 110,000원이 대여료일 때, 3시간 동안 대여 시 요금은 얼마인가?

① 170,000원   ② 180,000원
③ 190,000원   ④ 200,000원

> **| 해설 |** 30분까지의 기본료를 x원, 1분마다 추가요금을 y원이라고 하면, 1시간 대여료와 2시간 대여료에 대해 다음과 같은 방정식이 성립한다.
> $x+30y=50,000 \cdots \bigcirc$
> $x+90y=110,000 \cdots \bigcirc$
> 두 방정식을 연립하면 $x=20,000$, $y=1,000$이다. 따라서 기본료는 20,000원, 30분 후 1분마다 추가 요금은 1,000원이므로 3시간 대여료는 $20,000+150\times1,000=170,000$원이다.
>
> 정답 ①

10 어느 가정의 1월과 6월의 난방요금 비율이 7 : 3이다. 1월의 난방요금에서 2만 원을 뺐을 때 그 비율이 2 : 1이면, 1월의 난방요금은?

① 10만 원   ② 12만 원
③ 14만 원   ④ 16만 원

11 S기업은 원가에 20%의 이윤을 붙인 가격을 정가로 팔던 제품을 정가에서 10% 할인하여 판매하였다. 이후 정산을 하였더니 제품당 2,000원의 이윤이 생겼다. 이 제품의 원가는?

① 14,000원
② 18,000원
③ 22,000원
④ 25,000원

12 김대리의 작년 총소득은 4,000만 원, 소득 공제 금액은 2,000만 원, 세율은 30%였다. 올해는 작년과 비교해 총소득은 20%, 소득 공제 금액은 40%, 세율은 10%p 증가하였다. 작년과 올해의 세액 차이는?

① 50만 원
② 100만 원
③ 150만 원
④ 200만 원

PART 2

대표유형 4 | **일의 양**

어느 볼펜 조립 작업장에서 근무하는 갑, 을, 병의 6시간 동안 총작업량은 435개였다. 을의 작업 속도가 갑의 1.2배이고, 병의 작업속도가 갑의 0.7배라면, 갑이 한 시간 동안 조립하는 볼펜의 개수는?(단, 각 작업자의 작업속도는 동일하다)

① 23개
② 24개
③ 25개
④ 26개

> **│ 해설 │** 갑의 한 시간 동안 작업량을 x 개라고 한다면, 을과 병의 한 시간 동안 작업량은 각각 $1.2x$ 개, $0.7x$ 개이다. 따라서 다음의 식이 성립한다.
> $6 \times (x + 1.2x + 0.7x) = 435$
> 이를 정리하면, $x = 25$이므로, 갑이 한 시간 동안 조립하는 볼펜은 총 25개이다.
>
> 정답 ③

---

13 사흘 안에 끝내야 할 일의 $\frac{1}{3}$을 첫째 날에 마치고, 남은 일의 $\frac{2}{5}$를 둘째 날에 마쳤다. 셋째 날 해야 할 일의 양은 전체의 몇 %인가?

① 10%
② 20%
③ 30%
④ 40%

14 유진이와 은미는 제주도에 놀러가 감귤 농장을 견학하였다. 체험 행사에서 1시간 30분 동안 감귤을 따서 마음대로 바구니에 담아 가지고 갈 수 있다고 한다. 유진이는 90개를 1시간 10분 동안 따고 20분 쉬었으며, 은미는 프로그램 시간 내내 95개를 땄다. 은미가 농장에서 일한 능률은 유진이가 농장에서 일한 능률의 약 몇 %를 차지하는가?(단, 능률은 쉬는 시간을 제외한 시간에서 1시간 동안 딴 감귤의 개수를 말하며, 능률 및 비율은 소수점에서 버림한다)

① 73%
② 75%
③ 77%
④ 81%

15 1L 물통을 가득 채우는 데 수도 A는 15분, 수도 B는 20분이 걸린다. 수도 A, B를 동시에 사용해 30분 동안 물을 받는다면 물통 몇 개를 채울 수 있는가?

① 1개
② 2개
③ 3개
④ 4개

대표유형 5 점수

펜싱선수 갑과 을은 총 3회전의 경기를 치렀다. 갑이 3회전에서 얻은 점수는 1·2회전에서 얻은 점수의 $\frac{3}{7}$ 이다. 을의 최종점수는 갑이 1·2회전에서 얻은 점수의 2배를 획득하였다. 갑과 을 모두 총점이 20점 미만 두 자리 자연수일 때, 갑이 3회전에서 얻은 점수는 몇 점인가?

① 1점
② 2점
③ 3점
④ 4점

| 해설 | 갑이 1, 2회전에서 얻은 점수를 X점이라고 하면 을의 최종점수는 $2X$점이다.

또한 갑의 최종점수는 $X+\frac{3}{7}X=\frac{10}{7}X$점이며, 갑의 최종점수는 자연수이므로 X로 가능한 수는 7 또는 14이다. 이 중에서 $X=14$인 경우는 20점이 되기 때문에 $X=7$이 된다.

따라서 갑이 3회전에서 얻은 점수는 3점이다.

정답 ③

16 갑, 을, 병 설문조사 기관에서 인기 연예인 A씨에 대한 선호도 조사를 실시했다. 각각의 표본은 300명, 100명, 200명이었고 평균 평점은 4점, 8점, 5점이었다. 3개 기관의 전체 참여자 평균 평점은?(단, 설문 조사에 참여한 사람은 중복되지 않는다)

① 4점   ② 5점

③ 6점   ④ 7점

17 A ~ D는 수학능력시험을 보았다. A, C, D의 국어영역 점수는 각각 85점, 69점, 77점이고 4명의 평균점수는 80점이라고 했을 때, B의 국어영역 점수는 몇 점인가?

① 86점   ② 87점

③ 88점   ④ 89점

18 평균점수가 80점 이상이면 우수상을, 85점 이상이면 최우수상을 받는 시험이 있다. 현재 갑돌이는 70점, 85점, 90점을 받았고 나머지 1과목의 시험만을 남겨 놓은 상태이다. 이때 갑돌이가 최우수상을 받기 위해서는 몇 점 이상을 받아야 하는가?

① 85점   ② 90점

③ 95점   ④ 100점

대표유형 6   농도

식염 75g에 몇 g의 물을 넣어야 농도가 15%인 식염수가 되는가?

① 350g   ② 375g

③ 400g   ④ 425g

|해설| 물의 중량을 xg이라고 하면 다음과 같은 식이 성립한다.

$$\frac{75}{75+x} \times 100 = 15$$

$$\rightarrow x + 75 = \frac{75}{15} \times 100$$

$$\therefore x = 500 - 75 = 425g$$

따라서 식염 75g에 425g의 물을 넣어야 농도가 15%인 식염수가 된다.

정답 ④

19 농도 3%의 소금물 400g에 농도가 10%인 소금물 300g을 모두 섞었을 때, 섞인 소금물에 들어있는 소금의 양은?

① 35g

② 38g

③ 40g

④ 42g

20 농도 4%의 설탕물 400g이 들어있는 컵을 방에 두고 자고 일어나서 보니 물이 증발하여 농도가 8%가 되었다. 남아있는 물의 양은?

① 100g

② 200g

③ 300g

④ 400g

21 농도 6%의 소금물과 농도 9%의 소금물을 섞어 농도 7%의 소금물 300g을 만들었을 때, 농도 9%의 소금물은 몇 g이 필요한가?

① 100g

② 150g

③ 200g

④ 250g

대표유형 7	최대공약수 · 최소공배수

화장실에 정사각형 모양의 타일을 채우려고 하는데 벽면이 가로 360cm, 세로 648cm이다. 타일의 개수를 최소로 사용하여 붙이려고 할 때, 필요한 타일의 개수는?

① 30개

② 35개

③ 40개

④ 45개

| 해설 | 360, 648의 최대공약수를 구하면, 타일의 한 변의 길이는 72cm이다. 따라서 가로에 5개, 세로에 9개 들어가므로 타일의 총개수는 45개이다.

정답 ④

22 오렌지 주스 40개와 탄산음료 70개를 똑같이 나누되 최대한 많은 학생에게 주었다. 오렌지 주스는 4개가 남고, 탄산음료는 2개가 모자랐다면 학생 수는?

① 30명
② 32명
③ 34명
④ 36명

23 사람들에게 감자 54봉지를 똑같이 나눠 준 후 2봉지가 남았고, 당근 94봉지도 똑같이 나눠 주었더니 3봉지가 남았다. 이때 받을 수 있는 최대 인원은?

① 13명
② 14명
③ 15명
④ 16명

24 S사는 야유회에서 가로의 길이가 40cm, 세로의 길이가 16cm인 돗자리를 붙여 하나의 큰 정사각형 모양의 자리를 만들려고 한다. 돗자리는 최소 몇 개가 필요한가?

① 8개
② 10개
③ 12개
④ 14개

대표유형 8 경우의 수

할아버지와 할머니, 아버지와 어머니 그리고 3명의 자녀로 이루어진 가족이 있다. 이 가족이 일렬로 서서 가족사진을 찍으려고 한다. 할아버지가 맨 앞, 할머니가 맨 뒤에 위치할 때, 가능한 경우의 수는?

① 120가지
② 125가지
③ 130가지
④ 135가지

| 해설 | 맨 앞의 할아버지와 맨 뒤의 할머니를 제외한 5명이 일렬로 서는 경우의 수를 구하면 된다.
따라서 할아버지가 맨 앞, 할머니가 맨 뒤에 위치할 때, 가능한 경우의 수는 5!=120가지이다.

정답 ①

25 S사는 사내 체육대회의 응원단장 투표를 진행하려고 한다. 부서별로 1명씩 총 8명의 후보 중 3명을 선출하는 경우의 수는?

① 56가지   ② 58가지

③ 60가지   ④ 62가지

26 민석이의 지갑에는 1,000원, 5,000원, 10,000원짜리 지폐가 각각 8장씩 있다. 거스름돈 없이 물건 값 23,000원을 내려고 할 때 돈을 낼 수 있는 방법의 가짓수는?

① 2가지   ② 3가지

③ 4가지   ④ 5가지

27 빨강 1개, 초록 1개, 파랑 2개의 총 4개의 숟가락, 빨강 2개, 초록 2개의 총 4개의 젓가락이 있다. 숟가락과 젓가락으로 4개 세트를 만드는 경우의 수는?(단, 세트에서 숟가락과 젓가락의 색이 동일하거나 서로 다른 것은 상관없다)

① 22가지   ② 36가지

③ 54가지   ④ 72가지

대표유형 9   확률

A ~ E 5권의 책을 책장에 일렬로 놓을 때, A와 B 2권의 책이 붙어 있을 확률은?

① $\dfrac{2}{5}$ ② $\dfrac{2}{7}$

③ $\dfrac{1}{9}$ ④ $\dfrac{1}{10}$

| 해설 | • 5권의 책을 나열하는 경우의 수 : 5!=120가지
• A와 B 2권의 책이 붙어 있는 경우의 수 : 4!×2=48가지

따라서 A와 B 2권의 책이 붙어 있을 확률은 $\dfrac{48}{120} = \dfrac{2}{5}$이다.

정답 ①

28 서로 다른 2개의 주사위를 동시에 던질 때, 나오는 두 눈의 합이 3일 확률은?

① $\dfrac{1}{18}$ ② $\dfrac{1}{12}$

③ $\dfrac{1}{9}$ ④ $\dfrac{1}{8}$

29 흰 구슬 3개, 검은 구슬 5개가 들어있는 주머니에서 연속해서 3개의 구슬을 뽑으려고 한다. 이때 흰 구슬 2개, 검은 구슬 1개가 나올 확률은?(단, 꺼낸 구슬은 다시 집어넣지 않는다)

① $\dfrac{11}{56}$ ② $\dfrac{15}{56}$

③ $\dfrac{17}{56}$ ④ $\dfrac{23}{56}$

30 내일 비가 올 확률은 $\dfrac{1}{3}$ 이다. 비가 온 다음 날 비가 올 확률은 $\dfrac{1}{4}$, 비가 안 온 다음 날 비가 올 확률은 $\dfrac{1}{5}$ 일 때, 내일 모레 비가 올 확률은?

① $\dfrac{13}{60}$ ② $\dfrac{9}{20}$

③ $\dfrac{11}{20}$ ④ $\dfrac{29}{60}$

대표유형　자료해석

※ 다음은 현 직장 만족도에 대해 조사한 자료이다. 이어지는 질문에 답하시오. **[1~2]**

〈현 직장 만족도〉

(단위 : 점)

만족분야별	직장유형별	2023년	2024년
전반적 만족도	기업	6.9	6.3
	공공연구기관	6.7	6.5
	대학	7.6	7.2
임금과 수입	기업	4.9	5.1
	공공연구기관	4.5	4.8
	대학	4.9	4.8
근무시간	기업	6.5	6.1
	공공연구기관	7.1	6.2
	대학	7.3	6.2
사내분위기	기업	6.3	6.0
	공공연구기관	5.8	5.8
	대학	6.7	6.2

01 2023년 3개 기관의 전반적 만족도의 합은 2024년 3개 기관의 임금과 수입 만족도의 합의 몇 배인가?(단, 소수점 둘째 자리에서 반올림한다)

① 1.4배
② 1.6배
③ 1.8배
④ 2.0배

| 해설 |　2023년 3개 기관의 전반적 만족도의 합은 6.9+6.7+7.6=21.2점이고 2024년 3개 기관의 임금과 수입 만족도의 합은 5.1+4.8+4.8=14.7점이다.
따라서 2023년 3개 기관의 전반적 만족도의 합은 2024년 3개 기관의 임금과 수입 만족도의 합의 $\frac{21.2}{14.7}$ ≒ 1.4배이다.

정답 ①

02 다음 중 자료에 대한 설명으로 옳지 않은 것은?(단, 비율은 소수점 둘째 자리에서 반올림한다)

① 현 직장에 대한 전반적 만족도는 대학 유형에서 가장 높다.
② 2024년 근무시간 만족도에서는 공공연구기관과 대학의 만족도가 동일하다.
③ 2024년에 모든 유형의 직장에서 임금과 수입의 만족도는 전년 대비 증가했다.
④ 사내분위기 측면에서 2023년과 2024년 공공연구기관의 만족도는 동일하다.

> | 해설 | 2024년에 기업, 공공연구기관의 임금과 수입 만족도는 전년 대비 증가하였으나, 대학의 임금과 수입 만족도는 감소했으므로 옳지 않은 설명이다.
>
> 오답분석
> ① 2023년, 2024년 현 직장에 대한 전반적 만족도는 대학 유형에서 가장 높다.
> ② 2024년 근무시간 만족도에서는 공공연구기관과 대학의 만족도가 6.2로 동일하다.
> ④ 사내분위기 측면에서 2023년과 2024년 공공연구기관의 만족도는 5.8로 동일하다.
>
> 정답 ③

01 다음은 단위면적당 도시공원 · 녹지 · 유원지 현황에 대한 표이다. 이를 통해 알 수 있는 내용으로 옳지 않은 것은?

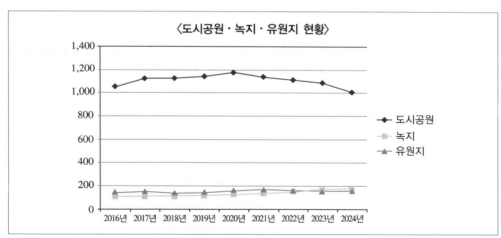

〈도시공원 · 녹지 · 유원지 현황〉

① 도시공원의 면적은 2021년부터 감소하고 있다.
② 2021년부터 녹지의 면적은 꾸준히 증가하고 있다.
③ 도시공원의 면적은 녹지와 유원지의 면적보다 월등히 넓다.
④ 2021년부터 녹지의 면적은 유원지 면적을 추월했다.

02 다음은 국민연금 수급자 급여실적에 대한 자료이다. 2016년 대비 2021년의 노령연금 증가율은?
(단, 소수점 둘째 자리에서 반올림한다)

① 132.6% ② 143.7%
③ 154.4% ④ 171.0%

03 다음은 어느 회사의 연도별 매출액을 나타낸 그래프이다. 전년 대비 매출액 증가율이 가장 컸던 해는?

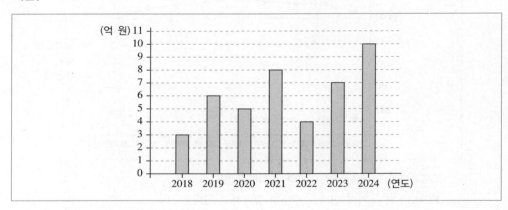

① 2019년 ② 2021년
③ 2023년 ④ 2024년

04 다음은 국내 스포츠 경기 4종목의 경기 수에 대한 자료이다. 이에 대한 설명으로 옳지 않은 것은?

〈국내 스포츠 경기 수〉

(단위 : 회)

구분	2020년	2021년	2022년	2023년	2024년
농구	400	408	410	400	404
야구	470	475	478	474	478
배구	220	225	228	230	225
축구	230	232	236	240	235

① 농구의 2021년 전년 대비 경기 수 증가율은 2024년 전년 대비 경기 수 증가율보다 높다.
② 2020년 농구와 배구의 경기 수 차이는 야구와 축구 경기 수 차이의 70% 이상이다.
③ 2021년부터 2023년까지 경기 수가 증가하는 스포츠는 1종목이다.
④ 2024년 경기 수가 2022년부터 2023년까지의 종목별 평균 경기 수보다 많은 스포츠는 1종목이다.

05 다음은 어린이집의 교직원 현황에 대한 자료이다. 2021년 대비 2024년 직장 어린이집의 교직원 증가율은?(단, 소수점 첫째 자리에서 반올림한다)

〈어린이집 교직원 현황〉

(단위 : 명)

구분	국·공립 어린이집	법인 어린이집	민간 어린이집	가정 어린이집	부모협동 어린이집	직장 어린이집
2021년	17,853	16,572	97,964	55,169	331	3,214
2022년	19,397	17,042	103,656	62,863	348	3,606
2023년	20,980	17,368	112,239	73,895	398	4,204
2024년	22,229	17,491	120,503	82,911	485	5,016

① 약 47%   ② 약 51%

③ 약 56%   ④ 약 61%

※ 다음은 S사에서 제품별 밀 소비량을 조사한 그래프이다. 이어지는 질문에 답하시오. **[6~7]**

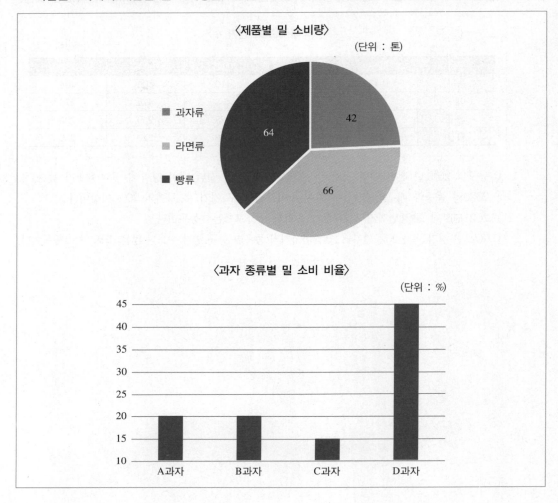

〈제품별 밀 소비량〉

(단위 : 톤)

- ■ 과자류
- ■ 라면류
- ■ 빵류

〈과자 종류별 밀 소비 비율〉

(단위 : %)

06 S사가 과자류에 밀 사용량을 늘리기로 결정하였다. 라면류와 빵류에 소비되는 밀 소비량의 각각 10%를 과자류에 사용한다면, 과자류에는 총 몇 톤의 밀을 사용하게 되는가?

① 45톤   ② 50톤

③ 55톤   ④ 60톤

07 A ~ D과자 중 가장 많이 밀을 소비하는 과자와 가장 적게 소비하는 과자의 밀 소비량 차이는?(단, 제품별 밀 소비량 그래프의 과자류 밀 소비량 기준이다)

① 10.2톤   ② 11.5톤

③ 12.6톤   ④ 13톤

※ 다음은 시·도별 연령에 따른 인구 비중을 나타낸 그래프이다. 이어지는 질문에 답하시오. [8~9]

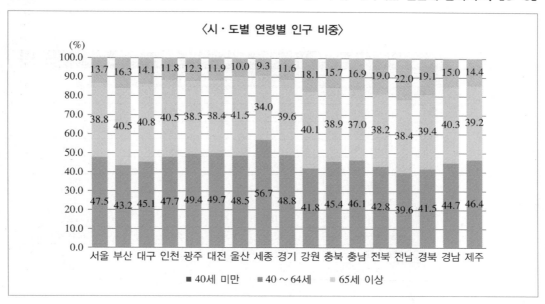

08 65세 이상 인구 비중이 세 번째로 높은 지역의 64세 이하의 비율은?

① 81%   ② 80%

③ 79%   ④ 78%

09 다음 중 자료에 대한 설명으로 옳지 않은 것은?

① 울산의 40세 미만 비율과 대구의 40세 이상 64세 이하 비율 차이는 7.7%p이다.

② 인천 지역의 총인구가 300만 명일 때, 65세 이상 인구는 33.4만 명이다.

③ 40세 미만의 비율이 높은 다섯 지역 순서는 '세종 – 대전 – 광주 – 경기 – 울산'이다.

④ 조사 지역의 인구가 모두 같을 경우 40세 이상 64세 이하 인구가 두 번째로 많은 지역은 대구이다.

※ 다음은 2023년과 2024년 고혈압 분포에 대한 자료이다. 이어지는 질문에 답하시오. **[10~12]**

〈30세 이상 고혈압 분포〉

(단위 : %)

구분		전체	남자	여자
2023년	전체	29.0	31.1	27.0
	30 ~ 39세	12.3	18.6	6.2
	40 ~ 49세	25.1	30.5	19.6
	50 ~ 59세	39.6	42.2	37.2
	60 ~ 69세	47.6	44.0	50.6
	70세 이상	58.5	48.8	63.4
2024년	전체	25.6	26.8	24.4
	30 ~ 39세	7.6	13.3	1.6
	40 ~ 49세	16.8	20.8	12.6
	50 ~ 59세	33.9	36.8	30.9
	60 ~ 69세	45.9	42.3	49.1
	70세 이상	58.9	51.5	63.3

10 다음 중 자료에 대한 설명으로 옳지 않은 것은?

① 2023년과 2024년 70세 이상 남녀 모두 절반 이상이 고혈압 증세를 보이고 있다.

② 2023년과 2024년 모두 연령대가 증가할수록 고혈압 증세가 많아지고 있다.

③ 50대까지는 남자의 고혈압 증세가 많고, 60대가 넘어서면 여자의 고혈압 증세가 많아지는 것을 알 수 있다.

④ 전체적으로 볼 때, 70대 이전의 경우에는 2024년이 2023년에 비해 고혈압 환자의 비율이 낮아졌다는 것을 알 수 있다.

11 2023년 기준 남자와 여자 고혈압 분포의 차가 가장 큰 연령대는?

① 40 ~ 49세   ② 50 ~ 59세

③ 60 ~ 69세   ④ 70세 이상

12 2023년과 2024년의 남자 40 ~ 49세 고혈압 분포와 여자 50 ~ 59세 고혈압 분포 값의 각 평균의 합은?(단, 반올림은 하지 않는다)

① 58.8%   ② 59%

③ 59.3%   ④ 59.7%

※ 다음은 미국의 자살률에 대한 자료이다. 이어지는 질문에 답하시오. [13~14]

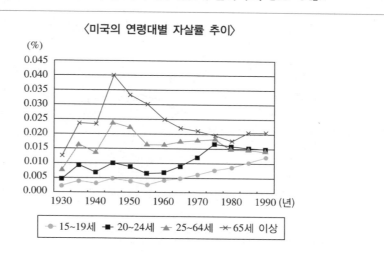

〈미국의 연령대별 자살률 추이〉

〈1910년 15 ~ 24세 연령대의 자살고려율, 자살시도율 및 자살률(미국)〉

(단위 : %)

구분	자살고려율	자살시도율	자살률
남자	11.8	2.5	0.022
여자	16.7	5.6	0.004
백인	14.7	4.3	0.014
흑인	11.4	3.4	0.009
기타	14.5	3.7	0.013
도시	14.5	5.0	0.012
농촌	14.1	3.7	0.014
중위소득 이상	14.4	3.7	0.011
중위소득 미만	14.6	4.4	0.015

13 다음 중 자료에 대한 설명으로 옳지 않은 것은?

① 소득이 낮을수록 자살시도율과 자살률이 더 높게 나타난다.

② 65세 이상 노년층의 자살률이 다른 연령대에 비해서 항상 높게 나타난다.

③ 15 ~ 19세의 자살률은 전년 대비 계속 증가하고 있다.

④ 1910년 미국의 15 ~ 24세 연령대 자살률은 여자보다는 남자, 흑인보다는 백인이 높게 나타난다.

14 1910년 미국 A주의 총인구수는 2,500만 명, 15 ~ 24세 연령대의 비율이 16.8%이고, 동 연령대 남녀의 비율이 같다고 한다면, 15 ~ 24세 연령대의 자살 추정치는 몇 명인가?

① 384명

② 463명

③ 498명

④ 546명

※ 다음은 여성의 경제활동에 대한 자료이다. 이어지는 질문에 답하시오. **[15~16]**

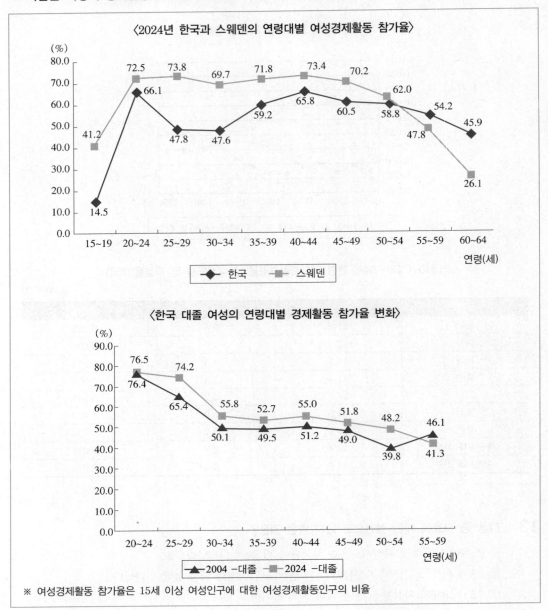

〈2024년 한국과 스웨덴의 연령대별 여성경제활동 참가율〉

〈한국 대졸 여성의 연령대별 경제활동 참가율 변화〉

※ 여성경제활동 참가율은 15세 이상 여성인구에 대한 여성경제활동인구의 비율

15 다음 중 자료에 대한 설명으로 옳지 않은 것은?

① 2024년 55세 미만의 여성경제활동 참가율은 한국이 스웨덴보다 낮다.

② 2004년 한국 대졸 여성 중 34세 미만은 경제활동 참가율이 50%를 넘는다.

③ 2024년 25 ~ 29세 여성경제활동 참가율에서 우리나라와 스웨덴의 차이는 26%p 이하이다.

④ 2004년과 2024년 한국 대졸 여성의 경제활동 참가율이 가장 큰 격차를 보이는 나이는 50 ~ 54세 이다.

PART 2

16 2024년 한국과 스웨덴의 20 ~ 24세 대비 25 ~ 29세의 여성경제활동 참가율의 증감률을 바르게 나열한 것은?(단, 소수점 둘째 자리에서 반올림한다)

	한국	스웨덴
①	− 17.7%	+ 1.8%
②	− 27.7%	+ 1.8%
③	− 17.7%	+ 2.4%
④	− 27.7%	+ 2.4%

※ 다음은 수출입 형태별 화물실적이다. 이어지는 질문에 답하시오. [17~18]

<수출입 형태별 화물실적>

구분		합계		해상		항공	
		건수(천 건)	중량 (톤)	건수(천 건)	중량 (톤)	건수(천 건)	중량 (톤)
2023년	수출	10,703	285,064,036	4,425	283,593,835	6,278	1,470,201
	수입	46,504	703,990,000	10,120	702,549,928	36,383	1,440,073
2024년	수출	10,927	294,387,639	4,577	292,913,521	6,350	1,474,172
	수입	58,180	723,976,388	14,178	722,516,908	44,002	1,459,480

17 2023년과 2024년에 해상을 통해 수입한 화물실적의 총건수와 항공을 통해 수입한 총건수의 차는?

① 31,991건   ② 41,477건
③ 47,910건   ④ 56,087건

18 다음 <보기>의 설명 중 자료에 대한 설명으로 옳지 않은 것을 모두 고르면?

보기
ㄱ. 2023년 수출 건수 및 수입 건수의 총합은 60,000천 건 이상이다.
ㄴ. 해상을 통한 수출 중량은 2023년과 2024년 모두 20억 톤 미만이다.
ㄷ. 2023년 대비 2024년에 해상을 통한 수출은 건수와 중량 모두 증가하였다.

① ㄱ   ② ㄴ
③ ㄱ, ㄴ   ④ ㄴ, ㄷ

※ 다음은 2016 ~ 2024년 활동 의사 수에 대한 자료이다. 이어지는 질문에 답하시오. [19~20]

〈2016 ~ 2024년 활동 의사 수〉

(단위 : 천 명)

국가	2016년	2017년	2018년	2019년	2020년	2021년	2022년	2023년	2024년
캐나다	2.1	2.1	2.1	2.1	2.1	2.1	2.1	2.1	2.2
덴마크	–	2.5	2.7	2.7	2.8	2.9	3.0	3.1	3.2
프랑스	3.1	3.3	3.3	3.3	3.4	3.4	3.4	3.4	3.4
독일	–	3.1	3.3	3.3	3.3	3.4	3.4	3.4	3.5
그리스	3.4	3.9	4.3	4.4	4.6	4.8	4.9	5.0	5.4
헝가리	2.8	3.0	3.1	3.2	3.2	3.3	3.3	2.8	3.0
이탈리아	–	3.9	4.1	4.3	4.4	4.1	4.2	3.8	3.7
일본	1.7	–	1.9	–	2.0	–	2.0	–	2.1
한국	0.8	1.1	1.3	1.4	1.5	1.6	1.6	1.6	1.7
멕시코	1.0	1.7	1.6	1.5	1.5	1.6	1.7	1.8	1.9
네덜란드	2.5	–	3.2	3.3	3.4	3.5	3.6	3.7	3.8
뉴질랜드	1.9	2.1	2.2	2.2	2.1	2.2	2.2	2.1	2.3
노르웨이	–	2.8	2.9	3.0	3.4	3.4	3.5	3.7	3.8
미국	–	2.2	2.3	2.4	2.3	2.4	2.4	2.4	2.4

※ '–'은 활동 의사 수가 1천 명 이하임을 나타냄
※ 모든 국가의 조사 인원수는 동일함
※ 2024년의 활동 의사 수는 2024년 6월까지의 활동 의사 수를 나타낸 것임

19 다음 〈보기〉 중 자료를 보고 판단한 내용으로 옳지 않은 것을 모두 고르면?

> 보기
>
> ㄱ. 2019년의 활동 의사 수는 그리스가 한국의 4배 이상이다.
> ㄴ. 2018년 대비 2024년 활동 의사 수가 감소한 나라는 없다.
> ㄷ. 2024년 활동 의사 수가 가장 많은 나라의 활동 의사 수는 가장 적은 나라의 3배 이상이다.

① ㄱ
② ㄴ
③ ㄱ, ㄴ
④ ㄱ, ㄷ

20 다음 중 자료에 대한 설명으로 옳은 것은?

① 네덜란드의 2023년 활동 의사 수는 같은 해 활동 의사 수가 가장 많은 나라에 비해 1.7천 명 적다.
② 활동 의사 수를 의료서비스 지수로 볼 때, 가장 열악한 의료서비스 지수를 보인 나라는 멕시코이다.
③ 그리스의 활동 의사 수는 미국보다 매년 두 배 이상 높은 수치를 보인다.
④ 2022년 활동 의사 수가 가장 적은 나라는 한국이며, 가장 많은 나라는 그리스이다.

CHAPTER 02 추리능력검사 핵심이론

01 언어추리

1. 연역 추론

이미 알고 있는 판단(전제)을 근거로 새로운 판단(결론)을 유도하는 추론이다. 연역 추론은 진리일 가능성을 따지는 귀납 추론과는 달리, 명제 간의 관계와 논리적 타당성을 따진다. 즉, 연역 추론은 전제들로부터 절대적인 필연성을 가진 결론을 이끌어내는 추론이다.

(1) 직접 추론 : 한 개의 전제로부터 중간적 매개 없이 새로운 결론을 이끌어내는 추론이며, 대우 명제가 그 대표적인 예이다.

> - 한국인은 모두 황인종이다. (전제)
> - 그러므로 황인종이 아닌 사람은 모두 한국인이 아니다. (결론 1)
> - 그러므로 황인종 중에는 한국인이 아닌 사람도 있다. (결론 2)

(2) 간접 추론 : 둘 이상의 전제로부터 새로운 결론을 이끌어내는 추론이다. 삼단논법이 가장 대표적인 예이다.

① **정언 삼단논법** : 세 개의 정언명제로 구성된 간접추론 방식이다. 세 개의 명제 가운데 두 개의 명제는 전제이고, 나머지 한 개의 명제는 결론이다. 세 명제의 주어와 술어는 세 개의 서로 다른 개념을 표현한다.

> - 모든 곤충은 다리가 여섯이다. M은 P이다. (대전제)
> - 모든 개미는 곤충이다. S는 M이다. (소전제)
> - 그러므로 모든 개미는 다리가 여섯이다. S는 P이다. (결론)

② **가언 삼단논법** : 가언명제로 이루어진 삼단논법을 말한다. 가언명제란 두 개의 정언명제가 '만일 ~이라면'이라는 접속사에 의해 결합된 복합명제이다. 여기서 '만일'에 의해 이끌리는 명제를 전건이라고 하고, 그 뒤의 명제를 후건이라고 한다. 가언 삼단논법의 종류로는 혼합가언 삼단논법과 순수가언 삼단논법이 있다.

    ㉠ **혼합가언 삼단논법** : 대전제만 가언명제로 구성된 삼단논법이다. 긍정식과 부정식 두 가지가 있으며, 긍정식은 'A면 B다. A다. 그러므로 B다.'이고, 부정식은 'A면 B다. B가 아니다. 그러므로 A가 아니다.'이다.

> • 만약 A라면 B다.
> • B가 아니다.
> • 그러므로 A가 아니다.

    ㉡ **순수가언 삼단논법** : 대전제와 소전제 및 결론까지 모두 가언명제들로 구성된 삼단논법이다.

> • 만약 A라면 B다.
> • 만약 B라면 C다.
> • 그러므로 만약 A라면 C다.

③ **선언 삼단논법** : '~이거나 ~이다.'의 형식으로 표현되며 전제 속에 선언 명제를 포함하고 있는 삼단논법이다.

> • 내일은 비가 오거나 눈이 온다.   A 또는 B이다.
> • 내일은 비가 오지 않는다.   A가 아니다.
> • 그러므로 내일은 눈이 온다.   그러므로 B다.

④ **딜레마 논법** : 대전제는 두 개의 가언명제로, 소전제는 하나의 선언명제로 이루어진 삼단논법으로, 양도추론이라고도 한다.

> • 만일 네가 거짓말을 하면, 신이 미워할 것이다.   (대전제)
> • 만일 네가 거짓말을 하지 않으면, 사람들이 미워할 것이다.   (대전제)
> • 너는 거짓말을 하거나, 거짓말을 하지 않을 것이다.   (소전제)
> • 그러므로 너는 미움을 받게 될 것이다.   (결론)

2. 귀납 추론

특수한 또는 개별적인 사실로부터 일반적인 결론을 이끌어 내는 추론을 말한다. 귀납 추론은 구체적 사실들을 기반으로 하여 결론을 이끌어 내기 때문에 필연성을 따지기보다는 개연성과 유관성, 표본성 등을 중시하게 된다. 여기서 개연성이란, 관찰된 어떤 사실이 같은 조건하에서 앞으로도 관찰될 수 있는가 하는 가능성을 말하고, 유관성은 추론에 사용된 자료가 관찰하려는 사실과 관련되어야 하는 것을 일컬으며, 표본성은 추론을 위한 자료의 표본 추출이 공정하게 이루어져야 하는 것을 가리킨다. 이러한 귀납 추론은 일상생활 속에서 많이 사용하고, 우리가 알고 있는 과학적 사실도 이와 같은 방법으로 밝혀졌다.

- 히틀러는 사람이고 죽었다.
- 스탈린도 사람이고 죽었다.
- 그러므로 모든 사람은 죽는다.

그러나 전제들이 참이어도 결론이 항상 참인 것은 아니다. 단 하나의 예외로 인하여 결론이 거짓이 될 수 있다.

- 성냥불은 뜨겁다.
- 연탄불도 뜨겁다.
- 그러므로 모든 불은 뜨겁다.

위 예문에서 '성냥불이나 연탄불이 뜨거우므로 모든 불은 뜨겁다.'라는 결론이 나왔는데, 반딧불은 뜨겁지 않으므로 '모든 불이 뜨겁다.'라는 결론은 거짓이 된다.

(1) 완전 귀납 추론

관찰하고자 하는 집합의 전체를 다 검증함으로써 대상의 공통 특질을 밝혀내는 방법이다. 이는 예외 없는 진실을 발견할 수 있다는 장점은 있으나, 집합의 규모가 크고 속성의 변화가 다양할 경우에는 적용하기 어려운 단점이 있다.

예 1부터 10까지의 수를 다 더하여 그 합이 55임을 밝혀내는 방법

(2) 통계적 귀납 추론

통계적 귀납 추론은 관찰하고자 하는 집합의 일부에서 발견한 몇 가지 사실을 열거함으로써 그 공통점을 결론으로 이끌어 내려는 방식을 가리킨다. 관찰하려는 집합의 규모가 클 때 그 일부를 표본으로 추출하여 조사하는 방식이 이에 해당하며, 표본 추출의 기준이 얼마나 적합하고 공정한가에 따라 그 결과에 대한 신뢰도가 달라진다는 단점이 있다.

예 여론조사에서 일부의 국민에 대한 설문 내용을 전체 국민의 여론으로 제시하는 것

(3) 인과적 귀납 추론

관찰하고자 하는 집합의 일부 원소들이 지닌 인과 관계를 인식하여 그 원인이나 결과를 이끌어 내려는 방식을 말한다.

① **일치법** : 공통적인 현상을 지닌 몇 가지 사실 중에서 각기 지닌 요소 중 어느 한 가지만 일치한다면 이 요소가 공통 현상의 원인이라고 판단

　예 마을 잔칫집에서 돼지고기를 먹은 사람들이 집단 식중독을 일으켰다.

　　따라서 식중독의 원인은 상한 돼지고기가 아닌가 생각한다.

② **차이법** : 어떤 현상이 나타나는 경우와 나타나지 않은 경우를 놓고 보았을 때, 각 경우의 여러 조건 중 단 하나만이 차이를 보인다면 그 차이를 보이는 조건이 원인이 된다고 판단

　예 현수와 승재는 둘 다 지능이나 학습 시간, 학습 환경 등이 비슷한데 공부하는 태도에는 약간의 차이가 있다.

　　따라서 둘의 성적이 차이를 보이는 것은 학습 태도의 차이 때문으로 생각된다.

③ **일치·차이 병용법** : 몇 개의 공통 현상이 나타나는 경우와 몇 개의 그렇지 않은 경우를 놓고 일치법과 차이법을 병용하여 적용함으로써 그 원인을 판단

　예 학업 능력 정도가 비슷한 두 아동 집단에 대해 처음에는 같은 분량의 과제를 부여하고 나중에는 각기 다른 분량의 과제를 부여한 결과, 많이 부여한 집단의 성적이 훨씬 높게 나타났다. 이로 보아, 과제를 많이 부여하는 것이 적게 부여하는 것보다 학생의 학업 성적 향상에 도움이 된다고 판단할 수 있다.

④ **공변법** : 관찰하는 어떤 사실의 변화에 따라 현상의 변화가 일어날 때 그 변화의 원인이 무엇인지 판단

　예 담배를 피우는 양이 각기 다른 사람들의 집단을 조사한 결과, 담배를 많이 피울수록 폐암에 걸릴 확률이 높다는 사실이 발견되었다.

⑤ **잉여법** : 앞의 몇 가지 현상이 뒤의 몇 가지 현상의 원인이며, 선행 현상의 일부분이 후행 현상의 일부분이라면, 선행 현상의 나머지 부분이 후행 현상의 나머지 부분의 원인임을 판단

　예 어젯밤 일어난 사건의 혐의자는 정은이와 규민이 두 사람인데, 정은이는 알리바이가 성립되어 혐의 사실이 없는 것으로 밝혀졌다. 따라서 그 사건의 범인은 규민이일 가능성이 높다.

3. 유비 추론

두 개의 대상 사이에 일련의 속성이 동일하다는 사실에 근거하여 그것들의 나머지 속성도 동일하리라는 결론을 이끌어내는 추론, 즉 이미 알고 있는 것에서 다른 유사한 점을 찾아내는 추론을 말한다. 그렇기 때문에 유비 추론은 기준이 되는 사물이나 현상이 있어야 한다. 유비 추론은 가설을 세우는 데 유용하다. 이미 알고 있는 사례로부터 아직 알지 못하는 것을 생각해 봄으로써 쉽게 가설을 세울 수 있다. 이때 유의할 점은 이미 알고 있는 사례와 이제 알고자 하는 사례가 매우 유사하다는 확신과 증거가 있어야 한다. 그렇지 않은 상태에서 유비 추론에 의해 결론을 이끌어 내면, 그것은 개연성이 거의 없고 잘못된 결론이 될 수도 있다.

- 지구에는 공기, 물, 흙, 햇빛이 있다.
- 화성에는 공기, 물, 흙, 햇빛이 있다.
- 지구에 생물이 살고 있다.
- 그러므로 화성에도 생물이 살고 있을 것이다.

A는 a, b, c, d의 속성을 가지고 있다.
B는 a, b, c, d의 속성을 가지고 있다.
A는 e의 속성을 가지고 있다.
그러므로 B도 e의 속성을 가지고 있을 것이다.

---

02   수·문자추리

1. 수추리

(1) **등차수열** : 앞의 항에 일정한 수를 더해 이루어지는 수열

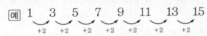

(2) **등비수열** : 앞의 항에 일정한 수를 곱해 이루어지는 수열

(3) **계차수열** : 앞의 항과의 차가 일정하게 증가하는 수열

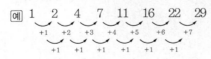

(4) **피보나치수열** : 앞의 두 항의 합이 그 다음 항의 수가 되는 수열

$a_n = a_{n-1} + a_{n-2}$ $(n \geq 3,\ a_1 = 1,\ a_2 = 1)$

예 $1 \quad 1 \quad \underset{1+1}{2} \quad \underset{1+2}{3} \quad \underset{2+3}{5} \quad \underset{3+5}{8} \quad \underset{5+8}{13} \quad \underset{8+13}{21}$

(5) 건너뛰기 수열 : 두 개 이상의 수열이 일정한 간격을 두고 번갈아가며 나타나는 수열

예 1 1 3 7 5 13 7 19
- 홀수 항 : 1 3 5 7
  +2 +2 +2
- 짝수 항 : 1 7 13 19
  +6 +6 +6

(6) 군수열 : 일정한 규칙성으로 몇 항씩 묶어 나눈 수열

예
- 1 1 2 1 2 3 1 2 3 4
  ⇒ 1 1 2 1 2 3 1 2 3 4
- 1 3 4 6 5 11 2 6 8 9 3 12
  ⇒ 1 3 4   6 5 11   2 6 8   9 3 12
  1+3=4 6+5=11 2+6=8 9+3=12
- 1 3 3 2 4 8 5 6 30 7 2 14
  ⇒ 1 3 3   2 4 8   5 6 30   7 2 14
  1×3=3 2×4=8 5×6=30 7×2=14

2. 문자추리

(1) 알파벳, 자음, 한자, 로마자

1	2	3	4	5	6	7	8	9	10	11	12	13	14	15	16	17	18	19	20	21	22	23	24	25	26
A	B	C	D	E	F	G	H	I	J	K	L	M	N	O	P	Q	R	S	T	U	V	W	X	Y	Z
ㄱ	ㄴ	ㄷ	ㄹ	ㅁ	ㅂ	ㅅ	ㅇ	ㅈ	ㅊ	ㅋ	ㅌ	ㅍ	ㅎ												
一	二	三	四	五	六	七	八	九	十																
i	ii	iii	iv	v	vi	vii	viii	ix	x																

(2) 일반모음

1	2	3	4	5	6	7	8	9	10
ㅏ	ㅑ	ㅓ	ㅕ	ㅗ	ㅛ	ㅜ	ㅠ	ㅡ	ㅣ

(3) 일반모음 + 이중모음(사전 등재 순서)

1	2	3	4	5	6	7	8	9	10	11	12	13	14	15	16	17	18	19	20	21
ㅏ	ㅐ	ㅑ	ㅒ	ㅓ	ㅔ	ㅕ	ㅖ	ㅗ	ㅘ	ㅙ	ㅚ	ㅛ	ㅜ	ㅝ	ㅞ	ㅟ	ㅠ	ㅡ	ㅢ	ㅣ

01 언어추리

대표유형 명제

제시문 A를 읽고 제시문 B가 참인지 거짓인지 혹은 알 수 없는지 고르면?

[제시문 A]
• 테니스를 치는 사람은 마라톤을 한다.
• 마라톤을 하는 사람은 축구를 하지 않는다.
• 축구를 하는 사람은 등산을 한다.

[제시문 B]
축구를 하는 사람은 테니스를 치지 않는다.

① 참   ② 거짓   ③ 알 수 없음

| 해설 | • p : 테니스를 친다.
• q : 마라톤을 한다.
• r : 축구를 한다.
• s : 등산을 한다.
제시문 A를 간단히 나타내면 $p \rightarrow q$, $q \rightarrow \sim r$, $r \rightarrow s$이다. 이를 연립하면 $p \rightarrow q \rightarrow \sim r$와 $r \rightarrow s$가 성립한다. 따라서 대우인 $r \rightarrow \sim p$가 성립하므로 제시문 B는 참이다.

정답 ①

※ 제시문 A를 읽고 제시문 B가 참인지 거짓인지 혹은 알 수 없는지 고르시오. [1~7]

01

[제시문 A]
- 연호는 힙합보다 아카펠라를 좋아한다.
- 연호는 클래식보다 힙합을 좋아한다.
- 연호는 컨트리보다 아카펠라를 좋아한다.

[제시문 B]
연호는 아카펠라를 가장 좋아한다.

① 참   ② 거짓   ③ 알 수 없음

02

[제시문 A]
- 수진이는 2개의 화분을 샀다.
- 지은이는 6개의 화분을 샀다.
- 효진이는 화분을 수진이보다는 많이 샀지만, 지은이보다는 적게 샀다.

[제시문 B]
효진이는 4개 이하의 화분을 샀다.

① 참   ② 거짓   ③ 알 수 없음

03

[제시문 A]
- A가게의 매출액보다 B가게의 매출액이 더 많다.
- B가게의 매출액보다 C가게의 매출액이 더 많다.
- D가게의 매출액이 A ~ D가게 중 가장 많다.

[제시문 B]
B가게의 매출액은 두 번째로 많다.

① 참   ② 거짓   ③ 알 수 없음

04

[제시문 A]
- 안구 내 안압이 상승하면 시신경 손상이 발생한다.
- 시신경이 손상되면 주변 시야가 좁아진다.

[제시문 B]
안구 내 안압이 상승하면 주변 시야가 좁아진다.

① 참   ② 거짓   ③ 알 수 없음

05

[제시문 A]
- 피자를 좋아하는 모든 사람은 치킨을 좋아한다.
- 치킨을 좋아하는 모든 사람은 맥주를 좋아한다.

[제시문 B]
맥주를 좋아하는 미혜는 피자를 좋아한다.

① 참   ② 거짓   ③ 알 수 없음

06

[제시문 A]
- 수박과 참외는 과즙이 많은 과일이다.
- 과즙이 많은 과일은 섭취하면 갈증해소와 이뇨작용에 좋다.

[제시문 B]
수박과 참외는 갈증해소와 이뇨작용에 좋다.

① 참   ② 거짓   ③ 알 수 없음

07

[제시문 A]
• 만일 내일 비가 온다면 소풍을 가지 않는다.
• 뉴스에서는 내일 비가 온다고 하였다.

[제시문 B]
내일 학교를 갈 것이다.

① 참   ② 거짓   ③ 알 수 없음

※ 다음 제시문을 읽고 각 문제의 명제가 참이면 ①, 거짓이면 ②, 알 수 없으면 ③을 고르시오. **[8~10]**

• 어느 카페의 오전 판매량은 아메리카노 1잔, 카페라테 2잔, 카푸치노 2잔, 카페모카 1잔이고, 손님은 A~D 4명이었다.
• 모든 손님은 1잔 이상의 커피를 마셨다.
• A는 카푸치노를 마셨다.
• B와 C 중 한 명은 카푸치노를 마셨다.
• B는 아메리카노를 마셨다.

08   B가 카페모카를 마셨다면 D는 카페라테를 마셨을 것이다.

① 참   ② 거짓   ③ 알 수 없음

09   커피를 가장 적게 마신 손님은 D이다.

① 참   ② 거짓   ③ 알 수 없음

10   주어진 조건에서 한 손님이 마실 수 있는 커피의 최대량은 2잔이다.

① 참   ② 거짓   ③ 알 수 없음

대표유형 1 수추리

일정한 규칙으로 수를 나열할 때, 빈칸에 들어갈 알맞은 수를 고르면?

| 77 | 69 | 61 | 53 | 45 | 37 | 29 | ( ) |

① 19   ② 21

③ 23   ④ 24

|해설| 앞의 항에서 8을 빼면 뒤의 항이 되는 수열이다.
따라서 ( )=29−8=21이다.

정답 ②

※ 일정한 규칙으로 수를 나열할 때, 빈칸에 들어갈 알맞은 수를 고르시오. **[1~10]**

01

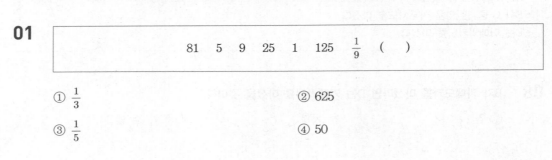

| 81 | 5 | 9 | 25 | 1 | 125 | $\frac{1}{9}$ | ( ) |

① $\frac{1}{3}$ ② 625

③ $\frac{1}{5}$ ④ 50

02

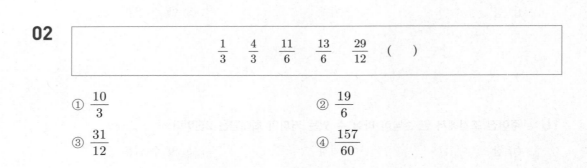

| $\frac{1}{3}$ | $\frac{4}{3}$ | $\frac{11}{6}$ | $\frac{13}{6}$ | $\frac{29}{12}$ | ( ) |

① $\frac{10}{3}$ ② $\frac{19}{6}$

③ $\frac{31}{12}$ ④ $\frac{157}{60}$

03

$$-7 \quad 3 \quad 2 \quad (\quad) \quad -4 \quad -13 \quad 27 \quad 5 \quad -16$$

① 2   ② 15

③ 25   ④ 30

04

$$3 \quad 1 \quad 3 \quad 4 \quad 2 \quad 16 \quad 5 \quad (\quad) \quad 125$$

① 2   ② 3

③ 10   ④ 25

05

$$31 \quad 24 \quad 34 \quad 27 \quad 37 \quad 30 \quad (\quad)$$

① 38   ② 39

③ 40   ④ 41

06

$$\frac{1}{3} \quad \frac{6}{10} \quad (\quad) \quad \frac{16}{94} \quad \frac{21}{283}$$

① $\dfrac{10}{31}$ ② $\dfrac{11}{31}$

③ $\dfrac{11}{45}$ ④ $\dfrac{11}{47}$

07

$\dfrac{41}{391}$	$\dfrac{47}{385}$	$\dfrac{53}{379}$	$\dfrac{59}{373}$	( )	$\dfrac{71}{361}$

① $\dfrac{61}{367}$ ② $\dfrac{65}{367}$

③ $\dfrac{61}{369}$ ④ $\dfrac{65}{369}$

08

1	8	3	2	( )	4	3	16	5

① 9   ② 10

③ 12   ④ 13

09

31	71	27	64	( )	57	19	50

① 9   ② 23

③ 41   ④ 63

10

-5	-1	( )	$-\dfrac{1}{2}$	-3	$-\dfrac{1}{4}$	-0.5	$-\dfrac{1}{12}$

① -5.5 ② -4.5

③ -3.5 ④ -2.5

일정한 규칙으로 문자를 나열할 때, 빈칸에 들어갈 알맞은 문자를 고르면?

| ㅁ　ㅅ　ㅅ　ㅊ　ㅈ　ㅍ　ㅋ　( ) |

① ㄴ　　　　　　　　　　　　② ㅂ
③ ㅈ　　　　　　　　　　　　④ ㅌ

| 해설 | 홀수 항은 +2, 짝수 항은 +3을 적용하는 수열이다.

ㅁ	ㅅ	ㅅ	ㅊ	ㅈ	ㅍ	ㅋ	(ㄴ)
5	7	7	10	9	13	11	16(2)

정답 ①

※ 일정한 규칙으로 문자를 나열할 때, 빈칸에 들어갈 알맞은 문자를 고르시오. [11~18]

11

| ㅎ　ㅌ　ㅋ　ㅈ　ㅇ　ㅂ　ㅁ　( ) |

① ㄷ　　　　　　　　　　　　② ㅁ
③ ㅅ　　　　　　　　　　　　④ ㅊ

12

| A　ㄴ　B　三　ㄷ　C　iv　四　( )　D |

① ㄹ　　　　　　　　　　　　② 7
③ ㅈ　　　　　　　　　　　　④ 9

13

| C D ( ) J R H |

① D ② I
③ F ④ L

14

| ㅍ ㅋ ㅈ ㅅ ㅁ ( ) |

① ㅍ ② ㅈ
③ ㅂ ④ ㄷ

15

| 퍄 二 챠 ( ) 샤 六 랴 八 |

① 4 ② D
③ ㄹ ④ 四

16

( ) X U R O L

① E   ② D
③ C   ④ A

17

캐 해 새 채 매 애 ( )

① 매   ② 배
③ 래   ④ 채

18

E ㄹ ( ) ㅇ l ㄴ

① A   ② C
③ G   ④ I

※ S악기회사는 기타를 만들 때마다 아래와 같은 규칙을 적용하여 시리얼 번호를 부여하고 있다. 다음은 창고에 남은 기타들의 시리얼 번호를 정리한 자료이다. 이어지는 질문에 답하시오. [1~2]

〈S악기회사 시리얼 번호 부여 방법〉

MZ09042589	M	생산한 공장을 의미한다. (M=멕시코)
	Z	생산한 시대를 의미한다. (Z=2000년대)
	0904	생산연도와 월을 의미한다. (09=2009년, 04=4월)
	2589	생산된 순서를 의미한다. (2589번)

생산한 공장		생산한 시대	
미국	U	1960년대	V
중국	C	1970년대	W
베트남	V	1980년대	X
멕시코	M	1990년대	Y
필리핀	P	2000년대	Z
인도네시아	I	2010년대	A

01 〈보기〉의 시리얼 번호를 생산한 공장을 기준으로 분류할 경우 총 몇 개의 분류로 나뉠 수 있는가?

보기

CZ09111213	VA27126459	IA12025512	VZ09080523	MX95025124	PA15114581	VY94085214	IZ04081286
PY93122569	MZ06077856	MY03123268	VZ03033231	CZ05166237	VA13072658	CZ01120328	IZ08112384
MX89124587	PY96064568	CZ11128465	PY91038475	VZ09122135	IZ03081657	CA12092581	CY12056487
VZ08203215	MZ05111032	CZ05041249	IA12159561	MX83041235	PX85124982	IA11129612	PZ04212359
CY87068506	IA10052348	VY97089548	MY91084652	VA07107459	CZ09063216	MZ01124523	PZ05123458

① 2개   ② 3개
③ 4개   ④ 5개

| **해설** | 보기의 자료에 대하여 생산한 공장을 기준으로 분류할 경우 중국, 필리핀, 멕시코, 베트남, 인도네시아 5개로 분류할 수 있다.

정답 ④

02 〈보기〉의 시리얼 번호 중 생산연도와 월이 잘못 기입된 번호가 있다. 잘못 기입된 시리얼 번호의 개수는?

① 10개 ② 11개
③ 12개 ④ 13개

| 해설 | 생산한 시대를 기준으로 생산연도가 잘못 표시된 경우
- C<u>Y87</u>068506(1990년대)
- V<u>A27</u>126459(2010년대)
- M<u>Y03</u>123268(1990년대)
- C<u>Z11</u>128465(2000년대)
- M<u>X95</u>025124(1980년대)
- V<u>A07</u>107459(2010년대)
- C<u>Y12</u>056487(1990년대)

1 ~ 12월의 번호인 01 ~ 12 번호가 아닌 경우
- VZ08<u>20</u>3215
- IA12<u>15</u>9561
- CZ05<u>16</u>6237
- PZ04<u>21</u>2359

정답 ②

※ 다음은 S사가 2011년부터 2020년까지 생산한 배터리의 일련번호 체계에 대한 자료이다. 이어지는 질문에 답하시오. [19~20]

〈배터리 일련번호 체계〉

KM9A02	K	제조공장(K=강원)
	M	제조라인(M=M라인)
	9	제조년도의 끝자리(9=2019년)
	A	제조월(A=1월)
	02	제조일자(2일)

• 제조공장

I	K	P	B	C	U
인천	강원	평택	부산	창원	울산

• 시간대별 제조라인

M	A	N
오전(09:00 ~ 12:00)	오후(13:00 ~ 18:00)	심야(20:00 ~ 01:00)

• 제조월

1월	2월	3월	4월	5월	6월	7월	8월	9월	10월	11월	12월
A	B	C	D	E	F	G	H	I	J	K	L

19 다음 중 일련번호가 'BA0I03'인 배터리에 대한 설명으로 옳은 것은?

① 2010년 부산공장에서 생산되었다.
② 'BM0I03'의 배터리보다 먼저 생산되었다.
③ 9월 3일 오후에 생산되었다.
④ 월요일 오후에 생산되었다.

20 S사의 창원공장에서는 오전, 오후, 심야의 3개조로 나뉜 직원들이 격주로 교대 근무를 한다. 2020년 5월 창원공장에 입사한 신입사원이 5월 셋째 주 월요일인 18일부터 심야시간에 근무했다고 할 때, 다음 중 신입사원이 5월 셋째 주에 생산한 배터리의 일련번호로 옳지 않은 것은?(단, 주말에는 생산라인이 가동되지 않는다)

① CN0E19
② CN0E20
③ CN0E21
④ CN0E23

※ 다음은 S호텔 숙박번호 부여 방식에 대한 자료이다. 이어지는 질문에 답하시오. [21~22]

• 숙박번호는 자사 직원들의 편의를 위해 부여하는 것으로 26자리로 구성되어 있다.

〈예시〉

000000-000000 ×× 0-M0W0 ×××××× -0

〈숙박번호 부여 방식〉

입실월일·입실시간 – 퇴실월일·퇴실시간	예약자 국적	숙박인원 : 총인원 – M남성수W여성수
예 8월 1일 오후 5시 입실 – 8월 7일 오전 11시 퇴실 080117-080711	AS : 아시아 AF : 아프리카 EU : 유럽 AM : 북미 * 숙박하는 사람들의 국적이 2개 이상일 경우 임의로 하나의 국적만 입력	예 성인 남자 1명, 성인 여자 1명, 8살 남아 1명, 3살 남아 1명 4-M3W1

영유아 유무 (만 6세 미만)	주차시설 사용 유무	조식신청 유무	DND 신청 유무
BB : 영유아 있음 BO : 영유아 없음	PK : 주차시설 사용 PO : 주차시설 사용 안 함	BF : 조식신청 BO : 조식신청 안 함	-1 : DND 신청 -0 : DND 신청 안 함 * DND 신청 시 객실청소 금지

PART 2

21 숙박번호가 다음과 같을 때 숙박번호에 대한 설명으로 옳은 것은?

101020-102010 AS 3-M2W1 BOPKBF-1

① 입실은 오전에 하였고, 퇴실은 오후에 하였다.
② 예약자는 중국인이다.
③ 성인 남성은 두 명이다.
④ 호텔에서 하루 한 끼 이상을 먹는다.

22 다음 숙박번호 중 잘못 입력한 것을 모두 고르면?

㉠ 181005-181014 AF 1-M0W1 BOPKBF-1	㉡ 090415-090811 AE 2-M0W2 BBPKBO-1
㉢ 101010-101313 EU 5-M3W2 BBPKOB-0	㉣ 010212-010709 AM 3-M1W1 BOPOBO-0

① ㉡
② ㉡, ㉢, ㉣
③ ㉠, ㉢, ㉣,
④ ㉠, ㉡, ㉢, ㉣

※ S사는 가구를 제작할 때 다음과 같은 방법으로 제품코드를 부여한다. 이어지는 질문에 답하시오.
[23~26]

<S사 제품코드 부여 방식>

제작연도			
2019년	2020년	2021년	2022년
019	020	021	022

가구재			
원목	집성목	중밀도 섬유 판재	재활용 소재
HW	CT	MDF	PB

제작방법	
기성가구	수제가구
MF	HF

용도			
가정용	사무용	인테리어용	부자재
FU	OU	IU	SM

예 022FUHWHF(제작연도 – 용도 – 가구재 – 제작방법 순)
2022년에 제작된 가정용 원목소재의 수제가구

※ S사는 2022년도부터 부자재를 제작하지 않았다.

23 다음 중 S사의 가구 제품코드로 옳은 것은?

① 023OUPBMF
② 022HWHFIU
③ 020FFCTMF
④ 019OUMDFMF

24 다음 중 S사의 가구 제품코드로 옳은 것은?

① 019OUMFPB
② 021FUHWHF
③ 020IUIUHF
④ 022FUCTFF

25 다음 중 제품코드 '021IUHWHF'의 정보로 옳은 것은?

① 2011년 인테리어용 원목 수제가구
② 2011년 인테리어용 나무 제작가구
③ 2021년 인테리어용 원목 수제가구
④ 2021년 인테리어용 원목 제작가구

26 다음 중 '2020년 제작된 사무용 재활용 소재의 기성가구'의 제품코드번호로 옳은 것은?

① 020OUPBMF
② 020OUPPMF
③ 20OUPBMF
④ 20IUPPMF

※ 어느 도서관은 원서책의 코드를 다음과 같은 일정한 규칙으로 부여한다. 이어지는 질문에 답하시오.
　[27~30]

<규칙>

- 책 제목을 다음의 규칙으로 변환한다.
- 알파벳 모음 a, e, i, o, u를 쌍자음 ㄲ, ㄸ, ㅃ, ㅆ, ㅉ 순으로 변환한다.
- 알파벳 자음의 경우 앞의 14개는 한글 자음 ㄱ, ㄴ, ㄷ …으로, 뒤의 7개는 숫자 1, 2, 3 …으로 변환한다.
- 책 제목의 띄어쓰기한 부분에는 0을 적는다.
  예 summer vacation을 변환할 경우 summer와 vacation을 변환한 사이에 0을 붙여준다.
  　'1ㅉㅊㅊㄸㅎ03ㄱㄴㄲ2ㅃㅆㅋ'
- 한글 자음과 쌍자음으로 변환된 알파벳의 각각 뒤에 ㅏ, ㅑ, ㅓ, ㅕ, ㅗ, ㅛ, ㅜ, ㅠ, ㅡ, ㅣ를 뒤에 붙여주
  며 9개를 초과할 경우 다시 ㅏ, ㅑ, ㅓ … 순으로 계속하여 붙여준다.
  예 summer vacation를 변환할 경우 '1짜챠처떠호03꾜누뀨2쁘씨카'

27 어느 책의 제목은 'find me'이다. 이 책의 코드는?

① 라버코두츠디　　　　　　　　　② 라버코두0츠디

③ 라뱌커뎌0초됴　　　　　　　　　④ 라뺘커뎌0초또

28 책 제목이 각각 영어로 봄, 여름, 가을, 겨울인 책들에 코드를 부여한다고 할 때, 코드가 될 수
　　없는 것은?(단, 가을을 나타내는 영어는 fall로 한다)

① 1따꺄1써커　　　　　　　　　　② 1타햐뻐켜모

③ 1짜챠처떠호　　　　　　　　　　④ 라꺄저져

29 부여받은 책 코드가 '까0랴뻐켜또0됴꾸6'인 책의 제목은?

① a long time ago　　　　　　　② once upon a time

③ a fine day　　　　　　　　　　④ in the past

30 숫자로 변환되는 알파벳 자음 뒤의 7개는 변환하지 않기로 했을 때, Disney Frozen을 변환한 코드는?

① 다뺘s커뗘y로효쑤z뜌크　　　　② 다뺘s커뗘y0로효쑤z뜌크

③ 다뺘1커뗘6로효쑤7뜌크　　　　④ 다뺘1커뗘60로효쑤7뜌크

01 공간지각

1. 블록의 개수

(1) 밑에서 위쪽으로 차근차근 세어간다.

(2) 층별로 나누어 세면 수월하다.

(3) 숨겨져 있는 부분을 정확히 찾아내는 연습이 필요하다.

(4) 빈곳에 블록을 채워서 세면 쉽게 해결된다.

예

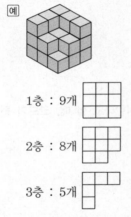

1층 : 9개

2층 : 8개

3층 : 5개

블록의 총 개수는 9+8+5=22개

예

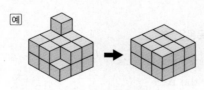

블록의 총 개수는 9×2=18개

2. 블록의 최대·최소 개수

(1) 최대 개수 : 앞면과 측면의 층별 블록의 개수의 곱의 합

예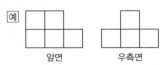

앞면   우측면

(앞면 1층 블록의 수)×(측면 1층 블록의 수)+(앞면 2층 블록의 수)×(측면 2층 블록의 수)
→ $3 \times 3 + 2 \times 1 = 11$개

예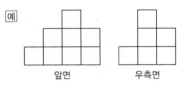

앞면   우측면

→ $4 \times 3 + 3 \times 2 + 1 \times 1 = 19$개

(2) 최소 개수 : (앞면 블록의 수)+(측면 블록의 수)−(중복되는 블록의 수)

※ 중복되는 블록의 수 : 앞면과 측면에 대해 행이 아닌(즉, 층별이 아닌) 열로 비교했을 때, 블록의 수가 같은 두 열에서 한 열의 블록의 수들의 합(즉, 열에 대하여 블록의 수를 각각 표기했을 때, 앞면과 측면에 공통으로 나온 숫자들의 합을 구하면 된다)

예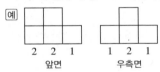

2   2   1   1   2   1
앞면   우측면

공통으로 나온 숫자는 다음과 같다. 앞면 : (②, 2, ①), 우측면 : (①, ②, 1)
→ 중복되는 블록의 수 : $1 + 2 = 3$개
　 최소 개수 : $5 + 4 - 3 = 6$개

예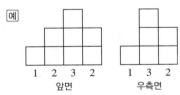

1   2   3   2   1   3   2
앞면   우측면

공통으로 나온 숫자는 다음과 같다. 앞면 : (①, ②, ③, 2), 우측면 : (①, ③, ②)
→ 중복되는 블록의 수 : $1 + 2 + 3 = 6$개
　 최소 개수 : $8 + 6 - 6 = 8$개

3. 블록의 면적

(1) 사각형 한 단면의 면적은 '(가로)×(세로)'이다.

(2) 입체도형의 면적을 구할 때는 상하, 좌우, 앞뒤로 계산한다.

(3) 각각의 면의 면적을 합치면 전체 블록의 면적이 된다.

바닥면의 면적은 제외하고 블록 하나의 면적을 1이라 하면
윗면 : 9
옆면 : 6×4=24
쌓여 있는 블록의 면적은 24+9=33이다.

02　사무지각

1. 깨끗하고 편안한 마음

- 飮馬投錢(음마투전) : 말에게 물을 마시게 할 때 먼저 돈을 물 속에 던져서 물 값을 갚는다는 뜻으로, 결백한 행실을 비유함
- 純潔無垢(순결무구) : 마음과 몸가짐이 깨끗하여 조금도 더러운 티가 없음
- 明鏡止水(명경지수) : 맑은 거울과 잔잔한 물이란 뜻으로, 아주 맑고 깨끗한 심경을 일컫는 말
- 安貧樂道(안빈낙도) : 가난한 생활을 하면서도 편안한 마음으로 분수를 지키며 지냄

2. 놀라움·이상함

- 茫然自失(망연자실) : 멍하니 정신을 잃음
- 刮目相對(괄목상대) : 눈을 비비고 상대방을 본다는 뜻. 남의 학식이나 재주가 놀랄 만큼 갑자기 늘어난 것을 일컫는 말
- 魂飛魄散(혼비백산) : 몹시 놀라 넋을 잃음
- 大驚失色(대경실색) : 몹시 놀라 얼굴빛이 변함
- 傷弓之鳥(상궁지조) : 화살에 상처를 입은 새란 뜻으로, 한 번 혼이 난 일로 인하여 늘 두려운 마음을 품는 일을 비유함
- 駭怪罔測(해괴망측) : 헤아릴 수 없이 괴이함

3. 계절

- 陽春佳節(양춘가절) : 따뜻하고 좋은 봄철

- 天高馬肥(천고마비) : 하늘은 높고 말은 살찐다는 뜻으로, 가을의 특성을 형용하는 말
- 嚴冬雪寒(엄동설한) : 눈이 오고 몹시 추운 겨울
- 凍氷寒雪(동빙한설) : 얼어붙은 얼음과 차가운 눈. 심한 추위

4. 교훈·경계

- 好事多魔(호사다마) : 좋은 일에는 흔히 장애물이 들기 쉬움
- 戴盆望天(대분망천) : 화분 등을 머리에 이고 하늘을 바라봄. 한 번에 두 가지 일을 할 수 없음을 비유하는 말
- 兵家常事(병가상사) : 전쟁에서 이기고 지는 것은 흔히 있는 일. 실패는 흔히 있는 일이니 낙심할 것이 없다는 말
- 登高自卑(등고자비) : 높은 곳도 낮은 데서부터. 모든 일은 차례를 밟아서 해야 함. 직위가 높아질수록 자신을 낮춤
- 事必歸正(사필귀정) : 무슨 일이나 결국 옳은 이치대로 돌아감
- 堤潰蟻穴(제궤의혈) : 제방도 개미구멍으로 해서 무너진다는 뜻으로, 작은 일이라도 신중을 기하여야 한다는 말
- 他山之石(타산지석) : 다른 산의 돌 자체로는 쓸모가 없으나 다른 돌로 옥을 갈면 옥이 빛난다는 사실에서 하찮은 남의 언행일지라도 자신을 수양하는 데에 도움이 된다는 말
- 孤掌難鳴(고장난명) : 한쪽 손뼉으로는 울리지 못한다는 뜻. 혼자서는 일을 이루기가 어려움. 맞서는 이가 없으면 싸움이 되지 아니함
- 大器晚成(대기만성) : 크게 될 인물은 오랜 공적을 쌓아 늦게 이루어짐
- 識字憂患(식자우환) : 학식이 도리어 근심을 이끌어 옴

5. 기쁨·좋음

- 氣高萬丈(기고만장) : 일이 뜻대로 잘 될 때 우쭐하며 뽐내는 기세가 대단함
- 抱腹絕倒(포복절도) : 배를 그러안고 넘어질 정도로 몹시 웃음
- 與民同樂(여민동락) : 임금이 백성과 함께 즐김
- 弄璋之慶(농장지경) : '장(璋)'은 사내아이의 장난감인 구슬이라는 뜻으로, 아들을 낳은 즐거움을 이르는 말
- 弄瓦之慶(농와지경) : 딸을 낳은 즐거움을 이르는 말
- 拍掌大笑(박장대소) : 손뼉을 치며 크게 웃음
- 秉燭夜遊(병촉야유) : 경치가 좋을 때 낮에 놀던 흥이 미진해서 밤중까지 놀게 됨을 일컫는 말. 옛날에는 촛대가 없기 때문에 촛불을 손에 들고 다녔음
- 錦上添花(금상첨화) : 비단 위에 꽃을 놓는다는 뜻으로, 좋은 일이 겹침을 비유 ↔ 설상가상(雪上加霜)
- 多多益善(다다익선) : 많을수록 더욱 좋음

6. 슬픔·분노

- 哀而不傷(애이불상) : 슬퍼하되 도를 넘지 아니함
- 兎死狐悲(토사호비) : 토끼의 죽음을 여우가 슬퍼한다는 뜻으로, 같은 무리의 불행을 슬퍼한다는 말

- 目不忍見(목불인견) : 눈으로 차마 볼 수 없음
- 天人共怒(천인공노) : 하늘과 사람이 함께 분노한다는 뜻. 도저히 용서 못 함을 비유하는 말
- 悲憤慷慨(비분강개) : 슬프고 분한 느낌이 마음속에 가득 차 있음
- 切齒腐心(절치부심) : 몹시 분하여 이를 갈면서 속을 썩임

7. 강박 · 억압

- 焚書坑儒(분서갱유) : 학업을 억압하는 것을 의미하는 것으로, 진나라 시황제가 정부를 비방하는 언
  론을 봉쇄하기 위하여 서적을 불사르고 선비를 생매장한 일을 일컫는 말
- 盤溪曲徑(반계곡경) : 꾸불꾸불한 길이라는 뜻으로 정당하고 평탄한 방법으로 하지 아니하고 그릇되
  고 억지스럽게 함을 이르는 말
- 弱肉强食(약육강식) : 약한 자는 강한 자에게 먹힘
- 不問曲直(불문곡직) : 옳고 그른 것을 묻지도 아니하고 함부로 마구 함
- 牽强附會(견강부회) : 이치에 맞지 아니한 말을 끌어 대어 자기에게 유리하게 함

8. 근심 · 걱정

- 勞心焦思(노심초사) : 마음으로 애를 써 속을 태움
- 髀肉之嘆(비육지탄) : 재능을 발휘할 기회를 가지지 못하여 헛되이 날만 보냄을 탄식함을 이름
- 坐不安席(좌불안석) : 불안, 근심 등으로 자리에 가만히 앉아 있지를 못함
- 內憂外患(내우외환) : 나라 안팎의 여러 가지 근심과 걱정
- 輾轉反側(전전반측) : 이리저리 뒤척이며 잠을 이루지 못함

9. 평온

- 物外閑人(물외한인) : 번잡한 세상 물정을 벗어나 한가롭게 지내는 사람
- 無念無想(무념무상) : 무아의 경지에 이르러 일체의 상념을 떠나 담담함
- 無障無碍(무장무애) : 마음에 아무런 집착이 없는 평온한 상태

10. 권세

- 左之右之(좌지우지) : 제 마음대로 휘두르거나 다룸
- 僭賞濫刑(참상남형) : 상을 마음대로 주고 형벌을 함부로 내림
- 指鹿爲馬(지록위마) : 사슴을 가리켜 말이라 이른다는 뜻으로, 윗사람을 농락하여 권세를 마음대로
  휘두르는 짓의 비유. 모순된 것을 끝까지 우겨 남을 속이려는 짓
- 生殺與奪(생살여탈) : 살리고 죽이고 주고 빼앗음. 어떤 사람이나 사물을 마음대로 쥐고 흔들 수 있음

11. 노력

- 臥薪嘗膽(와신상담) : 불편한 섶에서 자고, 쓴 쓸개를 맛본다는 뜻. 마음먹은 일을 이루기 위하여 온
  갖 괴로움을 무릅씀을 이르는 말
- 粉骨碎身(분골쇄신) : 뼈는 가루가 되고 몸은 산산조각이 됨. 곧 목숨을 걸고 최선을 다함

- 專心致志(전심치지) : 오로지 한 가지 일에만 마음을 바치어 뜻한 바를 이룸
- 不撤晝夜(불철주야) : 어떤 일에 골몰하느라고 밤낮을 가리지 아니함. 또는 그 모양
- 切磋琢磨(절차탁마) : 옥·돌·뼈·뿔 등을 갈고 닦아서 빛을 낸다는 뜻으로, 학문·도덕·기예 등을 열심히 닦음을 말함
- 不眠不休(불면불휴) : 자지도 아니하고 쉬지도 아니함. 쉬지 않고 힘써 일하는 모양을 말함
- 走馬加鞭(주마가편) : 달리는 말에 채찍질을 계속함. 자신의 위치에 만족하지 않고 계속 노력함

12. 대책

- 一擧兩得(일거양득) : 한 가지 일로 두 가지 이익을 얻음늑一石二鳥(일석이조)
- 三顧草廬(삼고초려) : 인재를 맞아들이기 위해서 온갖 노력을 다함을 이르는 말
- 拔本塞源(발본색원) : 폐단이 되는 근원을 아주 뽑아 버림
- 泣斬馬謖(읍참마속) : 촉한의 제갈량이 군령을 어긴 마속을 눈물을 흘리면서 목을 베었다는 고사에서, 큰 목적을 위하여 자기가 아끼는 사람을 버리는 것을 비유하는 말
- 臨機應變(임기응변) : 그때그때의 사정과 형편을 보아 그에 알맞게 그 자리에서 처리함
- 姑息之計(고식지계) : 당장 편한 것만을 택하는 꾀나 방법
- 苦肉之計(고육지계) : 적을 속이기 위하여, 자신의 희생을 무릅쓰고 꾸미는 계책. 일반적으로는 괴로운 나머지 어쩔 수 없이 쓰는 계책을 이름
- 下石上臺(하석상대) : 아랫돌 빼서 윗돌 괴기. 임시변통으로 이리저리 돌려 맞춤을 이르는 말
- 隔靴搔癢(격화소양) : 신을 신은 채 발바닥을 긁음. 일의 효과를 나타내지 못하고 만족을 얻지 못함
- 窮餘之策(궁여지책) : 궁박한 나머지 생각다 못하여 짜낸 꾀
- 束手無策(속수무책) : 어찌할 도리가 없어 손을 묶은 듯이 꼼짝 못함
- 糊口之策(호구지책) : 겨우 먹고 살아갈 수 있는 방책

13. 도리·윤리

- 世俗五戒(세속오계) : 신라 진평왕 때, 원광 법사가 지은 화랑의 계명
- 事君以忠(사군이충) : 세속오계의 하나. 임금을 섬기기를 충성으로써 함
- 事親以孝(사친이효) : 세속오계의 하나. 어버이를 섬기기를 효도로써 함
- 交友以信(교우이신) : 세속오계의 하나. 벗을 사귀기를 믿음으로써 함
- 臨戰無退(임전무퇴) : 세속오계의 하나. 전장에 임하여 물러서지 아니함
- 殺生有擇(살생유택) : 세속오계의 하나. 생명을 죽일 때에는 가려서 해야 함
- 君爲臣綱(군위신강) : 신하는 임금을 섬기는 것이 근본이다.
- 夫爲婦綱(부위부강) : 아내는 남편을 섬기는 것이 근본이다.
- 父子有親(부자유친) : 아버지와 아들은 친애가 있어야 한다.
- 君臣有義(군신유의) : 임금과 신하는 의가 있어야 한다.
- 夫婦有別(부부유별) : 남편과 아내는 분별이 있어야 한다.
- 長幼有序(장유유서) : 어른과 아이는 순서가 있어야 한다.
- 朋友有信(붕우유신) : 벗과 벗은 믿음이 있어야 한다.
- 夫唱婦隨(부창부수) : 남편이 주장하고 아내가 잘 따르는 것이 부부 사이의 도리라는 말

14. 미인

- 丹脣皓齒(단순호치) : 붉은 입술과 하얀 이란 뜻에서 여자의 아름다운 얼굴을 이르는 말
- 綠鬢紅顏(녹빈홍안) : 윤이 나는 검은 머리와 고운 얼굴이라는 뜻. 젊고 아름다운 여자의 얼굴을 이르는 말
- 傾國之色(경국지색) : 한 나라를 위기에 빠뜨리게 할 만한 미인이라는 뜻

15. 비교

- 伯仲之勢(백중지세) : 서로 우열을 가리기 힘든 형세
- 難兄難弟(난형난제) : 누구를 형이라 해야 하고, 누구를 아우라 해야 할지 분간하기 어렵다는 뜻으로, 두 사물의 우열을 판단하기 어려움을 비유함
- 春蘭秋菊(춘란추국) : 봄의 난초와 가을의 국화는 각각 그 특색이 있으므로, 어느 것이 더 낫다고 말할 수 없다는 것
- 互角之勢(호각지세) : 역량이 서로 비슷비슷한 위세를 이르는 말
- 五十步百步(오십보백보) : 오십 보 도망가나 백 보 도망가나 같다는 뜻으로, 좀 낫고 못한 차이는 있으나 서로 엇비슷함을 이르는 말

16. 변화

- 塞翁之馬(새옹지마) : 국경에 사는 늙은이[새옹 : 人名]와 그의 말[馬]과 관련된 고사에서, 인생의 길흉화복은 변화가 많아 예측하기 어렵다는 말
- 苦盡甘來(고진감래) : 쓴 것이 다하면 단 것이 온다는 뜻으로, 고생 끝에 즐거움이 옴을 비유
- 桑田碧海(상전벽해) : 뽕나무밭이 푸른 바다가 된다는 뜻으로, 세상이 몰라볼 정도로 바뀐 것을 이르는 말≒동해양진(東海揚塵)
- 轉禍爲福(전화위복) : 언짢은 일이 계기가 되어 오히려 좋은 일이 생김
- 朝令暮改(조령모개) : 아침에 법령을 만들고 저녁에 그것을 고친다는 뜻으로, 자꾸 이리저리 고쳐 갈피를 잡기가 어려움을 이르는 말≒朝令夕改(조령석개)
- 龍頭蛇尾(용두사미) : 머리는 용이나 꼬리는 뱀이라는 뜻으로, 시작이 좋고 나중은 나빠짐을 비유하는 말
- 改過遷善(개과천선) : 허물을 고치어 착하게 됨
- 榮枯盛衰(영고성쇠) : 사람의 일생이 성하기도 하고, 쇠하기도 한다는 뜻
- 隔世之感(격세지감) : 그리 오래지 아니한 동안에 아주 바뀌어서 딴 세대가 된 것 같은 느낌
- 一口二言(일구이언) : 한 입으로 두 말을 한다는 뜻. 말을 이랬다저랬다 함≒一口兩舌(일구양설)
- 今昔之感(금석지감) : 지금을 옛적과 비교함에 변함이 심하여 저절로 일어나는 느낌
- 換骨奪胎(환골탈태) : 용모가 환하게 트이고 아름다워져 전혀 딴사람처럼 됨

17. 영원함 · 한결같음

- 常住不滅(상주불멸) : 본연 진심이 없어지지 아니하고 영원히 있음
- 晝夜長川(주야장천) : 밤낮으로 쉬지 아니하고 연달아. 언제나
- 搖之不動(요지부동) : 흔들어도 꼼짝 않음

- 萬古常靑(만고상청) : 오랜 세월을 두고 변함없이 언제나 푸름
- 舊態依然(구태의연) : 예나 이제나 조금도 다름이 없음
- 始終一貫(시종일관) : 처음부터 끝까지 한결같이 함
- 堅如金石(견여금석) : 굳기가 금이나 돌같음
- 始終如一(시종여일) : 처음이나 나중이 한결같아서 변함없음
- 一片丹心(일편단심) : 한 조각 붉은 마음. 곧 참된 정성

18. 은혜

- 結草報恩(결초보은) : 은혜를 입은 사람이 혼령이 되어, 풀포기를 묶어 적이 걸려 넘어지게 함으로써 은인을 구해 주었다는 고사에서, 죽어서까지도 은혜를 잊지 않고 갚음을 뜻하는 말
- 刻骨難忘(각골난망) : 은덕을 입은 고마움이 마음 깊이 새겨져 잊히지 아니함
- 罔極之恩(망극지은) : 다함이 없는 임금이나 부모의 큰 은혜
- 白骨難忘(백골난망) : 백골이 된 후에도 잊을 수 없다는 뜻으로, 큰 은혜나 덕을 입었을 때 감사의 뜻으로 하는 말

19. 원수

- 誰怨誰咎(수원수구) : 남을 원망하거나 탓할 것이 없음
- 刻骨痛恨(각골통한) : 뼈에 사무치게 맺힌 원한≒刻骨之痛(각골지통)
- 徹天之冤(철천지원) : 하늘에 사무치는 크나큰 원한
- 不俱戴天(불구대천) : 하늘을 같이 이지 못한다는 뜻. 이 세상에서 같이 살 수 없을 만큼 큰 원한을 비유하는 말

20. 우정

- 斷金之契(단금지계) : 합심하면 그 단단하기가 쇠를 자를 수 있을 만큼 굳은 우정이나 교제란 뜻으로, 절친한 친구 사이를 말함
- 芝蘭之交(지란지교) : 지초와 난초의 향기와 같이 벗 사이의 맑고도 높은 사귐
- 竹馬故友(죽마고우) : 어렸을 때부터 친하게 사귄 벗
- 水魚之交(수어지교) : 고기와 물과의 사이처럼 떨어질 수 없는 특별한 친분
- 刎頸之交(문경지교) : 목이 잘리는 한이 있어도 마음을 변치 않고 사귀는 친한 사이
- 類類相從(유유상종) : 같은 무리끼리 서로 내왕하며 사귐
- 管鮑之交(관포지교) : 관중과 포숙아의 사귐이 매우 친밀하였다는 고사에서, 우정이 깊은 사귐을 이름
- 金蘭之契(금란지계) : 둘이 합심하면 그 단단하기가 능히 쇠를 자를 수 있고, 그 향기가 난의 향기와 같다는 뜻으로, 친구 사이의 매우 두터운 정의를 이름≒金蘭之交(금란지교)
- 知己之友(지기지우) : 서로 뜻이 통하는 친한 벗
- 莫逆之友(막역지우) : 거스르지 않는 친구란 뜻으로, 아주 허물없이 지내는 친구를 일컬음
- 金蘭之交(금란지교) : 둘이 합심하면 그 단단하기가 능히 쇠를 자를 수 있고, 그 향기가 난의 향기와 같다는 뜻으로, 벗 사이의 깊은 우정을 말함

- 肝膽相照(간담상조) : 간과 쓸개를 보여주며 사귄다는 뜻으로, 서로의 마음을 터놓고 사귐을 이르는 말

21. 원인과 결과

- 因果應報(인과응보) : 선과 악에 따라 반드시 업보가 있는 일
- 結者解之(결자해지) : 맺은 사람이 풀어야 한다는 뜻으로, 자기가 저지른 일은 자기가 해결하여야 한 다는 말
- 礎潤而雨(초윤이우) : 주춧돌이 축축해지면 비가 온다는 뜻으로, 원인이 있으면 결과가 있다는 말
- 孤掌難鳴(고장난명) : 손바닥도 마주 쳐야 소리가 난다.
- 矯角殺牛(교각살우) : 빈대 잡으려다 초가 삼간 태운다. 뿔을 바로잡으려다가 소를 죽인다. 곧 조그 마한 일을 하려다 큰일을 그르친다는 뜻
- 錦衣夜行(금의야행) : 비단 옷 입고 밤길 가기. 아무 보람 없는 행동
- 金枝玉葉(금지옥엽) : 아주 귀한 집안의 소중한 자식
- 囊中之錐(낭중지추) : 주머니에 들어간 송곳. 재능이 뛰어난 사람은 숨어 있어도 저절로 사람들에게 알려짐을 이르는 말
- 談虎虎至(담호호지) : 호랑이도 제 말 하면 온다. 이야기에 오른 사람이 마침 그 자리에 나타났을 때 하는 말
- 堂狗風月(당구풍월) : 서당개 삼 년에 풍월을 읊는다.
- 螳螂拒轍(당랑거철) : 계란으로 바위치기, 하룻강아지 범 무서운 줄 모른다. 사마귀가 수레에 항거한 다는 뜻으로 자기 힘을 생각하지 않고 강적 앞에서 분수없이 날뛰는 것을 비유 한 말
- 同價紅裳(동가홍상) : 같은 값이면 다홍치마
- 同族相殘(동족상잔) : 갈치가 갈치 꼬리 문다. 동족끼리 서로 헐뜯고 싸움
- 得隴望蜀(득롱망촉) : 말 타면 경마(말의 고삐) 잡고 싶다. 농서지방을 얻고 또 촉나라를 탐낸다는 뜻으로 인간의 욕심이 무한함을 나타냄
- 登高自卑(등고자비) : 천리길도 한 걸음부터. 일을 하는 데는 반드시 차례를 밟아야 한다.
- 磨斧爲針(마부위침) : 열 번 찍어 안 넘어가는 나무 없다. 도끼를 갈면 바늘이 된다는 뜻으로 아무리 어렵고 험난한 일도 계속 정진하면 꼭 이룰 수가 있다는 말
- 亡羊補牢(망양보뢰) : 소 잃고 외양간 고친다.
- 百聞不如一見(백문불여일견) : 열 번 듣는 것이 한 번 보는 것만 못하다.
- 不入虎穴不得虎子(불입호혈 부득호자) : 호랑이 굴에 가야 호랑이 새끼를 잡는다.
- 牝鷄之晨(빈계지신) : 암탉이 울면 집안이 망한다. 집안에서 여자가 남자보다 활달하여 안팎일을 간 섭하면 집안 일이 잘 안 된다는 말
- 三歲之習至于八十(삼세지습 지우팔십) : 세 살 버릇 여든까지 간다.
- 喪家之狗(상가지구) : 상갓집 개. 궁상맞은 초라한 모습으로 이곳저곳 기웃거리며 얻어먹을 것만 찾 아다니는 사람을 이름
- 雪上加霜(설상가상) : 엎친 데 덮친다(엎친 데 덮치기), 눈 위에 서리 친다.
- 脣亡齒寒(순망치한) : 입술이 없으면 이가 시리다. 서로 이해관계가 밀접한 사이에 어느 한쪽이 망하 면 다른 한쪽도 그 영향을 받아 온전하기 어려움을 이르는 말
- 十伐之木(십벌지목) : 열 번 찍어 아니 넘어 가는 나무 없다.
- 十匙一飯(십시일반) : 열에 한 술 밥이 한 그릇 푼푼하다. 열이 어울려 밥 한 그릇 된다.

- 我田引水(아전인수) : 제 논에 물 대기. 자기 이익을 먼저 생각하고 행동하는 것을 이름
- 吾鼻三尺(오비삼척) : 내 코가 석자. 자기 사정이 급하여 남을 돌보아 줄 겨를이 없음
- 烏飛梨落(오비이락) : 까마귀 날자 배 떨어진다. 아무 관계도 없는 일인데 우연히 때가 같음으로 인하여 무슨 관계가 있는 것처럼 의심을 받게 되는 것
- 牛耳讀經(우이독경) : 쇠귀에 경 읽기. 아무리 가르치고 일러 주어도 알아듣지 못함
- 耳懸鈴鼻懸鈴(이현령비현령) : 귀에 걸면 귀걸이, 코에 걸면 코걸이라는 뜻
- 一魚濁水(일어탁수) : 한 마리의 고기가 물을 흐린다. 한 사람의 잘못이 여러 사람에게 해가 됨
- 以管窺天(이관규천) : 우물 안 개구리. 대롱을 통해 하늘을 봄
- 積小成大(적소성대) : 티끌 모아 태산. 적은 것도 모으면 많아진다는 뜻
- 井底之蛙(정저지와) : 우물 안 개구리. 세상물정을 너무 모름
- 種瓜得瓜種豆得豆(종과득과 종두득두) : 콩 심은 데 콩 나고 팥 심은 데 팥 난다.
- 走馬加鞭(주마가편) : 달리는 말에 채찍질하기. 잘하고 있음에도 불구하고 더 잘되어 가도록 부추기거나 몰아침
- 走馬看山(주마간산) : 수박 겉핥기. 말을 타고 달리면서 산수를 본다는 뜻으로 바쁘게 대충 보며 지나감을 일컫는 말
- 兎死狗烹(토사구팽) : 토끼를 다 잡으면 사냥개도 잡아먹는다.
- 漢江投石(한강투석) : 한강에 돌 던지기, 한강에 아무리 돌을 던져도 메울 수 없다는 뜻으로, 아무리 애써도 보람이 없는 일을 비유하는 말
- 咸興差使(함흥차사) : 일을 보러 밖에 나간 사람이 오래도록 돌아오지 않을 때 하는 말
- 狐假虎威(호가호위) : 원님 덕에 나팔 분다. 다른 사람의 권세를 빌어서 위세를 부림
- 後生可畏(후생가외) : 후생목이 우뚝하다. 젊은 후학들을 두려워 할 만하다는 뜻

01 공간지각

대표유형 블록

01 다음과 같은 모양을 만드는 데 사용된 블록의 개수를 고르면?(단, 보이지 않는 곳의 블록은 있다고 가정한다)

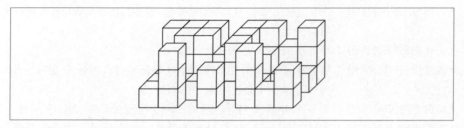

① 56개

② 57개

③ 58개

④ 59개

| **|해설|** | • 1층 : $8 \times 4 - 4 = 28$개
• 2층 : $32 - 14 = 18$개
• 3층 : $32 - 20 = 12$개
∴ $28 + 18 + 12 = 58$개

정답 ③

02 다음과 같이 쌓여진 블록의 면의 개수를 구하면?(단, 밑면은 제외한다)

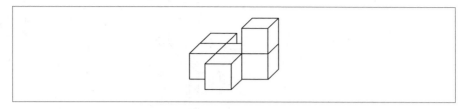

① 21개   ② 22개

③ 23개   ④ 24개

|해설|

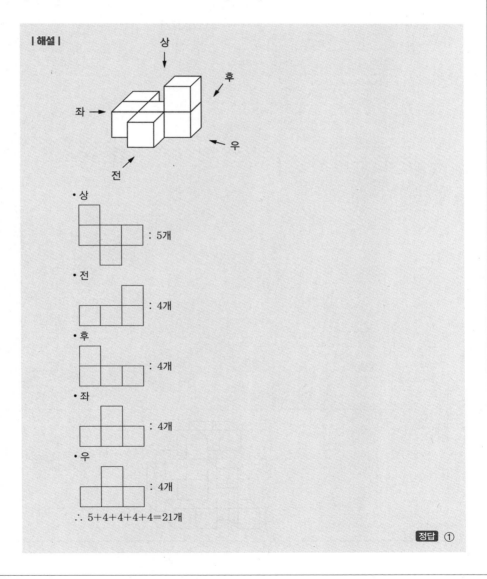

• 상 : 5개

• 전 : 4개

• 후 : 4개

• 좌 : 4개

• 우 : 4개

∴ 5+4+4+4+4=21개

정답 ①

※ 다음과 같은 모양을 만드는 데 사용된 블록의 개수를 고르시오(단, 보이지 않는 곳의 블록은 있다고 가정한다). [1~16]

01

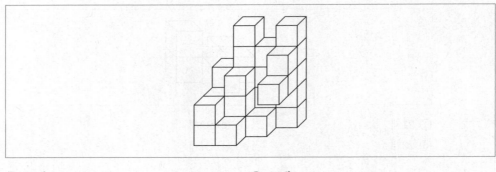

① 26개   ② 27개

③ 28개   ④ 29개

02

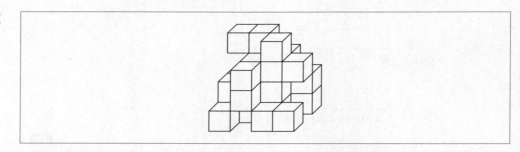

① 27개   ② 28개

③ 29개   ④ 30개

03

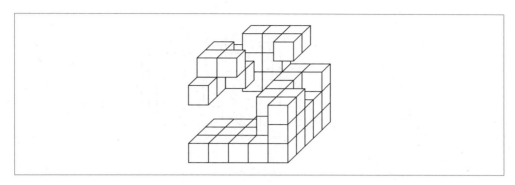

① 53개   ② 54개

③ 55개   ④ 57개

04

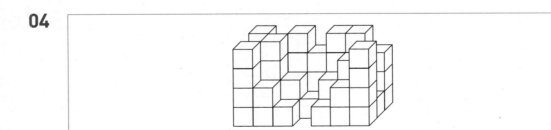

① 55개   ② 54개

③ 53개   ④ 52개

05

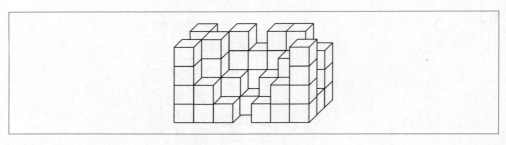

① 55개   ② 54개
③ 53개   ④ 52개

06

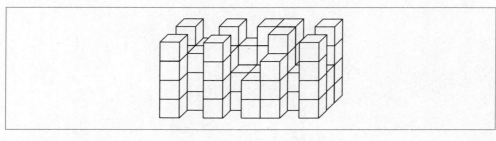

① 65개   ② 66개
③ 67개   ④ 68개

07

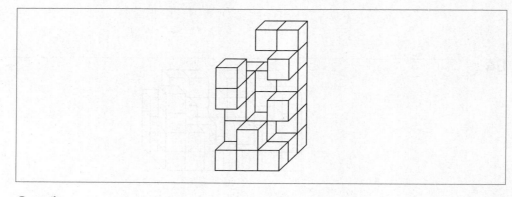

① 30개   ② 31개
③ 32개   ④ 33개

08

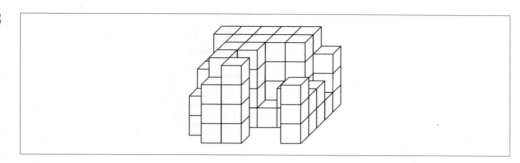

① 75개   ② 76개
③ 77개   ④ 78개

09

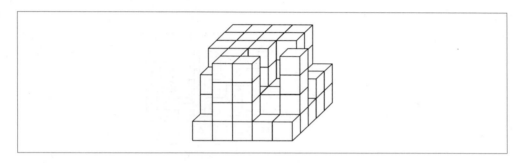

① 76개   ② 77개
③ 78개   ④ 79개

10

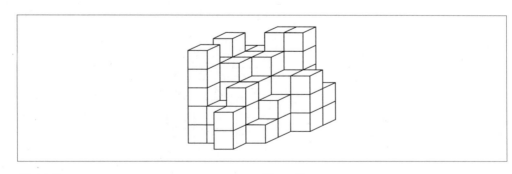

① 64개   ② 66개
③ 68개   ④ 70개

11

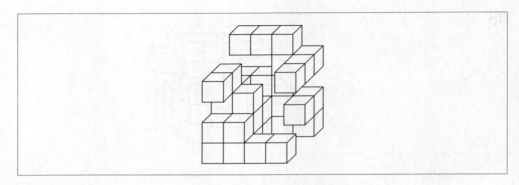

① 37개   ② 38개
③ 39개   ④ 40개

12

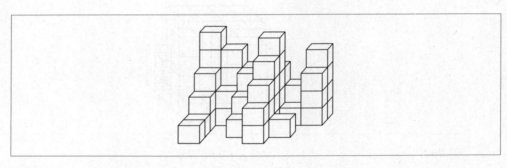

① 52개   ② 53개
③ 54개   ④ 55개

13

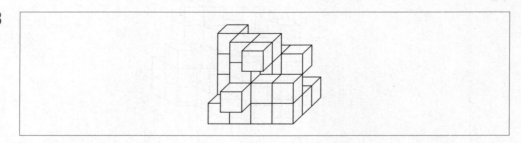

① 30개   ② 31개
③ 32개   ④ 33개

14

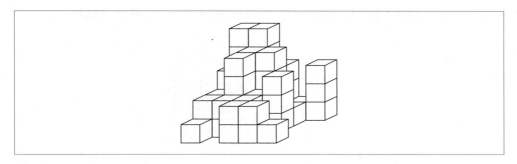

① 53개   ② 52개
③ 51개   ④ 50개

15

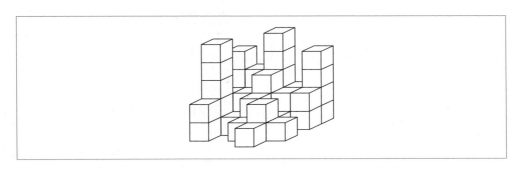

① 45개   ② 46개
③ 47개   ④ 44개

16

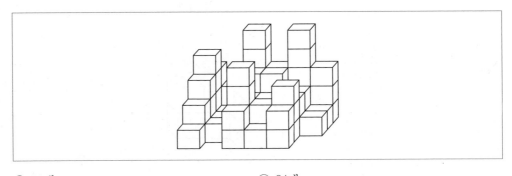

① 63개   ② 64개
③ 65개   ④ 66개

※ 다음과 같이 쌓여진 블록의 면의 개수를 구하시오(단, 밑면은 제외한다). [17~20]

17

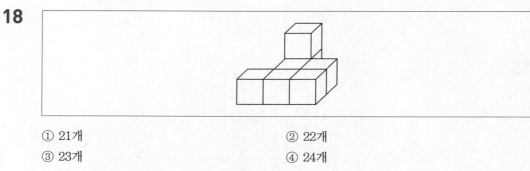

① 24개   ② 25개
③ 26개   ④ 27개

18

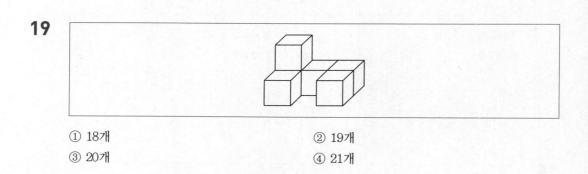

① 21개   ② 22개
③ 23개   ④ 24개

19

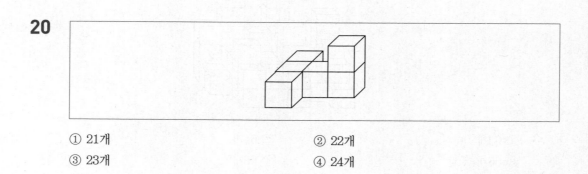

① 18개   ② 19개
③ 20개   ④ 21개

20

① 21개   ② 22개
③ 23개   ④ 24개

대표유형 1   오름차순

다음 제시된 문자를 오름차순으로 나열하였을 때 3번째에 오는 문자는?

| L   P   G   T   N   B |

① G   ② P
③ L   ④ N

| **해설** | 제시된 문자를 오름차순으로 나열하면 'B-G-L-N-P-T'이므로 3번째에 오는 문자는 'L'이다.

정답 ③

01   다음 제시된 문자를 오름차순으로 나열하였을 때 3번째에 오는 문자는?

| ㄱ   E   ㅂ   K   B   ㅊ |

① ㄱ   ② ㅂ
③ E   ④ B

02   다음 제시된 문자를 오름차순으로 나열하였을 때 2번째에 오는 문자는?

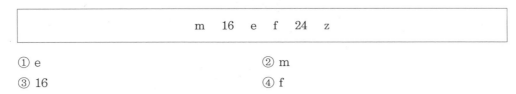

| m   16   e   f   24   z |

① e   ② m
③ 16   ④ f

03   다음 제시된 문자를 오름차순으로 나열하였을 때 3번째에 오는 문자는?(단, 모음은 일반모음 10개
만 세는 것을 기준으로 한다)

| ㅈ   D   E   ㅏ   ㅂ   ㅠ |

① E   ② D
③ ㅂ   ④ ㅈ

04 다음 제시된 문자를 오름차순으로 나열하였을 때 4번째에 오는 문자는?(단, 모음은 일반모음 10개만 세는 것을 기준으로 한다)

ㅇ ㅎ ㅅ ㅓ ㅑ ㅁ

① ㅓ   ② ㅁ
③ ㅇ   ④ ㅅ

05 다음 제시된 문자를 오름차순으로 나열하였을 때 3번째에 오는 문자는?(단, 모음은 일반모음 10개만 세는 것을 기준으로 한다)

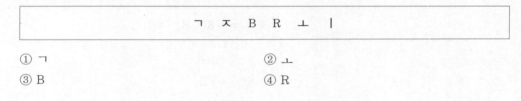

ㄱ ㅈ B R ㅗ ㅣ

① ㄱ   ② ㅗ
③ B   ④ R

06 다음 제시된 문자를 오름차순으로 나열하였을 때 5번째에 오는 문자는?(단, 모음은 일반모음 10개만 세는 것을 기준으로 한다)

ㄱ ㅑ ㅁ ㅓ ㅍ ㅣ

① ㅁ   ② ㅓ
③ ㅍ   ④ ㅣ

대표유형 2 　내림차순

다음 제시된 문자를 내림차순으로 나열하였을 때 2번째에 오는 문자는?

| ㅎ　Ⅰ　H　ㄷ　G　D |

① ㅎ 　　　　　　　　　　② Ⅰ
③ H 　　　　　　　　　　④ ㄷ

| **해설** | 제시된 문자를 내림차순으로 나열하면 'ㅎ－Ⅰ－H－G－D－ㄷ'이므로 2번째에 오는 문자는 'Ⅰ'이다.

정답 ②

---

07 다음 제시된 문자를 내림차순으로 나열하였을 때 2번째에 오는 문자는?

| K　ㅈ　ㅅ　S　A　U |

① S 　　　　　　　　　　② U
③ ㅈ 　　　　　　　　　　④ ㅅ

---

08 다음 제시된 문자를 내림차순으로 나열하였을 때 3번째에 오는 문자는?

| ㅎ　四　ㅌ　Y　U　三 |

① ㅎ 　　　　　　　　　　② Y
③ U 　　　　　　　　　　④ 四

---

09 다음 제시된 문자를 내림차순으로 나열하였을 때 5번째에 오는 문자는?

| 뮤　큐　튜　뉴　휴　뷰 |

① 뉴 　　　　　　　　　　② 뮤
③ 휴 　　　　　　　　　　④ 뷰

10 다음 제시된 문자나 수를 내림차순으로 나열하였을 때 5번째에 오는 문자나 수는?

나 5 카 12 하 6

① 나   ② 5
③ 하   ④ 6

11 다음 제시된 문자를 내림차순으로 나열하였을 때 4번째에 오는 문자는?(단, 모음은 일반모음 10개만 세는 것을 기준으로 한다)

ㅏ ㅗ ㅠ ㅡ ㅑ ㅓ

① ㅓ   ② ㅗ
③ ㅑ   ④ ㅠ

12 다음 제시된 문자를 내림차순으로 나열하였을 때 6번째에 오는 문자는?(단, 모음은 일반모음 10개만 세는 것을 기준으로 한다)

ㅕ ㅗ ㅊ ㅜ ㅂ ㄷ

① ㅂ   ② ㅗ
③ ㄷ   ④ ㅕ

다음 제시된 단어에서 공통으로 연상할 수 있는 단어를 고르면?

> 먼지, 산소, KF지수

① 물   ② 마스크

③ 세균   ④ 약품

> **| 해설 |** '마스크'는 '먼지'를 막아주며, 마스크의 종류로 '산소' 마스크가 있다. 'KF지수'는 마스크의 입자 차단 성능을 나타내는 지수이다. 따라서 '마스크'를 연상할 수 있다.
>
> **정답** ②

※ 다음 제시된 단어에서 공통으로 연상할 수 있는 단어를 고르시오. **[13~17]**

13

> 모래, 달걀, 안경

① 바다   ② 조류

③ 알   ④ 테

14

> 간, 자동차, R

① 피   ② 후진

③ 오른쪽   ④ 술

PART 2

15

가을, 화투, 붉다

① 매화   ② 솔

③ 단풍   ④ 모란

16

입과 귀, 생선, 조개

① 소   ② 돼지

③ 구이   ④ 조림

17

동해, 천연기념물, 경상북도

① 오징어   ② 울릉도

③ 독도   ④ 한국

※ 〈보기〉의 사자성어에 해당하는 풀이를 고르시오. [1~4]

> **보기**
> ① 僭賞濫刑(참상남형)
> ② 焚書坑儒(분서갱유)
> ③ 兵家常事(병가상사)
> ④ 氣高萬丈(기고만장)

01

| 상을 마음대로 주고 형벌을 함부로 내림 |

①   ②
③   ④

| 해설 | • 僭賞濫刑(참상남형) : 상을 마음대로 주고 형벌을 함부로 내림

정답 ①

02

| 학업을 하지 못하도록 억압하는 것 |

①   ②
③   ④

| 해설 | • 焚書坑儒(분서갱유) : 학업을 억압하는 것을 의미하는 것으로, 진나라 시황제가 정부를 비방하는 언론을 봉쇄하기 위하여 서적을 불사르고 선비를 생매장한 일을 일컫는 말

정답 ②

03

실패는 흔히 있는 일이니 낙심할 것이 없음

①   ②
③   ④

| 해설 | • 兵家常事(병가상사) : 전쟁에서 이기고 지는 것은 흔히 있는 일. 실패는 흔히 있는 일이니 낙심할 것이 없다는 말

정답 ③

04

일이 뜻대로 잘 될 때 우쭐하며 뽐내는 기세가 대단함

①   ②
③   ④

| 해설 | • 氣高萬丈(기고만장) : 일이 뜻대로 잘 될 때 우쭐하며 뽐내는 기세가 대단함

정답 ④

※ 〈보기〉의 사자성어에 해당하는 풀이를 고르시오. [18~21]

> **보기**
> ① 囊中之錐(낭중지추)
> ② 結草報恩(결초보은)
> ③ 誰怨誰咎(수원수구)
> ④ 因果應報(인과응보)

18

선과 악에 따라 반드시 업보가 있는 일

①   ②
③   ④

19

죽어서까지도 은혜를 잊지 않고 갚음을 뜻하는 말

①   ②
③   ④

20

남을 원망하거나 탓할 것이 없음

①   ②
③   ④

21

재능이 뛰어난 사람은 숨어 있어도 저절로 사람들에게 알려짐

①   ②
③   ④

※ 〈보기〉의 사자성어에 해당하는 풀이를 고르시오. [22~25]

> **보기**
> ① 五十步百步(오십보백보)
> ② 三顧草廬(삼고초려)
> ③ 互角之勢(호각지세)
> ④ 事君以忠(사군이충)

22

역량이 서로 비슷비슷한 위세

①   ②
③   ④

23

임금을 섬기기를 충성으로써 함

①   ②
③   ④

24

좀 낫고 못한 차이는 있으나 서로 엇비슷함을 이르는 말

①   ②
③   ④

25

인재를 맞아들이기 위해서 온갖 노력을 다함을 이르는 말

①   ②
③   ④

3

최종점검
모의고사

제1회 최종점검 모의고사

제2회 최종점검 모의고사

삼성 온라인 GSAT 4급

도서 동형 온라인 실전연습 서비스 | ATHO-00000-60CAC

01　수리능력검사

※ 다음 식을 계산한 값으로 옳은 것을 고르시오. [1~10]

01

$$5 \times 15 \div \frac{1}{3}$$

① 225　　　　　　　　　　　② 230
③ 235　　　　　　　　　　　④ 240

02

$$7 - 0.1 \times 25 + 1.5$$

① 6　　　　　　　　　　　　② 7
③ 8　　　　　　　　　　　　④ 9

03

$$125 \div 5 - 12$$

① 12　　　　　　　　　　　② 13
③ 14　　　　　　　　　　　④ 15

04

$$454 - 372 \div 3 - 110$$

① 210　　　　　　　　　　　② 220
③ 230　　　　　　　　　　　④ 240

05

$$2,620+1,600\div80$$

① 28,20　　　　　　　　　② 2,820

③ 26,40　　　　　　　　　④ 2,640

06

$$27\times\frac{12}{9}\times\frac{1}{3}\times\frac{3}{2}$$

① 8　　　　　　　　　② 14

③ 18　　　　　　　　　④ 20

07

$$(48+48+48+48)\times\frac{11}{6}\div\frac{16}{13}$$

① 286　　　　　　　　　② 289

③ 314　　　　　　　　　④ 332

08

$$212-978\div6-3^3$$

① 22　　　　　　　　　② 24

③ 26　　　　　　　　　④ 28

09

$$91+27\div3-22$$

① 72　　　　　　　　　② 74

③ 76　　　　　　　　　④ 78

10

$$493 - 24 \times 5$$

① 373   ② 390

③ 874   ④ 276

11 A와 B 두 사람이 각각 80m/분, 60m/분의 속력으로 운동장을 돌 때, 같은 지점에서 출발하여 서로 반대 방향으로 돌면 20분 후에 다시 만난다. 이때 운동장의 둘레는?

① 2,200m   ② 2,400m

③ 2,600m   ④ 2,800m

12 원가가 a원인 아이스크림에 40%의 이익을 붙여 팔다가, 다시 20% 특별할인을 해서 팔았다. 아이스크림을 하나 팔 때 남는 이익은?

① $0.12a$원   ② $0.13a$원

③ $0.14a$원   ④ $0.15a$원

13 S대학교는 신입생 오리엔테이션을 하기 위해 10개의 강의실을 예약하였다. 신입생 75명을 한 강의실에 배정하였을 때, 180명이 들어가지 못했다면, 신입생 총인원은?

① 930명   ② 950명

③ 970명   ④ 990명

14 A ~ C 3명이 동시에 같은 문제를 풀려고 한다. A가 문제를 풀 확률은 $\dfrac{1}{4}$, B가 문제를 풀 확률은 $\dfrac{1}{3}$, C가 문제를 풀 확률은 $\dfrac{1}{2}$일 때, 1명만 문제를 풀 확률은?

① $\dfrac{2}{9}$ ② $\dfrac{1}{4}$

③ $\dfrac{5}{12}$ ④ $\dfrac{11}{24}$

15 총 500명의 아르바이트생이 있었는데 이 중 100명이 정규직으로 전환되었다. 이때 아르바이트생의 비율은 몇 %인가?(단, 처음 고용한 아르바이트 직원 외에 다른 직원은 없었다)

① 20% ② 25%
③ 80% ④ 85%

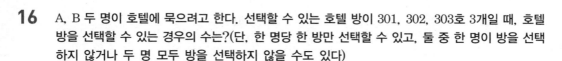

16 A, B 두 명이 호텔에 묵으려고 한다. 선택할 수 있는 호텔 방이 301, 302, 303호 3개일 때, 호텔 방을 선택할 수 있는 경우의 수는?(단, 한 명당 한 방만 선택할 수 있고, 둘 중 한 명이 방을 선택하지 않거나 두 명 모두 방을 선택하지 않을 수도 있다)

① 10가지 ② 11가지
③ 12가지 ④ 13가지

17 권투 선수 A와 B는 총 3회전의 경기를 치렀는데 각 경기마다 모두 2점씩 차이가 났고 패배한 선수의 점수는 1, 2, 3회전 모두 똑같았다. 1·3회전은 A가 이겼고, 2회전은 B가 이겼다. A의 최종 스코어의 2배 값은 B의 최종 스코어에 15점을 더한 값과 같다고 할 때, 1회전에서 A는 몇 점을 획득하였는가?

① 2점 ② 3점
③ 4점 ④ 5점

18 수험생 A씨는 4일에 한 번 영어를 복습하고, 6일에 한 번 수학을 복습한다. 시험일까지 100일 남았을 때, A씨가 영어와 수학을 같이 복습하는 날은 몇 번인가?

① 8번 ② 9번
③ 10번 ④ 11번

19 농도가 7%인 소금물 300g에 들어있는 소금의 양은?

① 18g

② 19g

③ 20g

④ 21g

20 어떤 두 자릿수의 일의 자리와 십의 자리를 교환하면 원래 수보다 72가 작다. 원래 수가 될 수 있는 수는?

① 62

② 72

③ 83

④ 91

21 1부터 10까지의 숫자가 적힌 공 10개 중에서 1개의 공을 꺼낼 때, 공에 적힌 숫자가 2의 배수일 확률은?

① $\dfrac{1}{10}$

② $\dfrac{1}{5}$

③ $\dfrac{1}{4}$

④ $\dfrac{1}{2}$

22 어떤 수 x에 6을 곱해야 할 것을 잘못하여, 6으로 나누고 12를 뺐더니 9가 되었다. 바르게 계산한 값은?

① 740

② 745

③ 748

④ 756

23 농도 8%의 설탕물 500g이 들어있는 컵을 방에 두고 자고 일어나서 보니 물이 증발하여 농도가 10%가 되었다. 증발한 물의 양은?(단, 물은 시간당 같은 양이 증발하였다)

① 100g

② 200g

③ 300g

④ 400g

24 가로, 세로의 길이가 각각 30cm, 20cm인 직사각형이 있다. 가로의 길이를 줄여서 직사각형의 넓이를 $\frac{1}{3}$ 이하로 줄이고자 할 때, 가로를 최소 몇 cm 이상 줄여야 하는가?

① 10cm

② 20cm

③ 30cm

④ 40cm

25 수영이와 여동생의 나이 차는 5세이고, 언니의 나이는 수영이와 여동생 나이의 합의 2배이다. 세 자매의 나이의 합이 39일 때, 3년 뒤 언니의 나이는?

① 25살

② 27살

③ 29살

④ 31살

26 다음은 지방자치단체 여성 공무원 현황에 대한 자료이다. 이에 대한 설명으로 옳지 않은 것은?

〈지방자치단체 여성공무원 현황〉

(단위 : 명, %)

구분	2019년	2020년	2021년	2022년	2023년	2024년
전체 공무원	266,176	272,584	275,484	275,231	278,303	279,636
여성 공무원	70,568	75,608	78,855	80,666	82,178	83,282
여성 공무원 비율	26.5	27.7	(가)	29.3	29.5	29.8

① 2019년 이후 여성공무원 수는 꾸준히 증가하고 있다.

② (가)에 들어갈 비율은 35% 이상이다.

③ 2024년에 남성공무원이 차지하는 비율은 70% 이상이다.

④ 2024년 여성공무원의 비율은 2019년과 비교했을 때, 3.3%p 증가했다.

27 다음은 청년 고용률 및 실업률에 대한 그래프이다. 조사 기간 중 고용률과 실업률의 차이가 가장 큰 연도는?

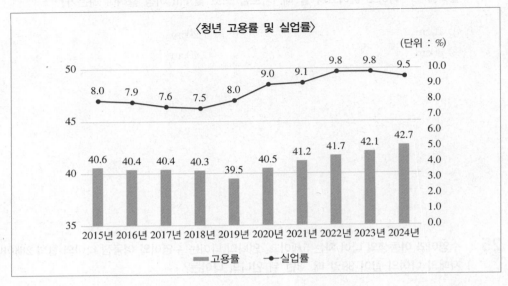

〈청년 고용률 및 실업률〉

(단위 : %)

① 2017년　　　　　　　　　② 2018년
③ 2021년　　　　　　　　　④ 2024년

28 다음은 연간 국내 인구이동을 조사한 자료이다. 이에 대한 설명으로 옳지 않은 것은?

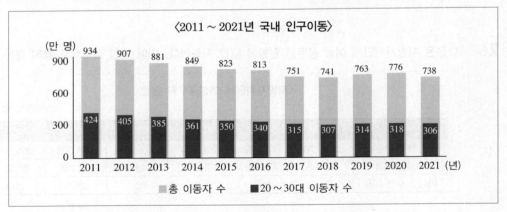

〈2011 ~ 2021년 국내 인구이동〉

① 2018년까지 20 ~ 30대 이동자 수는 지속 감소하였다.
② 총 이동자 수와 20 ~ 30대 이동자 수의 변화 양상은 동일하다.
③ 총 이동자 수 대비 20 ~ 30대 이동자 수의 비율은 2018년이 가장 높다.
④ 20 ~ 30대를 제외한 이동자 수가 가장 많은 해는 2011년이다.

29 다음은 A신도시 쓰레기 처리 관련 통계 자료이다. 이에 대한 설명으로 옳지 않은 것은?

〈A신도시 쓰레기 처리 관련 통계〉

구분	2019년	2020년	2021년	2022년
1kg 쓰레기 종량제 봉투 가격	100원	200원	300원	400원
쓰레기 1kg당 처리비용	400원	400원	400원	400원
A신도시 쓰레기 발생량	5,013톤	4,521톤	4,209톤	4,007톤
A신도시 쓰레기 관련 적자 예산	15억 원	9억 원	4억 원	0원

① 쓰레기 종량제 봉투 가격이 100원이었던 2019년에 비해 400원이 된 2022년에는 쓰레기 발생량이 약 20%나 감소하였고 쓰레기 관련 적자 예산은 0원이 되었다.

② 연간 쓰레기 발생량 감소 곡선보다 쓰레기 종량제 봉투 가격의 인상 곡선이 더 가파르다.

③ 쓰레기 1kg당 처리비용이 인상될수록 A신도시의 쓰레기 발생량과 쓰레기 관련 적자가 급격히 감소하는 것을 볼 수 있다.

④ 봉투 가격이 인상됨으로써 쓰레기 발생량이 줄어들은 것으로 보아 주민들이 비용에 부담을 느낀 것을 추론할 수 있다.

30 다음은 폐기물협회에서 제공하는 전국 폐기물 발생 현황 자료이다. 빈칸 (가), (나)에 해당하는 값으로 옳은 것은?(단, 소수점 둘째 자리에서 반올림한다)

〈전국 폐기물 발생 현황〉

구분		2017년	2018년	2019년	2020년	2021년	2022년
합계	발생량	359,296	357,861	365,154	373,312	382,009	382,081
	증감율	6.6	−0.4	2.0	2.2	2.3	0.02
의료 폐기물	발생량	52,072	50,906	49,159	48,934	48,990	48,728
	증감율	3.4	−2.2	−3.4	(가)	0.1	−0.5
사업장 배출시설계 폐기물	발생량	130,777	123,604	137,875	137,961	146,390	149,815
	증감율	13.9	(나)	11.5	0.1	6.1	2.3
건설 폐기물	발생량	176,447	183,351	178,120	186,417	186,629	183,538
	증감율	2.6	3.9	−2.9	4.7	0.1	−1.7

 　　(가)　　　(나)

① −0.5　　−5.5

② −0.5　　−4.5

③ −0.6　　−5.5

④ −0.6　　−4.5

PART 3

※ 다음은 한 사람이 하루에 받는 스팸 수신량에 대한 그래프이다. 이어지는 질문에 답하시오. [31~33]

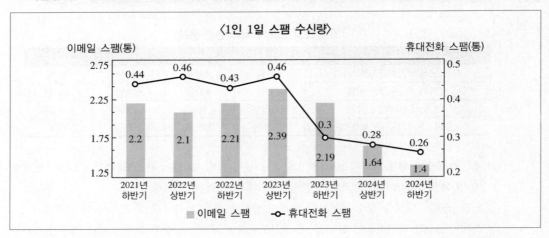

31 총 스팸이 가장 많은 때와 가장 적은 때의 차이는 얼마인가?

① 1.18

② 1.28

③ 1.29

④ 1.19

32 2024년 하반기에는 2024년 상반기에 비해 이메일 스팸이 몇 % 감소하였는가?(단, 소수점 둘째 자리에서 반올림한다)

① 12.6%

② 13.6%

③ 14.6%

④ 15.6%

33 다음 중 자료에 대한 설명으로 옳지 않은 것은?

① 2022년 하반기 한 사람이 하루에 받은 이메일 스팸은 2.21통을 기록했다.

② 2024년 하반기에 이메일 스팸은 2021년 하반기보다 0.8통 감소했다.

③ 2022년 하반기부터 1인 1일 스팸 수신량은 계속해서 감소하고 있다.

④ 2021년 하반기 휴대전화를 통한 1인 1일 스팸 수신량은 2024년 하반기보다 약 1.69배 높았다.

※ 다음은 외국인 직접투자 투자건수 비율과 투자금액 비율에 대한 자료이다. 이어지는 질문에 답하시오.
　　[34~35]

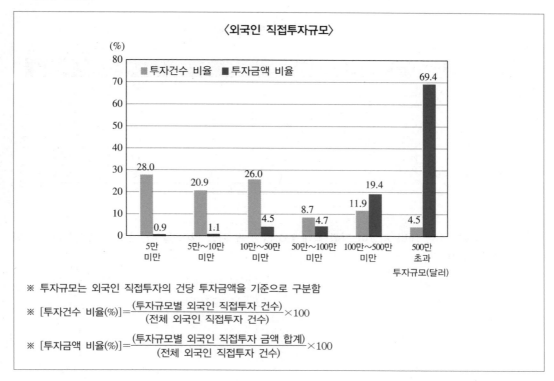

〈외국인 직접투자규모〉

※ 투자규모는 외국인 직접투자의 건당 투자금액을 기준으로 구분함

※ [투자건수 비율(%)] $=\dfrac{(투자규모별\ 외국인\ 직접투자\ 건수)}{(전체\ 외국인\ 직접투자\ 건수)} \times 100$

※ [투자금액 비율(%)] $=\dfrac{(투자규모별\ 외국인\ 직접투자\ 금액\ 합계)}{(전체\ 외국인\ 직접투자\ 건수)} \times 100$

34 투자규모가 50만 달러 미만인 투자건수 비율은?

① 62.8%　　　　　　　　　　② 68.6%
③ 74.9%　　　　　　　　　　④ 76.2%

35 100만 달러 이상의 투자건수 비율은?

① 11.9%　　　　　　　　　　② 13.9%
③ 16.4%　　　　　　　　　　④ 19.4%

※ 다음은 공공체육시설 현황 및 1인당 체육시설 면적에 대한 자료이다. 이어지는 질문에 답하시오.
[36~38]

〈공공체육시설 현황 및 1인당 체육시설 면적〉

(단위 : 개소, m²)

구분		2021년	2022년	2023년	2024년
공공체육시설의 수	축구장	467	558	618	649
	체육관	529	581	639	681
	간이운동장	9,531	10,669	11,458	12,194
	테니스장	428	487	549	565
	기타	1,387	1,673	1,783	2,038
1인당 체육시설 면적	합계	2.54	2.88	3.12	3.29

36 2023년에 전년 대비 시설이 가장 적게 늘어난 곳과 가장 많이 늘어난 곳의 2023년 시설 수의 합은 얼마인가?

① 11,097개소
② 11,197개소
③ 12,097개소
④ 12,197개소

37 2021년 전체 공공체육시설 중 체육관이 차지하고 있는 비율은?(단, 소수점 둘째 자리에서 반올림한다)

① 4.4%
② 4.3%
③ 4.2%
④ 4.1%

38 다음 중 자료에 대한 설명으로 옳지 않은 것은?

① 테니스장은 2023년에 전년 대비 약 12.7% 증가했다.
② 2022년 간이운동장의 수는 같은 해 축구장 수의 약 1.91배이다.
③ 2024년 1인당 체육시설 면적은 2021년에 비해 약 1.3배 증가했다.
④ 2024년 공공체육시설의 수는 총 15,127개이다.

※ 다음은 전체 인구를 유년인구, 생산가능인구 및 노인인구로 구분하여 인구구성비 추이를 나타낸 자료이다.
　이어지는 질문에 답하시오. [39~40]

〈인구구성비 추이〉

(단위 : %)

구분		1970년	1980년	1990년	2000년	2005년	2010년	2015년	2020년	2030년
유년 인구비	전국	42.5	34.0	25.6	21.1	19.1	16.3	13.9	12.6	11.2
	서울	36.3	31.3	24.7	18.6	16.8	14.7	13.4	12.4	10.5
	인천	39.8	31.9	27.1	23.4	20.2	16.5	13.8	12.7	11.4
	울산	40.2	36.2	30.1	25.1	21.9	17.4	13.9	12.4	11.2
	경기	42.9	32.7	26.8	24.1	21.5	18.1	15.4	13.9	12.2
	충남	45.9	35.6	24.3	20.1	18.8	16.3	13.8	12.4	11.5
	전남	46.8	38.9	25.8	20.0	18.4	13.9	11.3	9.2	9.1
생산가능 인구비	전국	54.4	62.2	69.3	71.7	71.8	72.8	73.2	71.7	64.7
	서울	62.1	66.2	71.8	76.1	76.1	75.9	74.6	72.5	66.9
	인천	58.0	65.2	68.9	71.2	72.9	75.0	75.5	73.7	64.7
	울산	56.4	61.0	66.7	70.9	72.9	75.7	76.8	74.6	64.9
	경기	54.0	63.6	68.8	70.2	71.5	73.4	74.6	73.7	66.7
	충남	50.3	58.9	67.8	68.0	66.9	68.3	69.7	69.5	64.2
	전남	48.9	55.6	66.4	66.6	64.1	64.8	65.6	64.9	55.7
노인 인구비	전국	3.1	3.8	5.1	7.2	9.1	10.9	12.9	15.7	24.1
	서울	1.7	2.5	3.5	5.3	7.1	9.4	12.0	15.1	22.6
	인천	2.2	2.9	4.0	5.5	6.9	8.5	10.6	13.6	23.9
	울산	3.5	2.9	3.1	4.0	5.2	6.9	9.3	13.0	23.9
	경기	3.0	3.7	4.5	5.7	7.1	8.5	10.0	12.4	21.1
	충남	3.8	5.5	7.9	11.9	14.4	15.5	16.5	18.0	24.3
	전남	4.3	5.5	7.9	13.4	17.5	21.3	23.2	25.9	35.2

※ 고령화사회 : 전체 인구 중 노인인구가 7% 이상 14% 미만

※ 고령사회 : 전체 인구 중 노인인구가 14% 이상 20% 미만

※ 초고령사회 : 전체 인구 중 노인인구가 20% 이상

※ (인구부양비) = $\dfrac{(\text{유년인구비}) + (\text{노인인구비})}{(\text{생산가능인구비})}$

※ (유년부양비) = $\dfrac{(\text{유년인구비})}{(\text{생산가능인구비})}$

※ (노년부양비) = $\dfrac{(\text{노인인구비})}{(\text{생산가능인구비})}$

39 2030년 전국 노년부양비는?(단, 소수점 셋째 자리에서 버림한다)

① 0.27　　　　　　　　　　② 0.32

③ 0.37　　　　　　　　　　④ 0.41

40 초고령사회로 분류되는 지역이 처음으로 발생하는 연도는?

① 2010년　　　　　　　　　② 2015년

③ 2020년　　　　　　　　　④ 2025년

※ 제시문 A를 읽고, 제시문 B가 참인지 거짓인지 혹은 알 수 없는지 고르시오. [1~7]

01

[제시문 A]
• 모든 손님들은 A와 B 중에서 하나만을 주문했다.
• A를 주문한 손님 중에서 일부는 C를 주문했다.
• B를 주문한 손님들만 추가로 주문할 수 있는 D도 많이 판매되었다.

[제시문 B]
B와 C를 동시에 주문하는 손님도 있었다.

① 참　　　　　　　　② 거짓　　　　　　　　③ 알 수 없음

02

[제시문 A]
• 혜진이가 영어 회화 학원에 다니면 미진이는 중국어 회화 학원에 다닌다.
• 미진이가 중국어 회화 학원에 다니면 아영이는 일본어 회화 학원에 다닌다.

[제시문 B]
아영이가 일본어 회화 학원에 다니지 않으면 혜진이는 영어 회화 학원에 다니지 않는다.

① 참　　　　　　　　② 거짓　　　　　　　　③ 알 수 없음

03

[제시문 A]
• 유화를 잘 그리는 모든 화가는 수채화를 잘 그린다.
• 수채화를 잘 그리는 모든 화가는 한국화를 잘 그린다.

[제시문 B]
유화를 잘 그리는 희정이는 한국화도 잘 그린다.

① 참　　　　　　　　② 거짓　　　　　　　　③ 알 수 없음

04

[제시문 A]
• 오래달리기를 잘하는 모든 사람은 인내심이 있다.
• 체력이 좋은 모든 사람은 오래달리기를 잘한다.

[제시문 B]
체력이 좋은 지훈이는 인내심이 있다.

① 참　　　　　　② 거짓　　　　　　③ 알 수 없음

PART 3

05

[제시문 A]
• 게임을 좋아하는 사람은 만화를 좋아한다.
• 만화를 좋아하는 사람은 독서를 좋아하지 않는다.

[제시문 B]
독서를 좋아하는 영수는 게임을 좋아하지 않는다.

① 참　　　　　　② 거짓　　　　　　③ 알 수 없음

06

[제시문 A]
• 아침잠이 많은 사람은 지각을 자주 한다.
• 지각을 자주 하는 사람은 해당 벌점이 높다.

[제시문 B]
아침잠이 많은 재은이는 지각 벌점이 높다.

① 참　　　　　　② 거짓　　　　　　③ 알 수 없음

07

[제시문 A]
• 부모에게 칭찬을 많이 받은 사람은 인간관계가 원만하다.
• 인간관계가 원만한 모든 사람은 긍정적으로 사고한다.

[제시문 B]
부모에게 칭찬을 많이 받은 주영이는 사고방식이 긍정적이다.

① 참   ② 거짓   ③ 알 수 없음

※ 다음 제시문을 읽고 각 문제가 항상 참이면 ①, 거짓이면 ②, 알 수 없으면 ③을 고르시오. [8~10]

• B는 C의 손자이다.
• D는 E의 아들이다.
• A는 B의 아버지이다.
• E는 C의 형이다.

08   C는 D의 삼촌이다.

① 참   ② 거짓   ③ 알 수 없음

09   E는 B의 삼촌이다.

① 참   ② 거짓   ③ 알 수 없음

10   A는 D의 사촌동생이다.

① 참   ② 거짓   ③ 알 수 없음

※ 일정한 규칙으로 수 또는 문자를 나열할 때, 빈칸 안에 들어갈 알맞은 수 또는 문자를 고르시오.
　[11~32]

11

$$2 \quad 5 \quad (\quad) \quad 8 \quad -4 \quad 11$$

① -1　　　　　　　　　　　② -6
③ 12　　　　　　　　　　　④ 13

12

$$24 \quad 60 \quad 120 \quad (\quad) \quad 336 \quad 504 \quad 720$$

① 190　　　　　　　　　　② 210
③ 240　　　　　　　　　　④ 260

13

$$132 \quad 156 \quad 182 \quad 210 \quad 240 \quad (\quad) \quad 306 \quad 342$$

① 270　　　　　　　　　　② 272
③ 285　　　　　　　　　　④ 288

14

$$\frac{2}{7} \quad \frac{10}{6} \quad \frac{50}{5} \quad \frac{250}{4} \quad (\quad)$$

① $\dfrac{1,250}{4}$　　　　　　　② $\dfrac{1,000}{4}$
③ $\dfrac{1,250}{3}$　　　　　　　④ $\dfrac{1,000}{3}$

15

$$2 \quad 3 \quad 1 \quad -0.7 \quad (\quad) \quad -4.9 \quad \frac{1}{4} \quad -9.6$$

① $\dfrac{1}{2}$　　　　　　　　　② -1
③ -2.5　　　　　　　　　　④ -3

16

$$\frac{101}{399} \quad \frac{126}{374} \quad (\quad) \quad \frac{221}{279} \quad \frac{284}{216}$$

① $\dfrac{112}{578}$　　　　　　② $\dfrac{67}{312}$

③ $\dfrac{19}{481}$　　　　　　④ $\dfrac{77}{223}$

17

$$\underline{2 \quad (\quad) \quad 10} \quad \underline{4 \quad -3 \quad -10} \quad \underline{-5 \quad 2 \quad -8}$$

① 4　　　　　　② 6
③ 8　　　　　　④ 12

18

$$\underline{1 \quad 2 \quad 5} \quad \underline{2 \quad 3 \quad 13} \quad \underline{3 \quad 4 \quad (\quad)}$$

① 7　　　　　　② 12
③ 20　　　　　　④ 25

19

$$\underline{3 \quad -4 \quad 6} \quad \underline{7 \quad 4 \quad (\quad)} \quad \underline{18 \quad -3 \quad 27}$$

① -2　　　　　　② -5
③ -8　　　　　　④ -14

20

| 6 10 37 14 27 12 20 ( ) 7 43 1 9 |

① 20   ② 23
③ 26   ④ 29

21

| 3 7 18 2 3 7 5 2 ( ) |

① 1   ② 3
③ 16   ④ 20

22

| A B 3 T V 42 X Y ( ) |

① 22   ② 31
③ 49   ④ 52

23

| ㅅ ㅂ ㅇ ㅁ ㅈ ㄹ ( ) |

① ㄴ   ② ㄷ
③ ㅊ   ④ ㅋ

24

$$Z\ (\quad)\ P\ K\ F\ A$$

① X   ② W
③ V   ④ U

25

$$ㄷ\ 5\ 五\ H\ (\quad)\ 11\ ㅈ\ N$$

① ㅠ   ② P
③ ㅎ   ④ 七

26

$$ㅋ\ ㄹ\ (\quad)\ ㅅ\ ㅁ\ ㅊ$$

① ㄷ   ② ㅂ
③ ㅅ   ④ ㅇ

27

$$D\ C\ E\ F\ F\ L\ (\quad)\ X$$

① C   ② G
③ J   ④ Q

28

$$ㅈ\ ㄷ\ ㅅ\ ㅁ\ ㅁ\ (\quad)$$

① ㄷ   ② ㅁ
③ ㅅ   ④ ㅊ

29

| E N ( ) K T H |

① D   ② I
③ J   ④ L

30

| B X D L H F P ( ) |

① Z   ② X
③ W   ④ C

31

| ㄴ ㅁ ㅈ ㅎ ㅂ ( ) |

① ㅍ   ② ㅈ
③ ㅂ   ④ ㄱ

32

| N ㅅ R ㅈ T ㅊ ( ) |

① ㅁ   ② U
③ K   ④ ㅎ

※ S사는 모든 임직원에게 다음과 같은 규칙으로 사원번호를 부여한다. 이어지는 질문에 답하시오.
[33~34]

〈사원번호 부여 기준〉

M	0	1	2	3	0	1	0	1
성별	부서		입사연도		입사월		입사순서	

- 사원번호 부여 순서 : [성별] – [부서] – [입사연도] – [입사월] – [입사순서]
- 성별 구분

남성	여성
M	W

- 부서 구분

총무부	인사부	기획부	영업부	생산부
01	02	03	04	05

- 입사연도 : 연도별 끝자리를 2자리 숫자로 기재(예 2024년 – 24)
- 입사월 : 2자리 숫자로 기재(예 5월 – 05)
- 입사순서 : 해당 월의 누적 입사순서(예 해당 월의 3번째 입사자 – 03)
※ 단, S사에 같은 날 입사자는 없음

33 다음 중 사원번호가 'W05220401'인 사원에 대한 설명으로 적절하지 않은 것은?

① 생산부서 최초의 여직원이다.
② 2022년에 입사하였다.
③ 4월에 입사한 여성이다.
④ 'M03220511' 사원보다 입사일이 빠르다.

34 다음 S사의 2022년 하반기 신입사원 명단을 참고할 때, 기획부에 입사한 여성은 모두 몇 명인가?

M01220903	W03221005	M05220912	W05220913	W01221001	W04221009
W02220901	M04221101	W01220905	W03220909	M02221002	W03221007
M03220907	M01220904	W02220902	M04221008	M05221107	M01221103
M03220908	M05220910	M02221003	M01220906	M05221106	M02221004
M04221101	M05220911	W03221006	W05221105	W03221104	M05221108

① 2명   ② 3명
③ 4명   ④ 5명

〈S사 파일 비밀번호 설정〉

• 파일명은 반드시 한글로만 설정해야 한다.
• 비밀번호는 파일명을 다음 변환표 1에 따라 변환한 다음 변환표 2에 따라 영문자 배열로 설정한다.

〈비밀번호 변환표 1〉

자음	ㄱ	ㄴ	ㄷ	ㄹ	ㅁ	ㅂ	ㅅ	ㅇ	ㅈ	ㅊ	ㅋ	ㅌ
변환 문자	ㅇ	ㅈ	ㅊ	ㅋ	ㅌ	ㅍ	ㅎ	ㄲ	ㄸ	ㅆ	ㅃ	ㅉ
구분	ㅍ	ㅎ	ㄲ	ㄸ	ㅆ	ㅃ	ㅉ	ㄳ	ㄵ	ㄶ	ㄺ	ㄻ
변환 문자	ㄱ	ㄴ	ㄷ	ㄹ	ㅁ	ㅂ	ㅅ					
구분	ㄼ	ㄽ	ㄾ	ㄿ	ㅀ	ㅄ	ㅏ	ㅑ	ㅓ	ㅕ	ㅗ	ㅛ
변환 문자							ㅐ	ㅒ	ㅔ	ㅖ	ㅘ	ㅚ
구분	ㅜ	ㅠ	ㅡ	ㅣ	ㅐ	ㅒ	ㅔ	ㅖ	ㅘ	ㅚ	ㅙ	ㅝ
변환 문자	ㅙ	ㅝ	ㅟ	ㅖ	ㅢ	ㅏ	ㅑ	ㅓ	ㅕ	ㅗ	ㅛ	ㅜ
구분	ㅟ	ㅖ	ㅢ									
변환 문자	ㅠ	ㅡ	ㅣ									

〈비밀번호 변환표 2〉

자음	ㄱ	ㄴ	ㄷ	ㄹ	ㅁ	ㅂ	ㅅ	ㅇ	ㅈ	ㅊ	ㅋ	ㅌ
변환 문자	a	b	c	d	e	f	g	h	i	j	k	l
구분	ㅍ	ㅎ	ㄲ	ㄸ	ㅆ	ㅃ	ㅉ	ㄳ	ㄵ	ㄶ	ㄺ	ㄻ
변환 문자	m	n	o	p	q	r	s	t	u	v	w	x
구분	ㄼ	ㄽ	ㄾ	ㄿ	ㅀ	ㅄ	ㅏ	ㅑ	ㅓ	ㅕ	ㅗ	ㅛ
변환 문자	y	z	A	B	C	D	E	F	G	H	I	J
구분	ㅜ	ㅠ	ㅡ	ㅣ	ㅐ	ㅒ	ㅔ	ㅖ	ㅘ	ㅚ	ㅙ	ㅝ
변환 문자	K	L	M	N	O	P	Q	R	S	T	U	V
구분	ㅟ	ㅖ	ㅢ	받침이 없을 경우								
변환 문자	W	X	Y	Z								

예 '사과'는 다음과 같은 암호로 저장한다.
'ㅅ', 'ㅏ', '받침 없음', 'ㄱ', 'ㅘ', '받침 없음' → 'ㅎ', 'ㅐ', '받침 없음', 'ㅇ', 'ㅕ', '받침 없음' → nOZhHZ

35 위 규칙에 따라 '청량리'를 변환한 암호는?

① qQokPokXZ   ② qTyrXZgT
③ qWZhHcwU   ④ aEAhKkXZ

36 위 규칙에 따라 'jYZbOilXihUh'을 해독한 것은?

① 대리운전   ② 대추나무
③ 인구과잉   ④ 대한민국

※ 다음은 사물함 고유번호 부여 방식에 대한 자료이다. 이어지는 질문에 답하시오. **[37~40]**

〈사물함 고유번호〉

- 고유번호 부여 방식
  [배치건물] – [사용인원] – [개폐방식] – [사용기간] – [사용권한 획득 방식] 순의 기호
- 배치건물

신관	구관	학생회관
가	나	다

- 사용인원

1인용	2인용	3인용	4인용
a	b	c	d

- 개폐 방식

전자형	자물쇠형	개방형
0	1	2

- 사용기간

1개월 이내	1 ~ 3개월	6개월 이상 1년 미만	1년 이상
11	22	33	44

- 사용권한 획득 방식

추첨식	경매식	선착순식	양도식
0a	1b	2c	3d

37 다음 〈조건〉에 따라 영석이가 사용을 희망하는 사물함의 고유번호로 옳은 것은?

> **조건**
> - 영석이는 학생회관에 위치한 사물함을 사용하고자 한다.
> - 룸메이트와 함께 사용하기 위해 2인용 이상의 사물함을 사용하고자 한다.
> - 사용편의를 위해 개방형을 선호한다.
> - 배정받은 사물함을 1년 동안 사용할 계획이다.
> - 선착순식으로 사물함을 획득하고자 한다.

① 가b0331b ② 나d2223d

③ 다a1443d ④ 다b2442c

38 다음 중 사물함 고유번호에 대한 설명이 옳지 않은 것은?

① 가d1113d : 신관에 위치한 사물함이다.

② 가a0441b : 1인용 사물함이다.

③ 나b0330a : 전자형 사물함이다.

④ 다c1222c : 양도식으로 배정되는 사물함이다.

39 다음 중 고유번호가 '나b1331b'인 사물함에 대한 설명으로 옳은 것은?

① 신관에 위치한 사물함이다.

② 4인용 사물함이다.

③ 자물쇠형이다.

④ 13개월 동안 사용 가능하다.

40 다음 중 사물함 고유번호로 옳지 않은 것은?

① 가c0223d   ② 나a1442c

③ 나d2112c   ④ 다b0001b

※ 다음과 같은 모양을 만드는 데 사용된 블록의 개수를 고르시오(단, 보이지 않는 곳의 블록은 있다고 가정한다). [1~8]

01

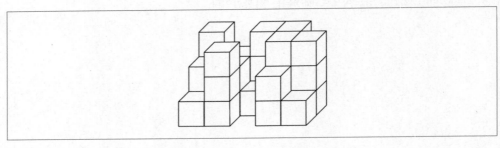

① 26개   ② 27개
③ 28개   ④ 29개

02

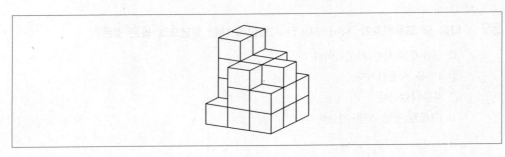

① 24개   ② 25개
③ 26개   ④ 27개

03

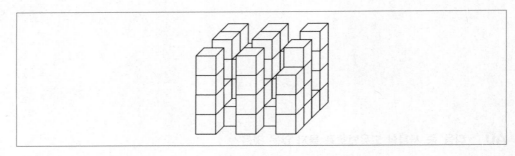

① 52개   ② 53개
③ 54개   ④ 55개

04

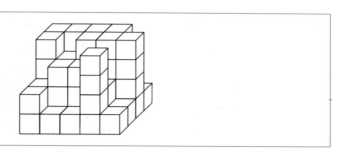

① 54개   ② 55개

③ 56개   ④ 57개

05

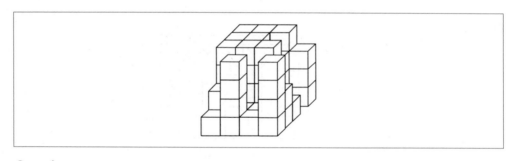

① 55개   ② 54개

③ 53개   ④ 52개

06

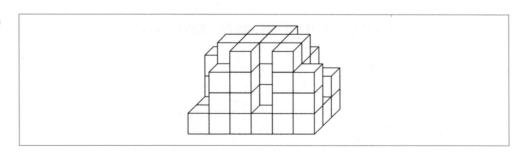

① 51개   ② 52개

③ 53개   ④ 54개

PART 3

07

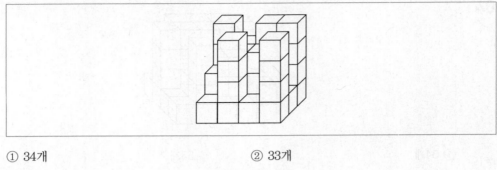

① 34개   ② 33개
③ 32개   ④ 31개

08

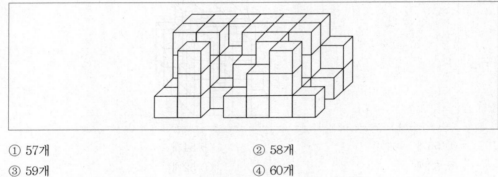

① 57개   ② 58개
③ 59개   ④ 60개

※ 다음과 같이 쌓여진 블록의 면의 개수를 구하시오(단, 밑면은 제외한다). **[9~15]**

09

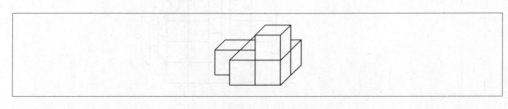

① 21개   ② 22개
③ 23개   ④ 24개

10

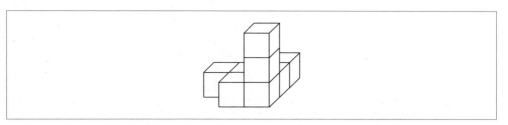

① 26개   ② 27개
③ 28개   ④ 29개

11

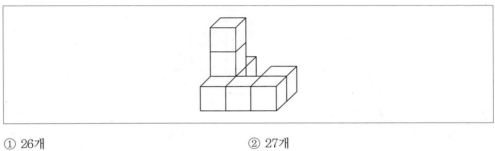

① 26개   ② 27개
③ 28개   ④ 29개

12

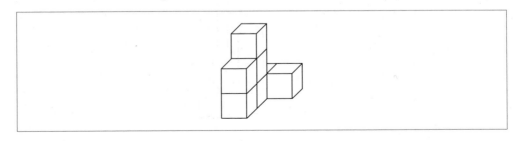

① 21개   ② 22개
③ 23개   ④ 24개

13

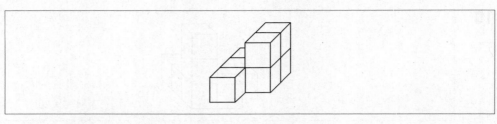

① 21개   ② 22개
③ 23개   ④ 24개

14

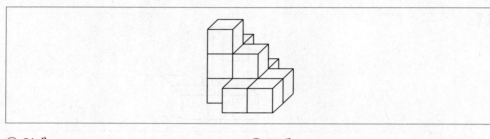

① 31개   ② 32개
③ 33개   ④ 34개

15

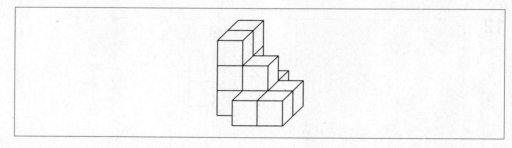

① 31개   ② 32개
③ 33개   ④ 34개

16 다음 제시된 문자를 오름차순으로 나열하였을 때 2번째에 오는 문자는?

R Q B M U J

① R ② B
③ M ④ J

17 다음 제시된 문자를 오름차순으로 나열하였을 때 5번째에 오는 문자는?

ㅅ ㅇ ㄷ ㅋ ㅎ ㅁ

① ㄷ ② ㅇ
③ ㅋ ④ ㅎ

18 다음 제시된 문자를 오름차순으로 나열하였을 때 3번째에 오는 문자는?

O B P F Z M

① F ② M
③ O ④ P

19 다음 제시된 문자를 오름차순으로 나열하였을 때 4번째에 오는 문자는?

B W 4 E 15 J

① 15 ② J
③ 4 ④ E

20 다음 제시된 문자를 오름차순으로 나열하였을 때 2번째에 오는 문자는?(단, 모음은 일반모음 10개만 세는 것을 기준으로 한다)

ㅜ ㅈ ㅛ ㅁ ㅍ ㅓ

① ㅈ   ② ㅓ
③ ㅁ   ④ ㅛ

21 다음 제시된 문자를 오름차순으로 나열하였을 때 5번째에 오는 문자는?

c 十 s k 六 八

① 十   ② 六
③ s   ④ k

22 다음 제시된 수를 내림차순으로 나열하였을 때 5번째에 오는 수는?

21　15　79　54　63　48

① 15   ② 21
③ 48   ④ 54

23 다음 제시된 문자를 내림차순으로 나열하였을 때 3번째에 오는 문자는?

아 하 다 자 바 마

① 아   ② 하
③ 다   ④ 자

24 다음 제시된 문자를 내림차순으로 나열하였을 때 4번째에 오는 문자는?

	G	Q	B	K	N	U

① Q   ② K

③ N   ④ U

25 다음 제시된 문자를 내림차순으로 나열하였을 때 2번째에 오는 문자는?

	ㅊ	ㄹ	ㅅ	ㅈ	ㅋ	ㅇ

① ㅇ   ② ㅈ

③ ㅋ   ④ ㅊ

26 다음 제시된 문자를 내림차순으로 나열하였을 때 6번째에 오는 문자는?

	K	H	J	I	R	W

① K   ② H

③ J   ④ I

27 다음 제시된 문자를 내림차순으로 나열하였을 때 5번째에 오는 문자는?

	어	유	으	이	여	요

① 어   ② 유

③ 여   ④ 요

※ 제시된 단어에서 공통으로 연상할 수 있는 단어를 고르시오. [28~32]

28

비디오, 접착, 절연

① 녹화   ② 본드
③ 테이프   ④ 마개

29

낮은, 맨 아래, 기반

① 초보   ② 테너
③ 바리톤   ④ 베이스

30

사자, 건달, 99

① 폭군   ② 게으름
③ 폭력   ④ 백수

31

부활, 문화, 그리스·로마

① 바로크   ② 르네상스
③ 로코코   ④ 시누아즈리

32

김치, 찬 음식, 명절

① 동치미   ② 설
③ 한식   ④ 단오

※ 〈보기〉의 사자성어에 해당하는 풀이를 고르시오. [33~36]

> **보기**
> ① 一擧兩得(일거양득)
> ② 長幼有序(장유유서)
> ③ 吟風弄月(음풍능월)
> ④ 望雲之情(망운지정)

33

어른과 아이는 순서가 있어야 함

①   ②
③   ④

34

타향에서 고향에 계신 부모를 생각함

①   ②
③   ④

35

한 가지 일로 두 가지 이익을 얻음

①   ②
③   ④

36

시를 짓고 흥취를 자아내며 즐김

①   ②
③   ④

※ 〈보기〉의 사자성어에 해당하는 풀이를 고르시오. [37~40]

보기
① 不問曲直(불문곡직)
② 切磋琢磨(절차탁마)
③ 伯仲之勢(백중지세)
④ 拔本塞源(발본색원)

37

옳고 그른 것을 묻지도 아니하고 함부로 마구함

①   ②
③   ④

38

학문·도덕·기예 등을 열심히 닦음을 말함

①   ②
③   ④

39

폐단이 되는 근원을 아주 뽑아 버림

①   ②
③   ④

40

서로 우열을 가리기 힘든 형세

①   ②
③   ④

☑ 응시시간 : 45분   ☑ 문항 수 : 120문항   정답 및 해설 p.072

01   수리능력검사

※ 다음 식을 계산한 값으로 옳은 것을 고르시오. [1~10]

01

$$520 \div 5 + 108$$

① 210   ② 211
③ 212   ④ 213

02

$$10^2 \times 10^3 \times 10^4$$

① 10^6 ② 10^7
③ 10^8 ④ 10^9

03

$$0.215 \times 2 \times 2^2$$

① 1.42   ② 1.52
③ 1.62   ④ 1.72

04

$$88 \div 4 + 27.5$$

① 48.5   ② 49.5
③ 50.5   ④ 51.5

05

$$32 \times \frac{4,096}{256} - 26 \times \frac{361}{19}$$

① 18   ② 22
③ 18.4   ④ 22.4

06

$$81 \div 9 \div 3 - 12$$

① −10   ② −9
③ −8   ④ −7

07

$$7,743 \div 87 \times 78 + 87$$

① 7,029   ② 7,129
③ 7,229   ④ 7,329

08

$$0.35 \times 3.12 - 0.5 \div 4$$

① 0.891   ② 0.927
③ 0.967   ④ 0.823

09

$$(0.9371 - 0.3823) \times 25$$

① 13.24   ② 13.49
③ 13.87   ④ 14.62

10

$$4.7+22\times5.4-2$$

① 121.5   ② 120

③ 132.4   ④ 136

11 A, B, C 세 문제가 있다. 한 학생이 세 문제를 맞힐 확률은 각각 $\dfrac{5}{6}$, $\dfrac{1}{2}$, $\dfrac{1}{4}$ 이다. 이때 세 문제를 모두 풀어서 한 문제 이상 맞힐 확률은?

① $\dfrac{1}{24}$ ② $\dfrac{5}{24}$

③ $\dfrac{7}{16}$ ④ $\dfrac{15}{16}$

12 A사원은 집에서 오전 8시에 출발하여 자동차를 타고 회사로 출근하였다. 60km/h의 속력으로 달려 30분 후에 회사에 도착했을 때, A사원의 집에서 회사까지의 거리는?

① 30km   ② 35km

③ 40km   ④ 45km

13 소금 30g을 몇 g의 물에 넣어야 농도 20%의 소금물이 되는가?

① 80g   ② 100g

③ 120g   ④ 140g

14 주부 A씨는 소고기 100g당 4,000원인 부위 500g과 돼지고기 100g당 1,700원인 부위 xg을 구매하였더니 총금액이 28,500원이 되었다. 구매한 돼지고기의 양은?

① 200g   ② 300g

③ 400g   ④ 500g

15 10km를 달리는 시합에서 출발 후 1시간 이내에 결승선을 통과해야 기념품을 받을 수 있다. 출발 후 처음 12분을 8km/h의 속력으로 달렸다면, 남은 거리를 적어도 얼마의 평균 속력으로 달려야 기념품을 받을 수 있는가?

① 10.5km/h   ② 11km/h

③ 11.5km/h   ④ 12km/h

16 O씨는 행사용으로 제작한 달력을 준비된 상자에 포장하여 거래처로 배송하려 한다. 상자 하나당 4개의 달력을 넣으면 마지막 상자에는 2개의 달력이 들어가고, 상자 하나당 10개의 달력을 넣으면 2개의 상자가 남는다. 다음 중 O씨가 준비한 상자의 개수는?

① 2개   ② 3개

③ 5개   ④ 8개

17 주머니에 1부터 40까지의 자연수가 하나씩 적힌 40개의 공이 들어 있다. 이 주머니에서 공을 1개 꺼냈을 때, 꺼낸 공에 적힌 수가 40의 약수 또는 3의 배수인 경우의 수는?

① 15가지   ② 17가지

③ 19가지   ④ 21가지

18 S고등학교에서 모의고사를 실시하여 학생들의 평균점수를 조사하였다. 우수상을 받은 학생들의 평균점수는 85점이고, 나머지 학생들의 평균점수는 60점이었다. 우수상을 받은 학생들이 전체의 10%를 차지한다고 할 때, S고등학교의 전체 평균점수는?

① 62점   ② 62.5점

③ 63점   ④ 63.5점

19 현재 아버지의 나이는 45세이고, 아들의 나이는 13세이다. 아버지의 나이가 아들의 나이의 3배가 되는 것은 몇 년 후인가?

① 1년 후   ② 2년 후

③ 3년 후   ④ 4년 후

20 S대학 교양 수업을 수강 신청한 남학생과 여학생의 비율은 5 : 4였다. 수강 정정을 통해 몇 명의 남학생이 들어와서 남녀 비율이 3 : 2, 전체 학생은 60명이 되었다. 수강 정정한 학생의 수는?

① 3명　　　　　　　　　　　　　② 4명

③ 5명　　　　　　　　　　　　　④ 6명

21 민지, 용수, 현주가 일렬로 줄을 설 때 양 끝에 민지와 현주가 서게 될 확률은?

① $\dfrac{1}{6}$　　　　　　　　　　　　② $\dfrac{1}{5}$

③ $\dfrac{1}{4}$　　　　　　　　　　　　④ $\dfrac{1}{3}$

22 S사는 창립일을 맞이하여 초대장을 준비하려고 한다. VIP 초대장을 완성하는 데 혼자서 만들 경우 A대리는 6일, B사원은 12일이 걸린다. A대리와 B사원이 함께 VIP 초대장을 만들 경우, 완료할 때까지 며칠이 걸리는가?

① 4일　　　　　　　　　　　　　② 3일

③ 2일　　　　　　　　　　　　　④ 1일

23 같은 공원에서 A는 강아지와 함께 2일에 1번 산책을 하고, B는 혼자 3일마다 산책을 한다. A는 월요일에 산책을 했고, B는 다음 날에 산책했다면, 처음으로 A와 B가 만나는 날은?

① 수요일　　　　　　　　　　　② 목요일

③ 금요일　　　　　　　　　　　④ 토요일

24 아버지인 갑은 현재 현금 자산으로 5억 원을 가지고 있으며 별다른 소득이 없다. 반면, 자식 을과 병은 각각 4천만 원, 2억 원을 가지고 있으며 연봉은 각각 7천만 원, 6천만 원이다. 둘 중 어느 자녀가 먼저 아버지의 현금 자산 이상이 되며, 그 시기는 언제인가?(단, 1년 단위로 계산하며 연봉은 모두 저축한다)

① 을, 6년 후   ② 병, 5년 후
③ 을, 7년 후   ④ 병, 6년 후

25 A와 B는 모두 두 자리 자연수이고 일의 자리 숫자는 같으며 십의 자리 숫자는 A가 B보다 1만큼 작을 때, A+B의 최댓값은?

① 182   ② 184
③ 186   ④ 188

26 경현이는 취업준비를 위해 6번의 영어 시험을 치렀다. 경현이의 영어 성적 분포가 다음과 같을 때, 전체 평균보다 점수가 높았던 적은 몇 번인가?

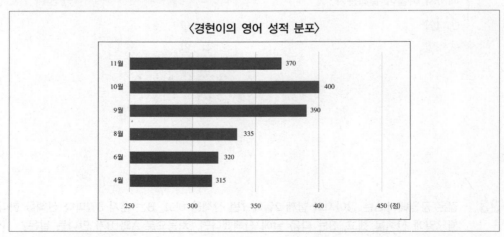

① 2번   ② 3번
③ 4번   ④ 5번

27 S사 연구실의 K연구원은 명절 KTX 이용자들의 소비심리를 연구하기 위해 4인 가족(어른 2명, 아동 2명)을 기준으로 귀성길 교통수단별 비용을 작성하였다. 이에 대한 K연구원의 분석으로 옳지 않은 것은?

〈4인 가족 귀성길 교통수단별 비용〉

(단위 : 원)

통행료 \ 교통수단	경차	중형차	고속버스	KTX
어른요금(2명)	45,600	74,600	68,400	114,600
아동요금(2명)	12,500	25,100	34,200	57,200

※ 경차의 경우 4인 가족 승차 시 아동요금에서 30% 할인됨
※ 중형차의 경우 4인 가족 승차 시 아동요금에서 20% 할인됨
※ 고속버스의 경우 4인 가족 승차 시 전체요금에서 20% 할인됨
※ KTX의 경우 4인 가족 승차 시 전체요금에서 30% 할인됨

① 4인 가족이 중형차를 이용할 경우 94,680원의 비용이 든다.
② 4인 가족의 경우 KTX를 이용할 때 가장 비용이 많이 든다.
③ 4인 가족이 고속버스를 이용하는 것이 중형차를 이용하는 것보다 더 저렴하다.
④ 4인 가족의 경우 중형차를 이용하는 것이 세 번째로 비용이 많이 든다.

28 다음은 A ~ C 3명의 신장과 체중을 비교한 자료이다. 이에 대한 설명으로 옳은 것은?

〈A ~ C 3명의 신장 · 체중 비교표〉

(단위 : cm, kg)

구분	2018년		2021년		2024년	
	신장	체중	신장	체중	신장	체중
A	136	41	152	47	158	52
B	142	45	155	51	163	49
C	138	42	153	48	166	55

① 3명 모두 신장과 체중은 계속 증가하였다.
② 3명의 연도별 신장 순위와 체중 순위는 동일하다.
③ 2024년에 B는 3명 중 가장 키가 크다.
④ 2018년 대비 2024년 신장이 가장 많이 증가한 사람은 C이다.

29 다음은 2020년부터 2024년까지의 학교 수 현황에 대한 그래프이다. 다음 〈보기〉의 설명 중 옳은 것을 모두 고르면?

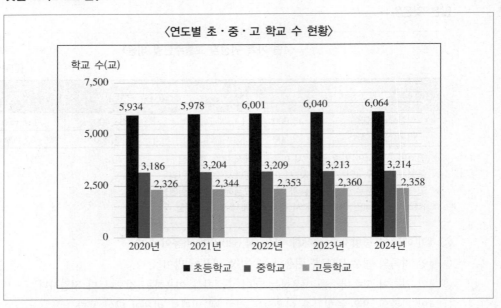

〈연도별 초·중·고 학교 수 현황〉

보기

ㄱ. 2021년부터 2024년까지 전년 대비 증감추이는 초등학교 수와 고등학교 수가 동일하다.
ㄴ. 2020년부터 2024년까지 초등학교 수와 중학교 수의 차이가 가장 큰 해는 2023년이다.
ㄷ. 초·중·고등학교 수의 총합은 2022년 대비 2024년에 증가하였다.

① ㄱ   ② ㄷ
③ ㄱ, ㄴ   ④ ㄴ, ㄷ

30 다음은 S국의 인구 수 및 군 입대율에 대한 자료이다. 2024년과 2023년 입대자 수의 차는?(단, 인구 수의 만 단위 미만은 버림한다)

〈인구 수 및 군 입대율〉

(단위 : 명, %)

구분	2020년	2021년	2022년	2023년	2024년
인구 수	4,994만	5,012만	4,981만	5,117만	5,294만
입대율	24%	28%	26%	27%	29%

① 88만 명   ② 112만 명
③ 154만 명   ④ 189만 명

31 다음은 1,000명을 대상으로 주요 젖병회사 브랜드인 D사, G사, U사의 판매율을 조사한 자료이다. 이에 대한 설명으로 옳지 않은 것은?

<연도별 · 젖병회사별 판매율>

(단위 : %)

구분	2020년	2021년	2022년	2023년	2024년
D사	52	55	61	58	69
G사	14	19	21	18	20
U사	34	26	18	24	11

① D사와 G사의 판매율 증감추이는 동일하다.
② D사와 G사의 판매율이 가장 높은 연도는 동일하다.
③ D사의 판매율이 가장 높은 연도는 U사의 판매율이 가장 낮은 연도와 동일하다.
④ G사의 판매율이 가장 낮은 연도는 U사의 판매율이 가장 높은 연도와 동일하다.

32 다음은 2022 ~ 2024년 동안 4개 국가의 관광 수입 및 지출을 나타낸 표이다. 2023년 관광수입이 가장 많은 국가와 가장 적은 국가의 2024년 관광지출 대비 관광수입 비율의 차이는?(단, 소수점 둘째 자리에서 반올림한다)

<국가별 관광 수입 및 지출>

(단위 : 백만 달러)

구분	관광수입			관광지출		
	2022년	2023년	2024년	2022년	2023년	2024년
한국	15,214	17,300	13,400	25,300	27,200	30,600
중국	44,969	44,400	32,600	249,800	250,100	257,700
홍콩	36,150	32,800	33,300	23,100	24,100	25,400
인도	21,013	22,400	27,400	14,800	16,400	18,400

① 25.0%p
② 27.5%p
③ 28.3%p
④ 31.1%p

※ 다음은 S사 직원 1,200명을 대상으로 통근현황을 조사한 자료이다. 이어지는 질문에 답하시오. [33~34]

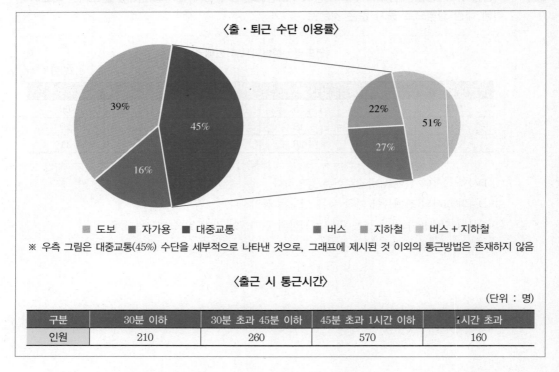

〈출 · 퇴근 수단 이용률〉

■ 도보 ■ 자가용 ■ 대중교통   ■ 버스 ■ 지하철 ■ 버스 + 지하철
※ 우측 그림은 대중교통(45%) 수단을 세부적으로 나타낸 것으로, 그래프에 제시된 것 이외의 통근방법은 존재하지 않음

〈출근 시 통근시간〉

(단위 : 명)

구분	30분 이하	30분 초과 45분 이하	45분 초과 1시간 이하	1시간 초과
인원	210	260	570	160

33 다음 중 자료에 대한 해석으로 옳지 않은 것은?(단, 소수점 첫째 자리에서 반올림한다)

① 통근시간이 30분 이하인 직원은 전체의 17.5%이다.

② 대중교통을 이용하는 인원 모두 통근시간이 45분을 초과하고, 그중 $\frac{1}{4}$ 의 통근시간이 60분을 초과할 때, 이들은 60분 초과 인원의 80% 이상을 차지한다.

③ 버스와 지하철을 모두 이용하는 직원 수는 도보를 이용하는 직원 수보다 174명 적다.

④ 통근시간이 45분 이하인 직원은 1시간 초과인 직원의 3.5배 미만이다.

34 도보 또는 버스만 이용하는 직원 중 25%의 통근시간이 30분 초과 45분 이하이다. 통근시간이 30분 초과 45분 이하인 인원에서 도보 또는 버스만 이용하는 직원 외에는 모두 자가용을 이용한다고 할 때, 이 인원이 자가용으로 출근하는 전체 인원에서 차지하는 비중은?(단, 비율은 소수점 첫째 자리에서 반올림한다)

① 55%
② 67%
③ 74%
④ 80%

※ 다음 표는 주부들을 대상으로 주5일 근무제 실시 이전의 가정의 소득 및 소비 변화에 대한 설문조사 결과이며, 그래프는 실제 주5일 근무제 시행 후 가계의 소득 변화가 있었는지에 대한 설문 결과이다. 이어지는 질문에 답하시오. [35~36]

〈주5일 근무제에 따른 가정의 소득과 소비 변화 예측〉

(단위 : 명)

구분	전혀 그렇지 않음	대체로 그렇지 않음	보통	대체로 그렇다	매우 그렇다
주5일 근무제가 시행되어서 가정의 소득이 줄어들 것 같다.	8	21	70	56	12
주5일 근무제가 시행된 후 부족한 소득 보충을 위해 다른 일을 찾아야 할 것이다.	40	65	33	23	8
소득이 줄더라도 주5일 근무제의 실시를 찬성한다.	8	7	22	56	76
주5일 근무제가 시행되어서 가정의 소비가 늘어날 것이다.	2	9	27	114	17

〈주5일 근무제 시행 후 가계의 소득 변화〉

(단위 : 명)

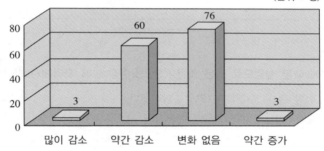

35 주5일 근무제 실시 이후 가정의 소득이 줄어들 것이라고 생각한 주부는 전체의 몇 %인가?(단, 소수점 첫째 자리에서 반올림한다)

① 35%   ② 41%

③ 45%   ④ 50%

36 주5일 근무제 시행 이후 소득의 변화가 없다고 대답한 주부는 전체의 몇 %인가?(단, 소수점 둘째 자리에서 반올림한다)

① 45.8%   ② 48.6%

③ 53.5%   ④ 58.1%

※ 다음은 S사의 정규직 직원 현황 자료이다. 이어지는 질문에 답하시오. [37~38]

〈보수 현황〉

(단위 : 천 원)

구분		2020년	2021년	2022년	2023년	2024년
기본급		52,600	53,800	53,600	53,700	63,500
고정수당		4,600	4,500	3,400	3,200	4,100
실적수당		1,500	1,600	2,300	2,100	1,800
복리후생비		310	270	240	230	1,000
상여금		17,000	15,000	17,000	18,000	10,000
1인당 평균 보수액	남성	–	77,000	81,000	83,000	86,000
	여성	–	54,000	56,000	58,000	60,000

〈종업원 현황〉

(단위 : 명, 월)

구분		2020년	2021년	2022년	2023년	2024년
상시 종업원 수	남성	–	5,000	5,200	5,200	5,600
	여성	–	1,000	1,200	1,300	1,400
평균근속연수		220	224	212	208	211

37 다음 중 자료에 대한 설명으로 옳은 것은?(단, 소수점 둘째 자리에서 반올림한다)

① 기본급과 1인당 평균 보수액은 매년 증가하였다.
② 고정수당, 실적수당, 상여금의 합과 기본급의 차이는 2023년이 2020년보다 크다.
③ 1인당 평균 보수액의 2021년 대비 2024년 증가율은 여성이 남성보다 크다.
④ 2021~2024년 동안 전년 대비 평균근속연수의 증감추이는 상여금의 증감추이와 같다.

38 2025년에는 전년에 비해 기본급이 5% 올랐고, 고정수당, 실적수당, 상여금은 모두 1% 감소했다. 2025년과 비교했을 때 기본급과 고정수당, 실적수당, 상여금 총합의 차이가 가장 적은 해는?

① 2021년 ② 2022년
③ 2023년 ④ 2024년

※ 다음은 서울특별시의 직종별 구인·구직·취업 현황이다. 이어지는 질문에 답하시오. [39~40]

〈서울특별시 구인·구직·취업 현황〉

(단위 : 명)

구분	구인	구직	취업
관리직	993	2,951	614
경영·회계·사무 관련 전문직	6,283	14,350	3,400
금융보험 관련직	637	607	131
교육 및 자연과학·사회과학 연구 관련직	177	1,425	127
법률·경찰·소방·교도 관련직	37	226	59
보건·의료 관련직	688	2,061	497
사회복지 및 종교 관련직	371	1,680	292
문화·예술·디자인·방송 관련직	1,033	3,348	741
운전 및 운송 관련직	793	2,369	634
영업원 및 판매 관련직	2,886	3,083	733
경비 및 청소 관련직	3,574	9,752	1,798
미용·숙박·여행·오락·스포츠 관련직	259	1,283	289
음식서비스 관련직	1,696	2,936	458
건설 관련직	3,659	4,825	656
기계 관련직	742	1,110	345

39 관리직의 구직 대비 구인률과 음식서비스 관련직의 구직 대비 취업률의 차이는?(단, 소수점 첫째 자리에서 반올림한다)

① 9%p
② 12%p
③ 15%p
④ 18%p

40 다음 중 자료에 대한 설명으로 옳지 않은 것은?(단, 소수점 둘째 자리에서 반올림한다)

① 구직 대비 취업률이 가장 높은 직종은 기계 관련직이다.
② 취업자 수가 구인자 수를 초과한 직종도 있다.
③ 구인자 수가 구직자 수를 초과한 직종은 한 가지이다.
④ 영업원 및 판매 관련직의 구직 대비 취업률은 25% 이상이다.

※ 제시문 A를 읽고 제시문 B가 참인지 거짓인지 혹은 알 수 없는지 고르시오. [1~7]

01

[제시문 A]
• 흥민, 성용, 현우, 영권, 우영이가 수영 시합을 하였다.
• 성용이는 흥민이보다 늦게, 영권이보다 빨리 들어왔다.
• 현우는 성용이보다 늦게 들어왔지만 5등은 아니었다.
• 우영이는 흥민이보다 먼저 들어왔다.

[제시문 B]
우영이가 1등이다.

① 참   ② 거짓   ③ 알 수 없음

02

[제시문 A]
• 비가 오면 우산을 챙긴다.
• 눈이 오면 우산을 챙기지 않는다.
• 내일 강수 확률은 40%이다.
• 내일 기온이 영하일 확률은 80%이다.
• 강수가 있을 때 기온이 영상이면 비가 오고, 기온이 영하이면 눈이 온다.

[제시문 B]
내일 우산을 챙길 확률은 40%이다.

① 참   ② 거짓   ③ 알 수 없음

03

[제시문 A]
• 지혜롭고 욕심이 큰 사람은 청렴을 택한다.
• 청렴을 택하지 않는 사람은 탐욕을 택한다.

[제시문 B]
탐욕을 택하지 않는 사람은 청렴을 택하지 않는다.

① 참   ② 거짓   ③ 알 수 없음

04

[제시문 A]
• 피로가 쌓이면 휴식을 취한다.
• 마음이 안정되지 않으면 휴식을 취하지 않는다.
• 피로가 쌓이지 않으면 모든 연락을 끊지 않는다.

[제시문 B]
모든 연락을 끊으면 마음이 안정된다.

① 참   ② 거짓   ③ 알 수 없음

05

[제시문 A]
• 오이보다 토마토가 더 비싸다.
• 토마토보다 참외가 더 비싸다.
• 파프리카가 가장 비싸다.

[제시문 B]
참외가 두 번째로 비싸다.

① 참   ② 거짓   ③ 알 수 없음

06

[제시문 A]
• 단거리 경주에 출전한 사람은 장거리 경주에 출전한다.
• 장거리 경주에 출전한 사람은 농구 경기에 출전하지 않는다.
• 농구 경기에 출전한 사람은 배구 경기에 출전한다.

[제시문 B]
농구 경기에 출전한 사람은 단거리 경주에 출전하지 않는다.

① 참   ② 거짓   ③ 알 수 없음

PART 3

07

[제시문 A]
- 김사원은 이대리보다 30분 먼저 퇴근했다.
- 박주임은 김사원보다 20분 늦게 퇴근했다.
- 최부장은 이대리보다 10분 먼저 퇴근했다.
- 임차장은 김사원보다 먼저 퇴근했다.

[제시문 B]
임차장은 이대리가 퇴근하기 20분 전에 퇴근하였다.

① 참   ② 거짓   ③ 알 수 없음

※ 다음 제시문을 읽고 각 문제의 명제가 항상 참이면 ①, 거짓이면 ②, 알 수 없으면 ③을 고르시오. [8~10]

- K대학의 평균 입학점수는 95점이다.
- K대학의 평균 입학점수는 L대학보다 15점 높다.
- Y대학의 평균 입학점수는 K대학보다 낮고 L대학보다 높다.
- A대학의 평균 입학점수는 89점이다.

08 Y대학의 평균 입학점수가 A대학의 평균 입학점수보다 높다.

① 참   ② 거짓   ③ 알 수 없음

09 K, Y, A, L대학 중 L대학의 평균 입학점수가 가장 낮다.

① 참   ② 거짓   ③ 알 수 없음

10 Y대학의 평균 입학점수는 80점 이상이다.

① 참   ② 거짓   ③ 알 수 없음

※ 일정한 규칙으로 수 또는 문자를 나열할 때, 빈칸 안에 들어갈 알맞은 수 또는 문자를 고르시오.
[11~32]

11

| 2 3 4 6 6 9 8 12 ( ) |

① 8 ② 10
③ 12 ④ 14

12

| 243 81 27 9 3 1 ( ) |

① $\dfrac{1}{6}$ ② 3
③ $\dfrac{1}{3}$ ④ 1

13

| 2 8 14 20 ( ) 32 38 |

① 20 ② 22
③ 24 ④ 26

14

| 2 3 6 3 4 12 ( ) 2 14 |

① 5 ② 7
③ 10 ④ 12

15

$$\frac{1}{3} \quad \frac{2}{3} \quad \frac{2}{6} \quad \frac{5}{12} \quad \frac{11}{60} \quad (\quad)$$

① $\dfrac{59}{360}$

② $\dfrac{34}{480}$

③ $\dfrac{59}{660}$

④ $\dfrac{62}{720}$

16

$$\frac{1}{6} \quad \frac{1}{3} \quad -\frac{1}{2} \quad \frac{7}{6} \quad -\frac{5}{2} \quad 2 \quad (\quad) \quad \frac{17}{6}$$

① $\dfrac{13}{2}$

② $-\dfrac{13}{2}$

③ $\dfrac{17}{2}$

④ $-\dfrac{17}{2}$

17

$$0.8 \quad 2.0 \quad 1.0 \quad 2.2 \quad 1.1 \quad (\quad) \quad 1.15$$

① 2.0

② 2.3

③ 2.6

④ 2.9

18

$$\underline{11 \quad 19 \quad 8} \quad \underline{-14 \quad (\quad) \quad 16} \quad \underline{-3 \quad 8 \quad 11}$$

① 2

② 8

③ 12

④ 18

19

$$\underline{2 \quad 2 \quad 8} \quad \underline{-1 \quad 3 \quad 4} \quad \underline{2 \quad 3 \quad 10} \quad \underline{2 \quad 4 \quad (\quad)}$$

① 10   ② 11

③ 12   ④ 13

20

$$\underline{13 \quad 76 \quad 63} \quad \underline{-80 \quad -110 \quad -30} \quad \underline{-27 \quad (\quad) \quad 23}$$

① -14 ② -4

③ 4   ④ 14

21

$$\underline{5 \quad 6 \quad 13} \quad \underline{\frac{3}{2} \quad \frac{3}{2} \quad 3} \quad \underline{12 \quad (\quad) \quad -1}$$

① 4   ② $\frac{11}{3}$

③ $\frac{10}{3}$ ④ 3

22

B D H N ( )

① E   ② R
③ V   ④ X

23

A D I P ( )

① Q   ② S
③ Y   ④ Z

24

ㅈ ㅎ ㅇ ㅍ ㅅ ( )

① ㅋ   ② ㅌ
③ ㅍ   ④ ㅎ

25

ㄱ ㄷ ㄹ ㅅ ( ) ㄹ

① ㅋ   ② ㄱ
③ ㅅ   ④ ㅌ

26

휴 유 츄 츄 뷰 튜 뉴 ( )

① 큐   ② 슈
③ 듀   ④ 휴

27

PART 3

b g e j ( ) m k p

① h   ② i
③ l   ④ n

28

S ㅎ ＋ G ㅁ ( )

① 一   ② 二
③ 三   ④ 四

29

c A ( ) D g P

① b   ② c
③ d   ④ e

30

B B C B D F D L ( )

① M   ② N
③ O   ④ P

31

ㅎ ㄷ ( ) ㅂ ㄴ ㅌ

① B   ② D
③ J   ④ I

32

a R c F e ( )

① B   ② D
③ F   ④ H

※ 다음은 보조배터리를 생산하는 S사의 시리얼 번호에 대한 자료이다. 이어지는 질문에 답하시오. **[33~34]**

〈시리얼 번호 부여 방식〉

시리얼 번호는 [제품분류]-[배터리형태][배터리용량][최대 출력]-[고속충전 규격]-[생산날짜] 순으로 부여한다.

〈시리얼 번호 세부사항〉

제품분류	배터리형태	배터리용량	최대 출력
NBP : 일반형 보조배터리 CBP : 케이스 보조배터리 PBP : 설치형 보조배터리	LC : 유선 분리형 LO : 유선 일체형 DK : 도킹형 WL : 무선형 LW : 유선+무선	4 : 40,000mAH 이상 3 : 30,000mAH 이상 2 : 20,000mAH 이상 1 : 10,000mAH 이상	A : 100W 이상 B : 60W 이상 C : 30W 이상 D : 20W 이상 E : 10W 이상
고속충전 규격	생산날짜		
P31 : USB-PD3.1 P30 : USB-PD3.0 P20 : USB-PD2.0	B3 : 2023년 B2 : 2022년 … A1 : 2011년	1 : 1월 2 : 2월 … 0 : 10월 A : 11월 B : 12월	01 : 1일 02 : 2일 … 30 : 30일 31 : 31일

33 다음 〈보기〉 중 시리얼 번호가 잘못 부여된 것의 개수는?

> **보기**
>
> - NBP−LC4A−P20−B2102
> - CBP−WK4A−P31−B0803
> - NBP−LC3B−P31−B3230
> - CNP−LW4E−P20−A7A29
> - PBP−WL3D−P31−B0515
> - CBP−LO3E−P30−A9002
> - PBP−DK1E−P21−A8B12
> - PBP−DK2D−P30−B0331
> - NBP−LO3B−P31−B2203
> - CBP−LC4A−P31−B3104

① 2개   ② 3개
③ 4개   ④ 5개

34 S사 고객지원팀에 재직중인 K주임은 보조배터리를 구매한 고객으로부터 다음과 같이 전화를 받았다. 해당 제품을 회사 데이터베이스에서 검색하기 위해 시리얼 번호를 입력할 때, 고객이 문의한 제품의 시리얼 번호로 옳은 것은?

> K주임 : 안녕하세요. S사 고객지원팀 K입니다. 무엇을 도와드릴까요?
> 고객 : 안녕하세요. 지난번에 구매한 보조배터리가 작동을 하지 않아서요.
> K주임 : 네, 고객님. 해당 제품 확인을 위해 시리얼 번호를 알려주시기 바랍니다.
> 고객 : 제품을 들고 다니면서 시리얼번호가 적혀 있는 부분이 지워졌네요. 어떻게 하면 되죠?
> K주임 : 고객님 혹시 구매하셨을 때 동봉된 제품설명서 가지고 계실까요?
> 고객 : 네, 가지고 있어요.
> K주임 : 제품설명서 맨 뒤에 제품정보가 적혀있는데요. 순서대로 불러주시기 바랍니다.
> 고객 : 설치형 보조배터리에 70W, 24,000mAH의 도킹형 배터리이고, 규격은 USB−PD3.0, 생산
>   날짜는 2022년 10월 12일이네요.
> K주임 : 확인 감사합니다. 고객님 잠시만 기다려 주세요.

① PBP−DK2B−P30−B1012   ② PBP−DK2B−P30−B2012
③ PBP−DK3B−P30−B1012   ④ PBP−DK3B−P30−B2012

※ 다음은 감염병 확진자의 환자번호에 대한 자료이다. 이어지는 질문에 답하시오. [35~37]

- 환자번호의 주된 목적은 증상별 치료의 구분을 위한 것으로 환자번호가 중복하여 생성될 수 있다.
- 환자번호 구성(9자리)

감염 구분	확진 지역	바이러스 구분	환자 나이	증상 정도	증상 내용
A	BB	C	D	E	FFF

감염 구분	확진 지역		바이러스 구분
I : 국내발생 O : 해외유입	01 : 서울 02 : 인천 03 : 경기 04 : 세종 05 : 대전 06 : 강원 07 : 충청	08 : 경상 09 : 대구 10 : 전라 11 : 광주 12 : 부산 13 : 울산 14 : 제주	* 염기서열 기준 분류 1 : S그룹 2 : V그룹 3 : G그룹 4 : L그룹

환자 나이	증상 정도	증상 내용
B : 10대 미만 K : 10대 A : 20 ~ 30대 F : 40 ~ 50대 S : 60대 이상	N : 경증 D : 중등도 L : 중증 X : 최중증	000 : 기침 001 : 발열 010 : 기침·발열 011 : 기침·발열·호흡곤란 111 : 발열·폐렴

※ 폐렴은 최중증에만 나타남

35 환자번호가 다음과 같을 때 환자번호에 대한 설명으로 옳은 것은?

I023KN000

① 국내감염인지 해외감염인지의 여부는 위 정보로 알 수 없다.
② 서울에서 확진 판정을 받았다.
③ 환자의 바이러스가 어떤 종류인지에 대한 검사 결과는 나오지 않았다.
④ 경증환자로 아직까지는 생명에 위험이 없을 것으로 보인다.

36 확진자 갑에 대한 다음 정보를 바탕으로 기록해야 할 환자번호로 옳은 것은?

〈환자 진찰 내용〉

유학 중 감염병 위험으로 인해 해외에서 귀국해 온 27세 갑은 비행 도중 기침과 발열 증상을 보였고, 국가 지침에 따라 주민등록상 거주지인 대구에서 검사를 받았다. 검사결과 S그룹 감염으로 판정되었으며, 증상정도에 따라 중등도로 분류되었다.

① O091AD010   ② O091AD011

③ O091AL010   ④ I091AD010

PART 3

37 다음 확진자 환자번호 중 옳지 않은 것을 모두 고르면?

ㄱ. I002AN000   ㄴ. O031AD010
ㄷ. O124FN111   ㄹ. I143KL011
ㅁ. O024FN001

① ㄱ, ㄴ   ② ㄱ, ㄷ

③ ㄷ, ㅁ   ④ ㄱ, ㄷ, ㅁ

※ 다음은 블랙박스 시리얼 번호 체계에 대한 자료이다. 이어지는 질문에 답하시오. [38~40]

〈블랙박스 시리얼 번호 체계〉

개발사		제품		메모리 용량		제조연월				일련번호	PCB버전
값	의미	값	의미	값	의미	값	의미	값	의미	값	값
A	아리스	BD	블랙박스	1	4GB	A	2012년	1~9	1~9월	00001	1
S	성진	BL	LCD 블랙박스	2	8GB	B	2013년	O	10월	00002	2
B	백경	BP	IPS 블랙박스	3	16GB	C	2014년	N	11월	…	3
C	천호	BE	LED 블랙박스	4	32GB	D	2015년	D	12월	09999	
M	미강테크					E	2016년				

※ 예시 : ABD2B6000101 → 아리스 블랙박스, 8GB, 2013년 6월 생산, 10번째 모델, PCB 1번째 버전

〈A/S 접수 현황〉

분류1	분류2	분류3	분류4
ABD1A2001092	MBE2E3001243	SBP3CD012083	ABD4B3007042
BBD1DD000132	MBP2CO120202	CBE3C4000643	SBE4D5101483
SBD1D9000082	ABE2D0001063	BBD3B6000761	MBP4C6000263
ABE1C6100121	CBL2C3010213	ABP3D8010063	BBE4DN020473
CBP1C6001202	SBD2B9001501	CBL3S8005402	BBL4C5020163
CBL1BN000192	SBP2C5000843	SBD3B1004803	CBP4D6100023
MBD1A2012081	BBL2BO010012	MBE3E4010803	SBE4E4001613
MBE1DB001403	CBD2B3000183	MBL3C1010203	ABE4DO010843

38 A/S가 접수되면 수리를 위해 각 제품을 해당 제조사로 전달한다. 그런데 제품 시리얼 번호를 확인하는 과정에서 조회되지 않는 번호가 있는 것을 발견했다. 잘못 기록된 시리얼 번호의 개수는?

① 6개　　　　　　　　　　　　　② 7개
③ 8개　　　　　　　　　　　　　④ 9개

39 A/S가 접수된 제품 중 2012 ~ 2013년도에 생산된 것에 대해 무상으로 블루투스 기능을 추가해주는 이벤트를 진행하고 있다. A/S접수가 된 블랙박스 중에서 이벤트에 해당하는 제품의 개수는? (단, A/S가 접수된 시리얼 번호 중 제조연도가 잘못 기록된 제품은 제외한다)

① 6개　　　　　　　　　　　　　② 7개
③ 8개　　　　　　　　　　　　　④ 9개

40 당사의 제품을 구매한 고객이 A/S를 접수하면 상담원은 제품 시리얼 번호를 확인하여 기록하고 있다. 제품 시리얼 번호는 특정 기준에 의해 분류하여 기록하고 있는데, 다음 중 그 기준은?

① 개발사　　　　　　　　　　　　② 제품
③ 메모리 용량　　　　　　　　　　④ 제조연월

※ 다음과 같은 모양을 만드는 데 사용된 블록의 개수를 고르시오(단, 보이지 않는 곳의 블록은 있다고 가정한다). [1~8]

01

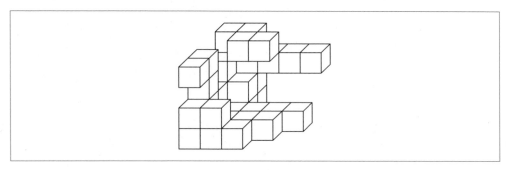

① 32개   ② 33개

③ 35개   ④ 37개

02

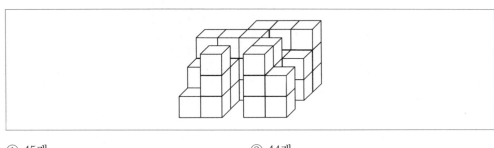

① 45개   ② 44개

③ 43개   ④ 42개

03

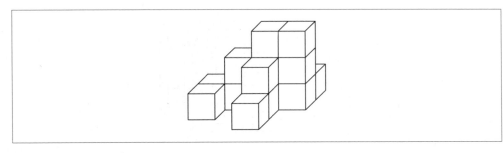

① 17개   ② 18개

③ 19개   ④ 20개

04

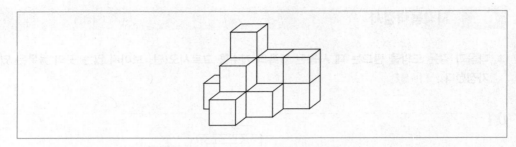

① 11개   ② 12개
③ 13개   ④ 14개

05

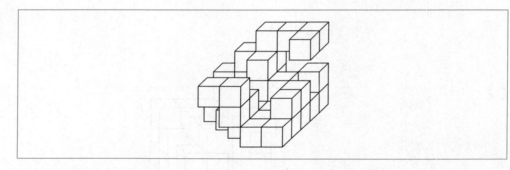

① 35개   ② 36개
③ 37개   ④ 38개

06

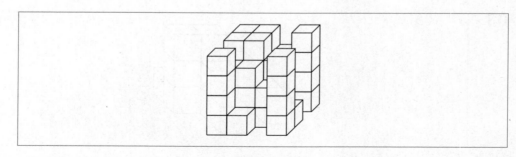

① 44개   ② 43개
③ 42개   ④ 41개

07

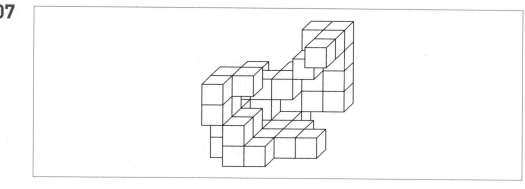

① 41개   ② 44개
③ 46개   ④ 47개

08

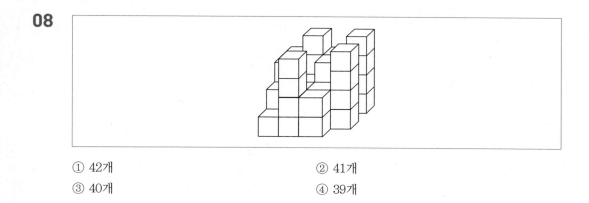

① 42개   ② 41개
③ 40개   ④ 39개

※ 다음과 같이 쌓여진 블록의 면의 개수를 구하시오(단, 밑면은 제외한다). [9~15]

09

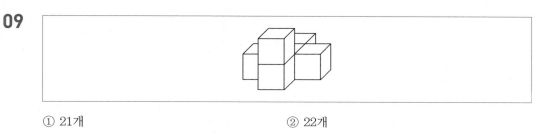

① 21개   ② 22개
③ 23개   ④ 24개

10

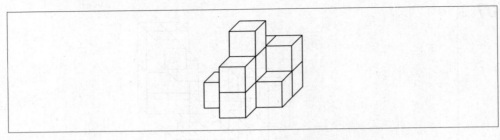

① 30개   ② 31개

③ 32개   ④ 33개

11

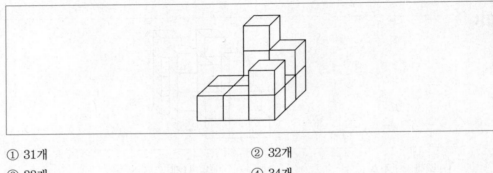

① 31개   ② 32개

③ 33개   ④ 34개

12

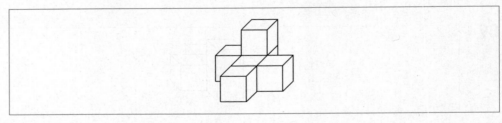

① 20개   ② 21개

③ 22개   ④ 23개

13

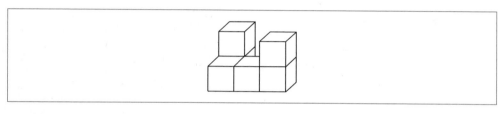

① 22개　　　　　　　　② 23개
③ 24개　　　　　　　　④ 25개

14

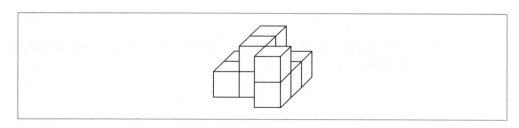

① 22개　　　　　　　　② 23개
③ 24개　　　　　　　　④ 25개

15

① 26개　　　　　　　　② 27개
③ 28개　　　　　　　　④ 29개

16 다음 제시된 문자를 오름차순으로 나열하였을 때 4번째에 오는 문자는?

T E D R V N

① E   ② R
③ V   ④ N

17 다음 제시된 문자나 수를 오름차순으로 나열하였을 때 1번째에 오는 문자나 수는?

8 F 9 L 7 S

① 7   ② L
③ 9   ④ F

18 다음 제시된 문자를 오름차순으로 나열하였을 때 6번째에 오는 문자는?

I H W P D L

① I   ② P
③ W   ④ L

19 다음 제시된 문자를 오름차순으로 나열하였을 때 2번째에 오는 문자는?(단, 모음은 일반모음 10개만 세는 것을 기준으로 한다)

ㅛ ㅜ ㅇ ㄷ ㅍ ㅡ

① ㄷ   ② ㅛ
③ ㅇ   ④ ㅜ

20 다음 제시된 문자를 오름차순으로 나열하였을 때 3번째에 오는 문자는?

c k e u z y

① c   ② k
③ y   ④ e

21 다음 제시된 문자를 오름차순으로 나열하였을 때 5번째에 오는 문자는?

ㄱ ㅌ ㄷ ㅅ ㅈ ㅋ

① ㅌ   ② ㅋ
③ ㄷ   ④ ㄱ

22 다음 제시된 문자를 내림차순으로 나열하였을 때 2번째에 오는 문자는?

I Z P C W J

① Z   ② W
③ P   ④ C

23 다음 제시된 문자를 내림차순으로 나열하였을 때 3번째에 오는 문자는?(단, 모음은 일반모음 10개만 세는 것을 기준으로 한다)

ㄱ ㅑ ㅁ ㅓ ㅌ ㅣ

① ㄱ   ② ㅓ
③ ㅣ   ④ ㅁ

24 다음 제시된 문자를 내림차순으로 나열하였을 때 3번째에 오는 문자는?

R   H   C   L   M   S

① M   ② R
③ L   ④ S

25 다음 제시된 문자를 내림차순으로 나열하였을 때 1번째에 오는 문자는?(단, 모음은 일반모음 10개만 세는 것을 기준으로 한다)

ㅈ   ㄱ   ㄹ   ㅠ   ㅋ   ㅣ

① ㅈ   ② ㅠ
③ ㅣ   ④ ㅋ

26 다음 제시된 문자를 내림차순으로 나열하였을 때 2번째에 오는 문자는?(단, 모음은 일반모음 10개만 세는 것을 기준으로 한다)

U   ㅅ   ㅑ   Y   ㅁ   ㅏ

① U   ② ㅁ
③ ㅅ   ④ Y

27 다음 제시된 문자를 내림차순으로 나열하였을 때 6번째에 오는 문자는?(단, 모음은 일반모음 10개만 세는 것을 기준으로 한다)

ㅈ   D   E   ㅏ   ㅂ   ㅠ

① ㅏ   ② D
③ ㅂ   ④ ㅈ

※ 다음 제시된 단어에서 공통으로 연상할 수 있는 단어를 고르시오. [28~32]

28

꿀, 여왕, 잘못

① 집   ② 개미
③ 왕   ④ 벌

29

통일, 청자, 생각

① 중국   ② 귀중품
③ 신라   ④ 고려

30

그늘, 피터팬, 빛

① 그림자   ② 꿈
③ 웬디   ④ 팅커벨

31

α , 문자, 그리스

① 알파벳   ② 방정식
③ 신화   ④ 라틴어

32

맛, 무게, 단추

① 재다   ② 달다
③ 떼다   ④ 떫다

PART 3

※ 〈보기〉의 사자성어에 해당하는 풀이를 고르시오. [33~36]

> **보기**
> ① 類類相從(유유상종)
> ② 雪上加霜(설상가상)
> ③ 指鹿爲馬(지록위마)
> ④ 鼓腹擊壤(고복격양)

33

같은 무리끼리 서로 내왕하며 사귐

①   ②
③   ④

34

매우 살기 좋은 시절

①   ②
③   ④

35

사실이 아닌 것을 강압으로 인정하게 함

①   ②
③   ④

36

엎친 데 덮친다

①   ②
③   ④

※ 〈보기〉의 사자성어에 해당하는 풀이를 고르시오. [37~40]

> **보기**
> ① 大器晚成(대기만성)
> ② 好事多魔(호사다마)
> ③ 刮目相對(괄목상대)
> ④ 識字憂患(식자우환)

37

남의 학식이나 재주가 놀랄 만큼 갑자기 늘어남

①   ②

③   ④

38

크게 될 인물은 오랜 공적을 쌓아 늦게 이루어짐

①   ②

③   ④

39

좋은 일에는 흔히 장애물이 들기 쉬움

①   ②

③   ④

40

학식이 도리어 근심을 이끌어 옴

①   ②

③   ④

PART 3

합 격 의
공 식
시대에듀
SDEDU

먼저 행동으로 옮기고 말을 하라.

- 스티븐 스필버그 -

PART

4

인성검사

CHAPTER 01 인성검사

CHAPTER 02 UK작업태도검사

CHAPTER 01 인성검사

업무를 수행하면서 능률적인 성과물을 만들기 위해서는 개인의 능력과 경험 그리고 회사의 교육 및 훈련 등이 필요하지만, 개인의 성격이나 성향 역시 중요하다. 여러 직무분석 연구에서 나온 결과에 따르면, 직무에서의 성공과 관련된 특성 중 최고 70% 이상이 능력보다는 성격과 관련이 있다고 한다. 따라서 최근 기업들은 인성검사의 비중을 높이고 있는 추세다.

현재 기업들은 인성검사를 KIRBS(한국행동과학연구소)나 SHR(에스에이치알) 등의 전문기관에 의뢰해서 시행하고 있다. 전문기관에 따라서 인성검사 방법에 차이가 있고, 보안을 위해서 인성검사를 의뢰한 기업을 공개하지 않을 수 있기 때문에 특정 기업의 인성검사를 정확하게 판단할 수 없지만, 지원자들이 후기에 올린 문제를 통해 유형을 예상할 수 있다.

여기에서는 삼성그룹의 인성검사와 수검요령 및 검사 시 유의사항에 대해 간략하게 정리하였으며, 인성검사 모의연습을 통해 실제 시험 유형을 확인할 수 있도록 하였다.

1. 삼성그룹 인성검사

삼성그룹의 인재상과 적합한 인재인지 평가하는 테스트로, 지원자의 개인 성향이나 인성에 관한 질문으로 구성되어 있다. 인성검사와 면접평가는 동일한 날 진행되며, 인성검사 이후 면접평가가 이루어진다.

(1) 인성검사 유형 I

한 문제당 4 ~ 5개의 문장이 나오며, 상대적으로 자신과 가장 가깝거나 먼 것에 각각 체크한다.

(2) 인성검사 유형 II

각 문항에 대해, 자신의 성격에 맞게 '예', '아니요'를 선택하는 문제가 출제된다.

2. 인성검사 수검요령

인성검사는 특별한 수검요령이 없다. 다시 말하면 모범답안이 없고, 정답이 없다는 이야기다. 국어문제처럼 말뜻을 풀이하는 것도 아니다. 굳이 수검요령을 말하자면, 진실하고 솔직한 내 생각이 답변이라고 할 수 있을 것이다.

인성검사에서 가장 중요한 것은 첫째, 솔직한 답변이다. 지금까지의 경험을 통해 축적된 내 생각과 행동을 허구 없이 솔직하게 기재해야 한다. 예를 들어, "나는 타인의 물건을 훔치고 싶은 충동을 느껴본 적이 있다."라는 질문에 피검사자들은 많은 생각을 하게 된다. 생각해 보라. 유년기에 또는 성인이 되어서도 타인의 물건을 훔친 적은 없다 해도 마음속에서 훔치고 싶은 충동은 누구나 조금은 느껴보았을 것이다. 그런데 이 질문에 고민하는 사람이 간혹 있다. 이 질문에 "예"라고 대답하면 담당 검사관들이 나를 사회적으로 문제가 있는 사람으로 여기지는 않을까 하는 생각에 "아니요"라는 답을 기재하게 된다. 이런 솔직하지 않은 답변은 답변의 신뢰와 솔직함을 나타내는 타당성 척도에 좋지 않은 점수를 준다.

둘째, 일관성 있는 답변이다. 인성검사의 수많은 질문 문항 중에는 비슷한 뜻의 질문이 여러 개 숨어 있는 경우가 많다. 그 질문들은 피검사자의 솔직한 답변과 심리적인 상태를 알아보기 위해 내포되어 있는 문항들이다. 가령 "나는 유년시절 타인의 물건을 훔친 적이 있다."라는 질문에 "예"라고 대답했는데, "나는 유년시절 타인의 물건을 훔쳐보고 싶은 충동을 느껴본 적이 있다."라는 질문에는 "아니요"라는 답을 기재한다면 어떻겠는가. 일관성 없이 '대충 기재하자'라는 식의 심리적 무성의성 답변이 되거나, 정신적으로 문제가 있는 사람으로 보일 수 있다.

인성검사는 많은 문항 수를 풀어나가기 때문에 피검사자들은 지루함과 따분함, 반복된 뜻의 질문으로 인해 인내 상실 등이 나타날 수 있다. 인내하면서 솔직하게 내 생각을 대답하는 것이 무엇보다 중요한 요령이 될 것이다.

3. 인성검사 시 유의사항

(1) 충분한 휴식으로 불안을 없애고 정서적인 안정을 취한다. 심신이 안정되어야 자신의 마음을 표현할 수 있다.

(2) 생각나는 대로 솔직하게 응답한다. 자신을 너무 과대포장하지도, 너무 비하시키지도 마라. 답변을 꾸며서 하면 앞뒤가 맞지 않게끔 구성돼 있어 불리한 평가를 받게 되므로 솔직하게 답하도록 한다.

(3) 검사문항에 대해 지나치게 생각해서는 안 된다. 지나치게 몰두하면 엉뚱한 답변이 나올 수 있으므로 불필요한 생각은 삼간다.

(4) 검사시간에 너무 신경 쓸 필요는 없다. 인성검사는 시간제한이 없는 경우가 많으며 있다 해도 시간은 충분하다.

(5) 인성검사는 대개 문항 수가 많기에 자칫 건너뛰는 경우가 있는데, 가능한 한 모든 문항에 답해야 한다. 응답하지 않은 문항이 많을 경우 평가자가 정확한 평가를 내리지 못해 불리한 평가를 내릴 수 있기 때문이다.

4. 인성검사 모의연습

※ 인성검사는 정답이 따로 없는 유형의 검사이므로 결과지를 제공하지 않습니다.

유형 1

※ 4개의 문장 중 자신의 성향에 비추어볼 때 가장 먼 문항(멀다)과 가까운 문항(가깝다)을 하나씩 선택하시오. [1~30]

01

질문	멀다	가깝다
A. 사물을 신중하게 생각하는 편이라고 생각한다.	☐	☐
B. 포기하지 않고 노력하는 것이 중요하다.	☐	☐
C. 자신의 권리를 주장하는 편이다.	☐	☐
D. 컨디션에 따라 기분이 잘 변한다.	☐	☐

02

질문	멀다	가깝다
A. 노력의 여하보다 결과가 중요하다.	☐	☐
B. 자기주장이 강하다.	☐	☐
C. 어떠한 일이 있어도 출세하고 싶다.	☐	☐
D. 반성하는 일이 거의 없다.	☐	☐

03

질문	멀다	가깝다
A. 다른 사람의 일에 관심이 없다.	☐	☐
B. 때로는 후회하는 순간도 있다.	☐	☐
C. 진정으로 마음을 허락할 수 있는 사람은 없다.	☐	☐
D. 고민이 생겨도 심각하게 생각하지 않는다.	☐	☐

04

질문	멀다	가깝다
A. 한번 시작한 일은 반드시 끝을 맺는다.	☐	☐
B. 다른 사람들이 하지 못하는 일을 하고 싶다.	☐	☐
C. 좋은 생각이 떠올라도 실행하기 전에 여러모로 검토한다.	☐	☐
D. 슬럼프에 빠지면 좀처럼 헤어나지 못한다.	☐	☐

05

질문	멀다	가깝다
A. 다른 사람에게 항상 움직이고 있다는 말을 듣는다.	☐	☐
B. 옆에 사람이 있으면 싫다.	☐	☐
C. 친구들과 남의 이야기를 하는 것을 좋아한다.	☐	☐
D. 자신의 소문에 관심을 기울인다.	☐	☐

06

질문	멀다	가깝다
A. 모두가 싫증을 내는 일에도 혼자서 열심히 한다.	☐	☐
B. 완성된 것보다 미완성인 것에 흥미가 있다.	☐	☐
C. 능력을 살릴 수 있는 일을 하고 싶다.	☐	☐
D. 항상 무슨 일을 해야만 한다.	☐	☐

07

질문	멀다	가깝다
A. 번화한 곳에 외출하는 것을 좋아한다.	☐	☐
B. 다른 사람에게 자신이 소개되는 것을 좋아한다.	☐	☐
C. 다른 사람보다 쉽게 우쭐해진다.	☐	☐
D. 여간해서 흥분하지 않는 편이다.	☐	☐

08

질문	멀다	가깝다
A. 다른 사람의 감정에 민감하다.	☐	☐
B. 남을 배려하는 마음씨가 있다는 말을 듣는다.	☐	☐
C. 사소한 일로 우는 일이 많다.	☐	☐
D. 매일 힘든 일이 너무 많다.	☐	☐

09

질문	멀다	가깝다
A. 통찰력이 있다고 생각한다.	☐	☐
B. 몸으로 부딪혀 도전하는 편이다.	☐	☐
C. 감정적으로 될 때가 많다.	☐	☐
D. 걱정거리가 생기면 머릿속에서 떠나지 않는 편이다.	☐	☐

10	질문	멀다	가깝다
	A. 타인에게 간섭받는 것을 싫어한다.	☐	☐
	B. 신경이 예민한 편이라고 생각한다.	☐	☐
	C. 난관에 봉착해도 포기하지 않고 열심히 한다.	☐	☐
	D. 휴식시간에도 일하고 싶다.	☐	☐

11	질문	멀다	가깝다
	A. 해야 할 일은 신속하게 처리한다.	☐	☐
	B. 매사에 느긋하고 차분하다.	☐	☐
	C. 끙끙거리며 생각할 때가 있다.	☐	☐
	D. 사는 것이 힘들다고 느낀 적은 없다.	☐	☐

12	질문	멀다	가깝다
	A. 하나의 취미를 오래 지속하는 편이다.	☐	☐
	B. 낙천가라고 생각한다.	☐	☐
	C. 일주일의 계획을 세우는 것을 좋아한다.	☐	☐
	D. 시험 전에도 노는 계획을 세운다.	☐	☐

13	질문	멀다	가깝다
	A. 자신의 의견을 상대에게 잘 주장하지 못한다.	☐	☐
	B. 좀처럼 결단하지 못하는 경우가 있다.	☐	☐
	C. 행동으로 옮기기까지 시간이 걸린다.	☐	☐
	D. 실패해도 또 다시 도전한다.	☐	☐

14	질문	멀다	가깝다
	A. 돌다리도 두드리며 건너는 타입이라고 생각한다.	☐	☐
	B. 굳이 말하자면 시원시원하다.	☐	☐
	C. 토론에서 이길 자신이 있다.	☐	☐
	D. 남보다 쉽게 우위에 서는 편이다.	☐	☐

15

질문	멀다	가깝다
A. 쉽게 침울해진다.	☐	☐
B. 쉽게 싫증을 내는 편이다.	☐	☐
C. 도덕 · 윤리를 중시한다.	☐	☐
D. 자신의 입장을 잊어버릴 때가 있다.	☐	☐

16

질문	멀다	가깝다
A. 매사에 신중한 편이라고 생각한다.	☐	☐
B. 실행하기 전에 재확인할 때가 많다.	☐	☐
C. 반대에 부딪혀도 자신의 의견을 바꾸는 일은 없다.	☐	☐
D. 일을 하는 데도 자신이 없다.	☐	☐

17

질문	멀다	가깝다
A. 전망을 세우고 행동할 때가 많다.	☐	☐
B. 일에는 결과가 중요하다고 생각한다.	☐	☐
C. 다른 사람으로부터 지적받는 것은 싫다.	☐	☐
D. 목적이 없으면 마음이 불안하다.	☐	☐

18

질문	멀다	가깝다
A. 다른 사람에게 위해를 가할 것 같은 기분이 들 때가 있다.	☐	☐
B. 인간관계가 폐쇄적이라는 말을 듣는다.	☐	☐
C. 친구들로부터 줏대 없는 사람이라는 말을 듣는다.	☐	☐
D. 다투어서 친구를 잃은 경우가 있다.	☐	☐

19

질문	멀다	가깝다
A. 누구와도 편하게 이야기할 수 있다.	☐	☐
B. 다른 사람을 싫어한 적은 한 번도 없다.	☐	☐
C. 리더로서 인정을 받고 싶다.	☐	☐
D. 친구 말을 듣는 편이다.	☐	☐

20

질문	멀다	가깝다
A. 기다리는 것에 짜증내는 편이다.	☐	☐
B. 지루하면 마구 떠들고 싶어진다.	☐	☐
C. 남과 친해지려면 용기가 필요하다.	☐	☐
D. 신호대기 중에도 조바심이 난다.	☐	☐

21

질문	멀다	가깝다
A. 사물을 과장해서 말한 적은 없다.	☐	☐
B. 항상 천재지변을 당하지는 않을까 걱정하고 있다.	☐	☐
C. 어떤 일이 있어도 의욕을 가지고 열심히 하는 편이다.	☐	☐
D. 아는 사람이 많아지는 것이 즐겁다.	☐	☐

22

질문	멀다	가깝다
A. 그룹 내에서 누군가의 주도 하에 따라가는 경우가 많다.	☐	☐
B. 내성적이라고 생각한다.	☐	☐
C. 모르는 사람과 이야기하는 것은 용기가 필요하다.	☐	☐
D. 모르는 사람과 말하는 것은 귀찮다.	☐	☐

23

질문	멀다	가깝다
A. 집에서 가만히 있으면 기분이 우울해진다.	☐	☐
B. 당황하면 갑자기 땀이 나서 신경 쓰일 때가 있다.	☐	☐
C. 차분하다는 말을 듣는다.	☐	☐
D. 매사에 심각하게 생각하는 것을 싫어한다.	☐	☐

24

질문	멀다	가깝다
A. 어색해지면 입을 다무는 경우가 많다.	☐	☐
B. 융통성이 없는 편이다.	☐	☐
C. 이유도 없이 화가 치밀 때가 있다.	☐	☐
D. 자신이 경솔하다고 자주 느낀다.	☐	☐

25

질문	멀다	가깝다
A. 자질구레한 걱정이 많다.	☐	☐
B. 다른 사람을 의심한 적이 한 번도 없다.	☐	☐
C. 지금까지 후회를 한 적이 없다.	☐	☐
D. 충동적인 행동을 하지 않는 편이다.	☐	☐

26

질문	멀다	가깝다
A. 무슨 일이든 자신을 가지고 행동한다.	☐	☐
B. 자주 깊은 생각에 잠긴다.	☐	☐
C. 가만히 있지 못할 정도로 불안해질 때가 많다.	☐	☐
D. 어떤 상황에서나 만족할 수 있다.	☐	☐

27

질문	멀다	가깝다
A. 스포츠 선수가 되고 싶다고 생각한 적이 있다.	☐	☐
B. 유명인과 서로 아는 사람이 되고 싶다.	☐	☐
C. 연예인에 대해 동경한 적이 없다.	☐	☐
D. 싫은 사람과도 협력할 수 있다.	☐	☐

28

질문	멀다	가깝다
A. 휴일은 세부적인 예정을 세우고 보낸다.	☐	☐
B. 잘하지 못하는 것이라도 자진해서 한다.	☐	☐
C. 이유도 없이 다른 사람과 부딪힐 때가 있다.	☐	☐
D. 주체할 수 없을 만큼 여유가 많은 것을 싫어한다.	☐	☐

29

질문	멀다	가깝다
A. 타인의 일에는 별로 관여하고 싶지 않다고 생각한다.	☐	☐
B. 의견이 다른 사람과는 어울리지 않는다.	☐	☐
C. 주위의 영향을 받기 쉽다.	☐	☐
D. 즐거운 일보다는 괴로운 일이 많다.	☐	☐

30	질문	멀다	가깝다
	A. 지인을 발견해도 만나고 싶지 않을 때가 많다.	☐	☐
	B. 굳이 말하자면 자의식 과잉이다.	☐	☐
	C. 몸을 움직이는 것을 좋아한다.	☐	☐
	D. 사소한 일에도 신경을 많이 쓰는 편이다.	☐	☐

※ 다음 질문내용을 읽고 본인에 해당하는 응답의 '예', '아니요'에 ○표 하시오. [1~133]

번호	질문	응답	
1	조심스러운 성격이라고 생각한다.	예	아니요
2	사물을 신중하게 생각하는 편이라고 생각한다.	예	아니요
3	동작이 기민한 편이다.	예	아니요
4	포기하지 않고 노력하는 것이 중요하다.	예	아니요
5	일주일의 예정을 만드는 것을 좋아한다.	예	아니요
6	노력의 여하보다 결과가 중요하다.	예	아니요
7	자기주장이 강하다.	예	아니요
8	장래의 일을 생각하면 불안해질 때가 있다.	예	아니요
9	소외감을 느낄 때가 있다.	예	아니요
10	훌쩍 여행을 떠나고 싶을 때가 자주 있다.	예	아니요
11	대인관계가 귀찮다고 느낄 때가 있다.	예	아니요
12	자신의 권리를 주장하는 편이다.	예	아니요
13	낙천가라고 생각한다.	예	아니요
14	싸움을 한 적이 없다.	예	아니요
15	자신의 의견을 상대에게 잘 주장하지 못한다.	예	아니요
16	좀처럼 결단하지 못하는 경우가 있다.	예	아니요
17	하나의 취미를 오래 지속하는 편이다.	예	아니요
18	한 번 시작한 일은 끝을 맺는다.	예	아니요
19	행동으로 옮기기까지 시간이 걸린다.	예	아니요
20	다른 사람들이 하지 못하는 일을 하고 싶다.	예	아니요
21	해야 할 일은 신속하게 처리한다.	예	아니요
22	병이 아닌지 걱정이 들 때가 있다.	예	아니요
23	다른 사람의 충고를 기분 좋게 듣는 편이다.	예	아니요
24	다른 사람에게 의존적이 될 때가 많다.	예	아니요
25	타인에게 간섭받는 것은 싫다.	예	아니요
26	의식 과잉이라는 생각이 들 때가 있다.	예	아니요
27	수다를 좋아한다.	예	아니요
28	잘못된 일을 한 적이 한 번도 없다.	예	아니요
29	모르는 사람과 이야기하는 것은 용기가 필요하다.	예	아니요
30	끙끙거리며 생각할 때가 있다.	예	아니요
31	다른 사람에게 항상 움직이고 있다는 말을 듣는다.	예	아니요
32	매사에 얽매인다.	예	아니요
33	잘하지 못하는 게임은 하지 않으려고 한다.	예	아니요
34	어떠한 일이 있어도 출세하고 싶다.	예	아니요
35	막무가내라는 말을 들을 때가 많다.	예	아니요
36	신경이 예민한 편이라고 생각한다.	예	아니요
37	쉽게 침울해한다.	예	아니요

번호	질문	응답	
38	쉽게 싫증을 내는 편이다.	예	아니요
39	옆에 사람이 있으면 싫다.	예	아니요
40	토론에서 이길 자신이 있다.	예	아니요
41	친구들과 남의 이야기를 하는 것을 좋아한다.	예	아니요
42	푸념을 한 적이 없다.	예	아니요
43	남과 친해지려면 용기가 필요하다.	예	아니요
44	통찰력이 있다고 생각한다.	예	아니요
45	집에서 가만히 있으면 기분이 우울해진다.	예	아니요
46	매사에 느긋하고 차분하게 매달린다.	예	아니요
47	좋은 생각이 떠올라도 실행하기 전에 여러모로 검토한다.	예	아니요
48	누구나 권력자를 동경하고 있다고 생각한다.	예	아니요
49	몸으로 부딪혀 도전하는 편이다.	예	아니요
50	당황하면 갑자기 땀이 나서 신경 쓰일 때가 있다.	예	아니요
51	친구들이 진지한 사람으로 생각하고 있다.	예	아니요
52	감정적으로 될 때가 많다.	예	아니요
53	다른 사람의 일에 관심이 없다.	예	아니요
54	다른 사람으로부터 지적받는 것은 싫다.	예	아니요
55	지루하면 마구 떠들고 싶어진다.	예	아니요
56	부모에게 불평을 한 적이 한 번도 없다.	예	아니요
57	내성적이라고 생각한다.	예	아니요
58	돌다리도 두들기고 건너는 타입이라고 생각한다.	예	아니요
59	굳이 말하자면 시원시원하다.	예	아니요
60	끈기가 강하다.	예	아니요
61	전망을 세우고 행동할 때가 많다.	예	아니요
62	일에는 결과가 중요하다고 생각한다.	예	아니요
63	활력이 있다.	예	아니요
64	항상 천재지변을 당하지는 않을까 걱정하고 있다.	예	아니요
65	때로는 후회할 때도 있다.	예	아니요
66	다른 사람에게 위해를 가할 것 같은 기분이 들 때가 있다.	예	아니요
67	진정으로 마음을 허락할 수 있는 사람은 없다.	예	아니요
68	기다리는 것에 짜증내는 편이다.	예	아니요
69	친구들로부터 줏대 없는 사람이라는 말을 듣는다.	예	아니요
70	사물을 과장해서 말한 적은 없다.	예	아니요
71	인간관계가 폐쇄적이라는 말을 듣는다.	예	아니요
72	매사에 신중한 편이라고 생각한다.	예	아니요
73	눈을 뜨면 바로 일어난다.	예	아니요
74	난관에 봉착해도 포기하지 않고 열심히 해본다.	예	아니요
75	실행하기 전에 재확인할 때가 많다.	예	아니요
76	리더로서 인정을 받고 싶다.	예	아니요
77	어떤 일이 있어도 의욕을 가지고 열심히 하는 편이다.	예	아니요

번호	질문	응답	
78	다른 사람의 감정에 민감하다.	예	아니요
79	다른 사람들이 남을 배려하는 마음씨가 있다는 말을 한다.	예	아니요
80	사소한 일로 우는 일이 많다.	예	아니요
81	반대에 부딪혀도 자신의 의견을 바꾸는 일은 없다.	예	아니요
82	누구와도 편하게 이야기할 수 있다.	예	아니요
83	가만히 있지 못할 정도로 침착하지 못할 때가 있다.	예	아니요
84	다른 사람을 싫어한 적은 한 번도 없다.	예	아니요
85	그룹 내에서는 누군가의 주도하에 따라가는 경우가 많다.	예	아니요
86	차분하다는 말을 듣는다.	예	아니요
87	스포츠 선수가 되고 싶다고 생각한 적이 있다.	예	아니요
88	모두가 싫증을 내는 일에도 혼자서 열심히 한다.	예	아니요
89	휴일은 세부적인 예정을 세우고 보낸다.	예	아니요
90	완성된 것보다 미완성인 것에 흥미가 있다.	예	아니요
91	잘하지 못하는 것이라도 자진해서 한다.	예	아니요
92	가만히 있지 못할 정도로 불안해질 때가 많다.	예	아니요
93	자주 깊은 생각에 잠긴다.	예	아니요
94	이유도 없이 다른 사람과 부딪힐 때가 있다.	예	아니요
95	타인의 일에는 별로 관여하고 싶지 않다고 생각한다.	예	아니요
96	무슨 일이든 자신을 가지고 행동한다.	예	아니요
97	유명인과 서로 아는 사람이 되고 싶다.	예	아니요
98	지금까지 후회를 한 적이 없다.	예	아니요
99	의견이 다른 사람과는 어울리지 않는다.	예	아니요
100	무슨 일이든 생각해 보지 않으면 만족하지 못한다.	예	아니요
101	다소 무리를 하더라도 피로해지지 않는다.	예	아니요
102	굳이 말하자면 장거리 주자에 어울린다고 생각한다.	예	아니요
103	여행을 가기 전에는 세세한 계획을 세운다.	예	아니요
104	능력을 살릴 수 있는 일을 하고 싶다.	예	아니요
105	성격이 시원시원하다고 생각한다.	예	아니요
106	굳이 말하자면 자의식 과잉이다.	예	아니요
107	스스로를 쓸모없는 인간이라고 생각할 때가 있다.	예	아니요
108	주위의 영향을 받기 쉽다.	예	아니요
109	지인을 발견해도 만나고 싶지 않을 때가 많다.	예	아니요
110	다수의 반대가 있더라도 자신의 생각대로 행동한다.	예	아니요
111	번화한 곳에 외출하는 것을 좋아한다.	예	아니요
112	지금까지 다른 사람의 마음에 상처를 준 일이 없다.	예	아니요
113	다른 사람에게 자신이 소개되는 것을 좋아한다.	예	아니요
114	실행하기 전에 재고하는 경우가 많다.	예	아니요
115	몸을 움직이는 것을 좋아한다.	예	아니요
116	완고한 편이라고 생각한다.	예	아니요
117	신중하게 생각하는 편이다.	예	아니요

번호	질문	응답	
118	커다란 일을 해보고 싶다.	예	아니요
119	계획을 생각하기보다 빨리 실행하고 싶어한다.	예	아니요
120	작은 소리도 신경 쓰인다.	예	아니요
121	자질구레한 걱정이 많다.	예	아니요
122	이유도 없이 화가 치밀 때가 있다.	예	아니요
123	융통성이 없는 편이다.	예	아니요
124	다른 사람보다 기가 세다.	예	아니요
125	다른 사람보다 쉽게 우쭐해진다.	예	아니요
126	다른 사람을 의심한 적이 한 번도 없다.	예	아니요
127	어색해지면 입을 다무는 경우가 많다.	예	아니요
128	하루의 행동을 반성하는 경우가 많다.	예	아니요
129	격렬한 운동도 그다지 힘들어하지 않는다.	예	아니요
130	새로운 일에 처음 한 발을 좀처럼 떼지 못한다.	예	아니요
131	앞으로의 일을 생각하지 않으면 진정이 되지 않는다.	예	아니요
132	인생에서 중요한 것은 높은 목표를 갖는 것이다.	예	아니요
133	무슨 일이든 선수를 쳐야 이긴다고 생각한다.	예	아니요

CHAPTER 02 UK작업태도검사

01 UK작업태도검사

인간은 잠을 잘 때를 제외하곤 항상 어떤 작업을 하고 있으므로 작업 중에 인격적 요인이 반영될 수밖에 없다. 따라서 일정한 조건 아래 단순한 작업을 시키고 나서 그 작업량의 패턴에서 인격을 파악하려고 하는 것이 UK작업태도검사다. 일반적으로 이 방법은 실시가 간단해 집단적으로 실시할 수 있고, 비언어적인 과제를 사용하고 있으므로 언어 이해력을 필요로 하지 않는다는 이점이 있으나 성격 전반에 대한 정보를 얻는 것은 무리다.

작업검사의 대표적인 검사방법으로는 우리나라에서 UK검사라는 약칭으로 통용되는 우치다 – 크레펠린 정신작업검사가 있다. 이 검사의 기초가 된 것은 크레펠린(Kraepelin)이 실험심리학의 연구법으로 개발한 단순가산작업이지만, 이것을 인격검사에 받아들인 것은 우치다 유우자부로(內田勇三郎)다.

우치다 – 크레펠린 정신검사는 1행의 숫자가 가로 91자, 세로 34행으로 된 용지를 사용하는데 1분에 한 행씩 각 행의 숫자를 가산해서 답의 일의 자리 숫자만 쓰는 작업이 주어진다. 현재 삼성에서는 이와 동일하지는 않지만, 비슷한 방식으로 UK작업태도검사를 시행하고 있다. 검사결과의 정리방법은 우선 각 행의 작업이 이루어진 최후의 숫자를 연결하는 것에 의해 작업곡선을 기입한다.

1. 측정요인

평균작업량	휴식 후 15분간 작업량의 평균작업량을 측정한다.
초두효과율	작업에 대한 처음의 좋음이나 순조로움을 보이는 요인으로서 작업개시 시의 의지와 긴장 정도를 재는 것이다.
평균오류량	휴식 전후(前後)의 1줄에 대한 평균오류량을 측정한다.
휴식효과율	전반부와 후반부의 작업량을 비교하여 휴식 후의 작업증가율을 나타내는 요인으로서 휴식단계에서 피로가 줄었음에도 불구하고 작업량이 휴식 전보다 낮다면 휴식효과가 낮게 나타난다. 특히 정신분열증 환자의 경우에는 이 휴식효과율이 낮다고 되어 있다.

(1) 양적 측정

휴식 후 15분간 작업량의 평균작업량을 기준으로 측정한다. 일반적으로 UK검사의 작업량은 계산의 연속이기 때문에 피검사자의 IQ(지능지수)와 많은 연관성이 있지만 성격상의 결함이 있는 사람이 많고, 휴식효과율이 낮은 사람이 있기 때문에 직접적으로 지능지수와 연관성을 맺기에는 무리가 있다. 양적 측정은 말 그대로 작업량의 많고 적음을 나타내기도 하고, 휴식효과에 관련해서 정서, 집중력, 가변성 등의 판단결과가 나타난다고 볼 수 있다.

(2) 질적 측정

휴식 전 작업곡선과 휴식 후 작업곡선을 기준으로 초두노력의 결여, 평균오류량, 휴식효과율 등을 판정하여 성격적인 측면을 검사한다.

정형	곡선의 양단이 중앙부보다 높고, 완만하게 하강하고 다시 완만하게 상승하는 형
상승형	전반부가 높고 후반부가 낮아지는 형
중고형	정형과 반대의 형
하강형	전반부가 낮고 후반부가 높아지는 형
수평형	1줄의 작업 최대차가 5 이내로, 상승도 하강도 하지 않는 형
파상형	전체적으로 일정한 규칙이 없이 곡선의 진폭이 크고, 파도치듯이 나타나는 형

2. 검사방법

(1) 검사마다 다르지만 보통 전반 15분, 휴식 5분, 후반 15분의 형태로 실시한다.

(2) 두 개의 숫자를 더하여 10자리(앞자리)를 제외한 1자리(뒷자리)만 숫자와 숫자 사이 아래에 적는다.

(3) 1줄에 1분씩 연속해서 실시한다.

(4) 검사가 끝나면 틀린 부분을 ×표시한다.

(5) ×표시가 있는 부분만큼 기재한 숫자 중 2개씩을 끝부분에서 제외한다.

(6) 끝부분을 연결한다.

01

```
2 4 1 5 7 7 8 9 6 5 4 1 2 5 4 7 8 9 6 3 2 1 0 5 4 0 2 5 4 5 5 8 9 6 3 0 1 1
2 4 5 6 6 9 7 6 8 9 7 4 2 3 5 8 4 2 3 6 7 9 4 2 8 3 7 9 5 1 6 8 0 3 7 9 5 4
3 8 6 1 6 7 9 5 3 8 0 4 9 7 5 8 1 2 6 8 1 6 8 5 9 6 4 7 9 5 4 3 6 5 7 7 5 6
3 0 5 7 5 9 7 6 8 5 6 4 9 6 5 1 2 4 5 2 8 6 4 3 5 9 6 5 4 2 8 9 3 5 4 9 3 8
6 2 4 8 2 8 2 4 6 3 8 2 1 6 9 3 7 4 4 2 8 1 8 6 4 9 3 8 6 4 2 5 6 8 2 6 7 5
8 9 6 4 2 6 5 8 7 3 6 3 5 4 7 9 2 3 6 3 2 8 4 3 9 6 4 6 9 2 0 6 5 9 7 5 2 1
9 7 6 3 5 4 0 8 7 9 6 5 4 8 6 3 5 3 3 4 8 4 6 9 2 5 7 1 8 9 6 2 4 8 9 6 8 7
3 5 4 9 1 3 7 6 2 7 4 3 0 4 7 9 5 4 3 8 4 9 6 8 4 2 3 8 4 3 6 8 4 2 6 8 7 4
5 6 1 0 6 8 7 4 9 3 8 7 7 5 1 3 6 8 5 2 8 7 2 4 6 9 5 2 7 8 9 5 2 4 6 9 5 4
7 6 9 8 4 4 8 7 5 3 5 4 7 8 5 4 7 8 5 1 5 7 5 9 6 2 4 4 7 5 6 9 8 7 8 0 2 3
0 1 4 5 7 8 9 9 6 5 4 2 3 5 4 7 7 8 4 5 2 9 8 4 5 6 3 2 4 5 5 7 8 5 6 5 2 4
0 8 2 3 6 5 5 4 1 2 4 1 2 5 4 1 2 5 4 1 2 5 4 1 2 5 4 1 1 2 5 4 5 3 6 6 7 5
2 1 4 9 2 4 5 6 8 7 4 6 5 8 4 2 4 4 2 6 8 2 2 3 3 6 3 8 7 8 5 4 2 6 8 2 1 6
1 5 6 9 7 0 9 9 5 4 3 7 6 1 8 2 7 5 4 9 6 7 3 8 4 2 3 6 7 9 4 2 8 3 7 9 5 1
6 8 0 3 7 9 5 4 3 8 6 1 6 7 9 5 3 8 0 4 9 7 5 8 1 2 6 8 1 6 8 5 9 6 4 7 9 5
4 3 6 5 7 3 4 1 6 9 4 7 1 4 6 3 9 1 0 2 4 0 1 4 8 9 0 1 2 0 2 5 1 4 1 0 4 7
7 6 3 0 4 1 6 9 5 7 5 8 4 2 2 3 6 4 7 5 9 6 3 5 4 9 7 4 2 3 5 6 9 8 4 4 8 7
5 3 5 4 7 8 5 4 7 8 5 1 5 7 5 9 6 2 4 4 7 5 6 9 8 7 8 0 2 3 0 1 4 5 7 8 9 9
6 5 4 2 3 5 4 3 4 1 6 9 4 7 1 4 6 3 9 1 0 2 4 0 1 4 8 9 0 1 2 0 2 5 1 4 1 0
4 7 7 6 3 0 4 1 6 9 5 7 5 8 4 2 2 3 6 4 2 5 8 6 3 5 4 6 9 8 4 4 8 7 5 3 5 4
7 8 5 4 7 8 5 1 5 7 5 9 6 2 4 4 7 5 6 9 8 7 8 0 2 3 0 1 4 5 7 8 9 9 6 5 4 2
3 5 4 7 7 8 4 5 2 9 8 4 5 6 3 2 4 5 5 7 8 5 6 5 2 4 0 8 2 3 6 5 5 4 1 2 4 1
2 5 4 1 2 5 4 1 2 5 4 1 2 5 4 1 1 2 5 4 5 3 6 6 7 5 2 1 4 6 5 4 2 3 8 4 7 9
5 4 2 3 6 5 4 1 2 2 3 6 5 0 7 8 9 4 7 9 2 1 9 7 8 4 2 3 6 7 8 9 4 3 5 7 8 9
5 4 2 3 4 5 7 0 6 7 5 4 7 8 5 9 6 8 8 9 6 2 2 0 5 8 7 5 6 9 8 7 4 5 8 7 4 9
5 7 7 0 3 2 5 6 6 8 7 4 2 4 9 6 2 4 8 6 2 4 7 8 0 6 1 5 6 9 8 3 5 4 7 8 9 5
4 5 1 0 5 4 7 9 6 5 5 4 2 3 6 9 4 5 7 9 2 1 0 2 3 6 0 1 4 7 5 8 8 5 6 0 3 2
4 5 3 0 5 5 4 6 8 2 4 6 2 6 5 7 2 4 9 5 5 1 9 7 3 5 8 4 2 6 8 4 5 7 5 8 4 2
6 9 5 1 3 5 7 1 5 5 6 3 8 7 1 3 1 1 4 7 8 9 6 3 2 4 5 4 7 5 8 5 8 5 4 8 6 3
2 4 1 5 7 7 8 9 6 5 4 1 2 5 4 7 8 9 6 3 2 1 0 5 4 0 2 5 4 5 5 8 9 6 3 0 1 1
```

PART 4

```
4 3 6 5 7 3 4 1 6 9 4 7 1 4 6 3 9 1 0 2 4 0 1 4 8 9 0 1 2 0 2 5 1 4 1 0 4 7
7 6 3 0 4 1 6 9 5 7 5 8 4 2 2 3 6 4 7 5 9 6 3 5 4 9 7 4 2 3 5 6 9 8 4 4 8 7
5 3 5 4 7 8 5 4 7 8 5 1 5 7 5 9 6 2 4 4 7 5 6 9 8 7 8 0 2 3 0 1 4 5 7 8 9 9
6 5 4 2 3 5 4 3 4 1 6 9 4 7 1 4 6 3 9 1 0 2 4 0 1 4 8 9 0 1 2 0 2 5 1 4 1 0
4 7 7 6 3 0 4 1 6 9 5 7 5 8 4 2 2 3 6 4 2 5 8 6 3 5 4 6 9 8 4 4 8 7 5 3 5 4
7 8 5 4 7 8 5 1 5 7 5 9 6 2 4 4 7 5 6 9 8 7 8 0 2 3 0 1 4 5 7 8 9 9 6 5 4 2
3 5 4 7 7 8 4 5 2 9 8 4 5 6 3 2 4 5 5 7 8 5 6 5 2 4 0 8 2 3 6 5 5 4 1 2 4 1
2 5 4 1 2 5 4 1 2 5 4 1 2 5 4 1 1 2 5 4 5 3 6 6 7 5 2 1 4 6 5 4 2 3 8 4 7 9
5 4 2 3 6 5 4 1 2 2 3 6 5 0 7 8 9 4 7 9 2 1 9 7 8 4 2 3 6 7 8 9 4 3 5 7 8 9
5 4 2 3 4 5 7 0 6 7 5 4 7 8 5 9 6 8 8 9 6 2 2 0 5 8 7 5 6 9 8 7 4 5 8 7 4 9
5 7 7 0 3 2 5 6 6 8 7 4 2 4 9 6 2 4 8 6 2 4 7 8 0 6 1 5 6 9 8 3 5 4 7 8 9 5
4 5 1 0 5 4 7 9 6 5 5 4 2 3 6 9 4 5 7 9 2 1 0 2 3 6 0 1 4 7 5 8 8 5 6 0 3 2
4 5 3 0 5 5 4 6 8 2 4 6 2 6 5 7 2 4 9 5 5 1 9 7 3 5 8 4 2 6 8 4 5 7 5 8 4 2
6 9 5 1 3 5 7 1 5 5 6 3 8 7 1 3 1 1 4 7 8 9 6 3 2 4 5 4 7 5 8 5 8 5 4 8 6 3
2 4 1 5 7 7 8 9 6 5 4 1 2 5 4 7 8 9 6 3 2 1 0 5 4 0 2 5 4 5 5 8 9 6 3 0 1 1
2 4 1 5 7 7 8 9 6 5 4 1 2 5 4 7 8 9 6 3 2 1 0 5 4 0 2 5 4 5 5 8 9 6 3 0 1 1
2 4 5 6 6 9 7 6 8 9 7 4 2 3 5 8 4 2 3 6 7 9 4 2 8 3 7 9 5 1 6 8 0 3 7 9 5 4
3 8 6 1 6 7 9 5 3 8 0 4 9 7 5 8 1 2 6 8 1 6 8 5 9 6 4 7 9 5 4 3 6 5 7 7 5 6
3 0 5 7 5 9 7 6 8 5 6 4 9 6 5 1 2 4 5 2 8 6 4 3 5 9 6 5 4 2 8 9 3 5 4 9 3 8
6 2 4 8 2 8 2 4 6 3 8 2 1 6 9 3 7 4 4 2 8 1 8 6 4 9 3 8 6 4 2 5 6 8 2 6 7 5
8 9 6 4 2 6 5 8 7 3 6 3 5 4 7 9 2 3 6 3 2 8 4 3 9 6 4 6 9 2 0 6 5 9 7 5 2 1
9 7 6 3 5 4 0 8 7 9 6 5 4 8 6 3 5 3 3 4 8 4 6 9 2 5 7 1 8 9 6 2 4 8 9 6 8 7
3 5 4 9 1 3 7 6 2 7 4 3 0 4 7 9 5 4 3 8 4 9 6 8 4 2 3 8 4 3 6 8 4 2 6 8 7 4
5 6 1 0 6 8 7 4 9 3 8 7 7 5 1 3 6 8 5 2 8 7 2 4 6 9 5 2 7 8 9 5 2 4 6 9 5 4
7 6 9 8 4 4 8 7 5 3 5 4 7 8 5 4 7 8 5 1 5 7 5 9 6 2 4 4 7 5 6 9 8 7 8 0 2 3
0 1 4 5 7 8 9 9 6 5 4 2 3 5 4 7 7 8 4 5 2 9 8 4 5 6 3 2 4 5 5 7 8 5 6 5 2 4
0 8 2 3 6 5 5 4 1 2 4 1 2 5 4 1 2 5 4 1 2 5 4 1 2 5 4 1 1 2 5 4 5 3 6 6 7 5
2 1 4 9 2 4 5 6 8 7 4 6 5 8 4 2 4 4 2 6 8 2 2 3 3 6 3 8 7 8 5 4 2 6 8 2 1 6
1 5 6 9 7 0 9 9 5 4 3 7 6 1 8 2 7 5 4 9 6 7 3 8 4 2 3 6 7 9 4 2 8 3 7 9 5 1
6 8 0 3 7 9 5 4 3 8 6 1 6 7 9 5 3 8 0 4 9 7 5 8 1 2 6 8 1 6 8 5 9 6 4 7 9 5
```

03

```
0 8 2 3 6 5 5 4 1 2 4 1 2 5 4 1 2 5 4 1 2 5 4 1 2 5 4 1 1 2 5 4 5 3 6 6 7 5
2 1 4 9 2 4 5 6 8 7 4 6 5 8 4 2 4 4 2 6 8 2 2 3 3 6 3 8 7 8 5 4 2 6 8 2 1 6
6 8 0 3 7 9 5 4 3 8 6 1 6 7 9 5 3 8 0 4 9 7 5 8 1 2 6 8 1 6 8 5 9 6 4 7 9 5
1 5 6 9 7 0 9 9 5 4 3 7 6 1 8 2 7 5 4 9 6 7 3 8 4 2 3 6 7 9 4 2 8 3 7 9 5 1
5 3 5 4 7 8 5 4 7 8 5 1 5 7 5 9 6 2 4 4 7 5 6 9 8 7 8 0 2 3 0 1 4 5 7 8 9 9
6 5 4 2 3 5 4 3 4 1 6 9 4 7 1 4 6 3 9 1 0 2 4 0 1 4 8 9 0 1 2 0 2 5 1 4 1 0
4 7 7 6 3 0 4 1 6 9 5 7 5 8 4 2 2 3 6 4 2 5 8 6 3 5 4 6 9 8 4 4 8 7 5 3 5 4
7 8 5 4 7 8 5 1 5 7 5 9 6 2 4 4 7 5 6 9 8 7 8 0 2 3 0 1 4 5 7 8 9 9 6 5 4 2
3 5 4 7 7 8 4 5 2 9 8 4 5 6 3 2 4 5 5 7 8 5 6 5 2 4 0 8 2 3 6 5 5 4 1 2 4 1
4 3 6 5 7 3 4 1 6 9 4 7 1 4 6 3 9 1 0 2 4 0 1 4 8 9 0 1 2 0 2 5 1 4 1 0 4 7
7 6 3 0 4 1 6 9 5 7 5 8 4 2 2 3 6 4 7 5 9 6 3 5 4 9 7 4 2 3 5 6 9 8 4 4 8 7
3 5 4 9 1 3 7 6 2 7 4 3 0 4 7 9 5 4 3 8 4 9 6 8 4 2 3 8 4 3 6 8 4 2 6 8 7 4
2 5 4 1 2 5 4 1 2 5 4 1 2 5 4 1 1 2 5 4 5 3 6 6 7 5 2 1 4 6 5 4 2 3 8 4 7 9
5 4 2 3 6 5 4 1 2 2 3 6 5 0 7 8 9 4 7 9 2 1 9 7 8 4 2 3 6 7 8 9 4 3 5 7 8 9
5 4 2 3 4 5 7 0 6 7 5 4 7 8 5 9 6 8 8 9 6 2 2 0 5 8 7 5 6 9 8 7 4 5 8 7 4 9
2 4 5 6 6 9 7 6 8 9 7 4 2 3 5 8 4 2 3 6 7 9 4 2 8 3 7 9 5 1 6 8 0 3 7 9 5 4
3 8 6 1 6 7 9 5 3 8 0 4 9 7 5 8 1 2 6 8 1 6 8 5 9 6 4 7 9 5 4 3 6 5 7 7 5 6
3 0 5 7 5 9 7 6 8 5 6 4 9 6 5 1 2 4 5 2 8 6 4 3 5 9 6 5 4 2 8 9 3 5 4 9 3 8
6 2 4 8 2 8 2 4 6 3 8 2 1 6 9 3 7 4 4 2 8 1 8 6 4 9 3 8 6 4 2 5 6 8 2 6 7 5
8 9 6 4 2 6 5 8 7 3 6 3 5 4 7 9 2 3 6 3 2 8 4 3 9 6 4 6 9 2 0 6 5 9 7 5 2 1
9 7 6 3 5 4 0 8 7 9 6 5 4 8 6 3 5 3 3 4 8 4 6 9 2 5 7 1 8 9 6 2 4 8 9 6 8 7
5 7 7 0 3 2 5 6 6 8 7 4 2 4 9 6 2 4 8 6 2 4 7 8 0 6 1 5 6 9 8 3 5 4 7 8 9 5
4 5 1 0 5 4 7 9 6 5 5 4 2 3 6 9 4 5 7 9 2 1 0 2 3 6 0 1 4 7 5 8 8 5 6 0 3 2
4 5 3 0 5 5 4 6 8 2 4 6 2 6 5 7 2 4 9 5 5 1 9 7 3 5 8 4 2 6 8 4 5 7 5 8 4 2
6 9 5 1 3 5 7 1 5 5 6 3 8 7 1 3 1 1 4 7 8 9 6 3 2 4 5 4 7 5 8 5 8 5 4 8 6 3
2 4 1 5 7 7 8 9 6 5 4 1 2 5 4 7 8 9 6 3 2 1 0 5 4 0 2 5 4 5 5 8 9 6 3 0 1 1
2 4 1 5 7 7 8 9 6 5 4 1 2 5 4 7 8 9 6 3 2 1 0 5 4 0 2 5 4 5 5 8 9 6 3 0 1 1
5 6 1 0 6 8 7 4 9 3 8 7 7 5 1 3 6 8 5 2 8 7 2 4 6 9 5 2 7 8 9 5 2 4 6 9 5 4
7 6 9 8 4 4 8 7 5 3 5 4 7 8 5 4 7 8 5 1 5 7 5 9 6 2 4 4 7 5 6 9 8 7 8 0 2 3
0 1 4 5 7 8 9 9 6 5 4 2 3 5 4 7 7 8 4 5 2 9 8 4 5 6 3 2 4 5 5 7 8 5 6 5 2 4
```

```
6 5 4 2 3 5 4 3 4 1 6 9 4 7 1 4 6 3 9 1 0 2 4 0 1 4 8 9 0 1 2 0 2 5 1 4 1 0
0 1 4 5 7 8 9 9 6 5 4 2 3 5 4 7 7 8 4 5 2 9 8 4 5 6 3 2 4 5 5 7 8 5 6 5 2 4
9 7 6 3 5 4 0 8 7 9 6 5 4 8 6 3 5 3 3 4 8 4 6 9 2 5 7 1 8 9 6 2 4 8 9 6 8 7
3 8 6 1 6 7 9 5 3 8 0 4 9 7 5 8 1 2 6 8 1 6 8 5 9 6 4 7 9 5 4 3 6 5 7 7 5 6
4 3 6 5 7 3 4 1 6 9 4 7 1 4 6 3 9 1 0 2 4 0 1 4 8 9 0 1 2 0 2 5 1 4 1 0 4 7
6 2 4 8 2 8 2 4 6 3 8 2 1 6 9 3 7 4 4 2 8 1 8 6 4 9 3 8 6 4 2 5 6 8 2 6 7 5
8 9 6 4 2 6 5 8 7 3 6 3 5 4 7 9 2 3 6 3 2 8 4 3 9 6 4 6 9 2 0 6 5 9 7 5 2 1
3 5 4 7 7 8 4 5 2 9 8 4 5 6 3 2 4 5 5 7 8 5 6 5 2 4 0 8 2 3 6 5 5 4 1 2 4 1
2 5 4 1 2 5 4 1 2 5 4 1 2 5 4 1 1 2 5 4 5 3 6 6 7 5 2 1 4 6 5 4 2 3 8 4 7 9
3 5 4 9 1 3 7 6 2 7 4 3 0 4 7 9 5 4 3 8 4 9 6 8 4 2 3 8 4 3 6 8 4 2 6 8 7 4
5 6 1 0 6 8 7 4 9 3 8 7 7 5 1 3 6 8 5 2 8 7 2 4 6 9 5 2 7 8 9 5 2 4 6 9 5 4
7 6 9 8 4 4 8 7 5 3 5 4 7 8 5 4 7 8 5 1 5 7 5 9 6 2 4 4 7 5 6 9 8 7 8 0 2 3
4 5 3 0 5 5 4 6 8 2 4 6 2 6 5 7 2 4 9 5 5 1 9 7 3 5 8 4 2 6 8 4 5 7 5 8 4 2
6 9 5 1 3 5 7 1 5 5 6 3 8 7 1 3 1 1 4 7 8 9 6 3 2 4 5 4 7 5 8 5 8 5 4 8 6 3
2 4 5 6 6 9 7 6 8 9 7 4 2 3 5 8 4 2 3 6 7 9 4 2 8 3 7 9 5 1 6 8 0 3 7 9 5 4
0 8 2 3 6 5 5 4 1 2 4 1 2 5 4 1 2 5 4 1 2 5 4 1 2 5 4 1 1 2 5 4 5 3 6 6 7 5
2 1 4 9 2 4 5 6 8 7 4 6 5 8 4 2 4 4 2 6 8 2 2 3 3 6 3 8 7 8 5 4 2 6 8 2 1 6
1 5 6 9 7 0 9 9 5 4 3 7 6 1 8 2 7 5 4 9 6 7 3 8 4 2 3 6 7 9 4 2 8 3 7 9 5 1
3 0 5 7 5 9 7 6 8 5 6 4 9 6 5 1 2 4 5 2 8 6 4 3 5 9 6 5 4 2 8 9 3 5 4 9 3 8
2 4 1 5 7 7 8 9 6 5 4 1 2 5 4 7 8 9 6 3 2 1 0 5 4 0 2 5 4 5 5 8 9 6 3 0 1 1
6 8 0 3 7 9 5 4 3 8 6 1 6 7 9 5 3 8 0 4 9 7 5 8 1 2 6 8 1 6 8 5 9 6 4 7 9 5
4 7 7 6 3 0 4 1 6 9 5 7 5 8 4 2 2 3 6 4 2 5 8 6 3 5 4 6 9 8 4 4 8 7 5 3 5 4
7 8 5 4 7 8 5 1 5 7 5 9 6 2 4 4 7 5 6 9 8 7 8 0 2 3 0 1 4 5 7 8 9 9 6 5 4 2
5 4 2 3 6 5 4 1 2 2 3 6 5 0 7 8 9 4 7 9 2 1 9 7 8 4 2 3 6 7 8 9 4 3 5 7 8 9
7 6 3 0 4 1 6 9 5 7 5 8 4 2 2 3 6 4 7 5 9 6 3 5 4 9 7 4 2 3 5 6 9 8 4 4 8 7
5 3 5 4 7 8 5 4 7 8 5 1 5 7 5 9 6 2 4 4 7 5 6 9 8 7 8 0 2 3 0 1 4 5 7 8 9 9
5 7 7 0 3 2 5 6 6 8 7 4 2 4 9 6 2 4 8 6 2 4 7 8 0 6 1 5 6 9 8 3 5 4 7 8 9 5
2 4 1 5 7 7 8 9 6 5 4 1 2 5 4 7 8 9 6 3 2 1 0 5 4 0 2 5 4 5 5 8 9 6 3 0 1 1
4 5 1 0 5 4 7 9 6 5 5 4 2 3 6 9 4 5 7 9 2 1 0 2 3 6 0 1 4 7 5 8 8 5 6 0 3 2
5 4 2 3 4 5 7 0 6 7 5 4 7 8 5 9 6 8 8 9 6 2 2 0 5 8 7 5 6 9 8 7 4 5 8 7 4 9
```

PART

5

면접

CHAPTER 01 면접 유형 및 실전·대책

CHAPTER 02 삼성그룹 실제 면접

CHAPTER 01 면접 유형 및 실전 대책

01 면접 주요사항

면접의 사전적 정의는 면접관이 지원자를 직접 만나보고 인품(人品)이나 언행(言行) 따위를 시험하는 일로, 흔히 필기시험 후에 최종적으로 심사하는 방법이다.

최근 주요 기업의 인사담당자들을 대상으로 채용 시 면접이 차지하는 비중을 설문조사했을 때, 50~80% 이상이라고 답한 사람이 전체 응답자의 80%를 넘었다. 이와 대조적으로 지원자들을 대상으로 취업 시험에서 면접을 준비하는 기간을 물었을 때, 대부분의 응답자가 2~3일 정도라고 대답했다.

지원자가 일정 수준의 스펙을 갖추기 위해 자격증 시험과 토익을 치르고 이력서와 자기소개서까지 쓰다 보면 면접까지 챙길 여유가 없는 것이 사실이다. 그리고 서류전형과 인적성검사를 통과해야만 면접을 볼 수 있기 때문에 자연스럽게 면접은 취업시험 과정에서 그 비중이 작아질 수밖에 없다. 하지만 아이러니하게도 실제 채용 과정에서 면접이 차지하는 비중은 절대적이라고 해도 과언이 아니다.

기업들은 채용 과정에서 토론 면접, 인성 면접, 프레젠테이션 면접, 역량 면접 등의 다양한 면접을 실시한다. 1차 커트라인이라고 할 수 있는 서류전형을 통과한 지원자들의 스펙이나 능력은 서로 엇비슷하다고 판단되기 때문에 서류상 보이는 자격증이나 토익 성적보다는 지원자의 인성을 파악하기 위해 면접을 더욱 강화하는 것이다. 일부 기업은 의도적으로 압박 면접을 실시하기도 한다. 지원자가 당황할 수 있는 질문을 던져서 그것에 대한 지원자의 반응을 살펴보는 것이다.

면접은 다르게 생각한다면 '나는 누구인가?'에 대한 물음에 해답을 줄 수 있는 가장 현실적이고 미래적인 경험이 될 수 있다. 취업난 속에서 자격증을 취득하고 토익 성적을 올리기 위해 앞만 보고 달려온 지원자들은 자신에 대해서 고민하고 탐구할 수 있는 시간을 평소 쉽게 가질 수 없었을 것이다. 자신을 잘 알고 있어야 자신에 대해서 자신감 있게 말할 수 있다. 대체로 사람들은 자신에게 관대한 편이기 때문에 자신에 대해서 어떤 기대와 환상을 가지고 있는 경우가 많다. 하지만 면접은 제삼자에 의해 개인의 능력을 객관적으로 평가받는 시험이다. 어떤 지원자들은 다른 사람에게 자신을 표현하는 것을 어려워한다. 평소에 잘 사용하지 않는 용어를 내뱉으면서 거창하게 자신을 포장하는 지원자도 많다. 면접에서 가장 기본은 자기 자신을 면접관에게 알기 쉽게 표현하는 것이다.

이러한 표현을 바탕으로 자신이 앞으로 하고자 하는 것과 그에 대한 이유를 설명해야 한다. 최근에는 자신감을 향상시키거나 말하는 능력을 높이는 학원도 많기 때문에 얼마든지 자신의 단점을 극복할 수 있다.

1. 자기소개의 기술

자기소개를 시키는 이유는 면접자가 지원자의 자기소개서를 압축해서 듣고, 지원자의 첫인상을 평가할 시간을 가질 수 있기 때문이다. 면접을 위한 워밍업이라고 할 수 있으며, 첫인상을 결정하는 과정이므로 매우 중요한 순간이다.

(1) 정해진 시간에 자기소개를 마쳐야 한다.

쉬워 보이지만 의외로 지원자들이 정해진 시간을 넘기거나 혹은 빨리 끝내서 면접관에게 지적을 받는 경우가 많다. 본인이 면접을 받는 마지막 지원자가 아닌 이상, 정해진 시간을 지키지 않는 것은 수많은 지원자를 상대하기에 바쁜 면접관과 대기 시간에 지친 다른 지원자들에게 불쾌감을 줄 수 있다.

또한 회사에서 시간관념은 절대적인 것이므로 반드시 자기소개 시간을 지켜야 한다. 말하기는 1분에 200자 원고지 2장 분량의 글을 읽는 만큼의 속도가 가장 적당하다. 이를 A4 용지에 10point 글자 크기로 작성하면 반 장 분량이 된다.

(2) 간단하지만 신선한 문구로 자기소개를 시작하자.

요즈음 많은 지원자가 이 방법을 사용하고 있기 때문에 웬만한 소재의 문구가 아니면 면접관의 관심을 받을 수 없다. 이러한 문구는 시대적으로 유행하는 광고 카피를 패러디하는 경우와 격언 등을 인용하는 경우, 그리고 지원한 회사의 IC나 경영이념, 인재상 등을 사용하는 경우 등이 있다. 지원자는 이러한 여러 문구 중에 자신의 첫인상을 북돋아 줄 수 있는 것을 선택해서 말해야 한다. 자신의 이름을 문구 속에 적절하게 넣어서 말한다면 좀 더 효과적인 자기소개가 될 것이다.

(3) 무엇을 먼저 말할 것인지 고민하자.

면접관이 많이 던지는 질문 중 하나가 지원동기이다. 그래서 성장기를 바로 건너뛰고, 지원한 회사에 들어오기 위해 대학에서 어떻게 준비했는지를 설명하는 자기소개가 대세이다.

(4) 면접관의 호기심을 자극해 관심을 불러일으킬 수 있게 말하라.

면접관에게 질문을 많이 받는 지원자의 합격률이 반드시 높은 것은 아니지만, 질문을 전혀 안 받는 것보다는 좋은 평가를 기대할 수 있다.

지원한 분야와 관련된 수상 경력이나 프로젝트 등을 말하는 것도 좋다. 이는 지원자의 업무 능력과 직접 연결되는 것이므로 효과적인 자기 홍보가 될 수 있다. 일부 지원자들은 자신만의 특별한 경험을 이야기하는데, 이때는 그 경험이 보편적으로 사람들의 공감대를 얻을 수 있는 것인지 다시 생각해봐야 한다.

(5) 마지막 고개를 넘기가 가장 힘들다.

첫 단추도 중요하지만, 마지막 단추도 중요하다. 하지만 왠지 격식을 따지는 인사말은 지나가는 인사말 같고, 다르게 하자니 예의에 어긋나는 것 같은 기분이 든다. 이때는 처음에 했던 자신만의 문구를 다시 한 번 말하는 것도 좋은 방법이다. 자연스러운 끝맺음이 될 수 있도록 적절한 연습이 필요하다.

2. 1분 자기소개 시 주의사항

(1) 자기소개서와 자기소개가 똑같다면 감점일까?

아무리 자기소개서를 외워서 말한다 해도 자기소개가 자기소개서와 완전히 똑같을 수는 없다. 자기소개서의 분량이 더 많고 회사마다 요구하는 필수 항목들이 있기 때문에 굳이 고민할 필요는 없다. 오히려 자기소개서의 내용을 잘 정리한 자기소개가 더 좋은 결과를 만들 수 있다. 하지만 자기소개서와 상반된 내용을 말하는 것은 적절하지 않다. 지원자의 신뢰성이 떨어진다는 것은 곧 불합격을 의미하기 때문이다.

(2) 말하는 자세를 바르게 익혀라.

지원자가 자기소개를 하는 동안 면접관은 지원자의 동작 하나하나를 관찰한다. 그렇기 때문에 바른 자세가 중요하다는 것은 우리가 익히 알고 있다. 하지만 문제는 무의식적으로 나오는 습관 때문에 자세가 흐트러져 나쁜 인상을 줄 수 있다는 것이다. 이러한 습관을 고칠 수 있는 가장 좋은 방법은 캠코더 등으로 자신의 모습을 담는 것이다. 거울을 사용할 경우에는 시선이 자꾸 자기 눈과 마주치기 때문에 집중하기 힘들다. 하지만 촬영된 동영상은 제삼자의 입장에서 자신을 볼 수 있기 때문에 많은 도움이 된다.

(3) 정확한 발음과 억양으로 자신 있게 말하라.

지원자의 모양새가 아무리 뛰어나도, 목소리가 작고 발음이 부정확하면 큰 감점을 받는다. 이러한 모습은 지원자의 좋은 점에까지 악영향을 끼칠 수 있다. 직장을 흔히 사회생활의 시작이라고 말하는 시대적 정서에서 사람들과 의사소통을 하는 데 문제가 있다고 판단되는 지원자는 부적절한 인재로 평가될 수밖에 없다.

3. 대화법

전문가들이 말하는 대화법의 핵심은 '상대방을 배려하면서 이야기하라.'는 것이다. 대화는 나와 다른 사람의 소통이다. 내용에 대한 공감이나 이해가 없다면 대화는 더 진전되지 않는다.

베스트셀러 『카네기 인간관계론』의 작가인 철학자 카네기가 말하는 최상의 대화법은 자신의 경험을 토대로 이야기하는 것이다. 즉, 살아오면서 직접 겪은 경험이 상대방의 관심을 끌 수 있는 가장 좋은 이야깃거리인 것이다. 특히, 어떤 일을 이루기 위해 노력하는 과정에서 겪은 실패나 희망에 대해 진솔하게 얘기한다면 상대방은 어느새 당신의 편에 서서 그 이야기에 동조할 것이다.

독일의 사업가이자, 동기부여 트레이너인 위르겐 힐러의 연설법 중 가장 유명한 것은 '시즐(Sizzle)'을 잡는 것이다. 시즐이란, 새우튀김이나 돈가스가 기름에서 지글지글 튀겨질 때 나는 소리이다. 즉, 자신의 말을 듣고 시즐처럼 반응하는 상대방의 감정에 적절하게 대응하라는 것이다.

말을 시작한 지 10 ~ 15초 안에 상대방의 '시즐'을 알아차려야 한다. 자신의 이야기에 대한 상대방의 첫 반응에 따라 말하기 전략도 달라져야 한다. 첫 이야기의 반응이 미지근하다면 가능한 한 그 이야기를 빨리 마무리하고 새로운 이야깃거리를 생각해내야 한다. 길지 않은 면접 시간 내에 몇 번 오지 않는 대답의 기회를 살리기 위해서 보다 전략적이고 냉철해야 하는 것이다.

4. 차림새

(1) 구두

면접에 어떤 옷을 입어야 할지를 며칠 동안 고민하면서 정작 구두는 면접 보는 날 현관을 나서면서 즉흥적으로 신고 가는 지원자들이 많다. 구두를 보면 그 사람의 됨됨이를 알 수 있다고 한다. 면접관 역시 이러한 것을 놓치지 않기 때문에 지원자는 자신의 구두에 더욱 신경을 써야 한다. 스타일의 마무리는 발끝에서 이루어지는 것이다. 아무리 멋진 옷을 입고 있어도 구두가 어울리지 않는다면 전체 스타일이 흐트러지기 때문이다.

정장용 구두는 디자인이 깔끔하고, 에나멜 가공처리를 하여 광택이 도는 페이턴트 가죽 소재 제품이 무난하다. 검정 계열 구두는 회색과 감색 정장에, 브라운 계열의 구두는 베이지나 갈색 정장에 어울린다. 참고로 구두는 오전에 사는 것보다 발이 충분히 부은 상태인 저녁에 사는 것이 좋다. 마지막으로 당연한 일이지만 반드시 면접을 보는 전날 구두 뒤축이 닳지는 않았는지 확인하고 구두에 광을 내 둔다.

(2) 양말

양말은 정장과 구두의 색상을 비교해서 골라야 한다. 특히 검정이나 감색의 진한 색상의 바지에 흰 양말을 신는 것은 시대에 뒤처지는 일이다. 일반적으로 양말의 색깔은 바지의·색깔과 같아야 한다. 또한 양말의 길이도 신경 써야 한다. 바지를 입을 경우, 의자에 바르게 앉거나 다리를 꼬아서 앉을 때 다리털이 보여서는 안 된다. 반드시 긴 정장 양말을 신어야 한다.

(3) 정장

지원자는 평소에 정장을 입을 기회가 많지 않기 때문에 면접을 볼 때 본인 스스로도 옷을 어색하게 느끼는 경우가 많다. 옷을 불편하게 느끼기 때문에 자세마저 불안정한 지원자도 볼 수 있다. 그러므로 면접 전에 정장을 입고 생활해 보는 것도 나쁘지는 않다.

일반적으로 면접을 볼 때는 상대방에게 신뢰감을 줄 수 있는 남색 계열의 옷이나 어떤 계절이든 무난하고 깔끔해 보이는 회색 계열의 정장을 많이 입는다. 정장은 유행에 따라서 재킷의 디자인이나 버튼의 개수가 바뀌기 때문에 너무 오래된 옷을 입어서 다른 사람의 옷을 빌려 입고 나온 듯한 인상을 주어서는 안 된다.

(4) 헤어스타일과 메이크업

헤어스타일에 자신이 없다면 미용실에 다녀오거나 자신에게 어울리는 메이크업을 하는 것도 좋은 방법이다. 지나치게 화려한 메이크업이 아니라면 보다 준비된 지원자처럼 보일 수 있다.

5. 첫인상

취업을 위해 성형수술을 받는 사람들에 대한 이야기는 더 이상 뉴스거리가 되지 않는다. 그만큼 많은 사람이 좁은 취업문을 뚫기 위해 이미지 향상에 신경을 쓰고 있다. 이는 면접관에게 좋은 첫인상을 주기 위한 것으로, 지원서에 올리는 증명사진을 이미지 프로그램을 통해 수정하는 이른바 '사이버 성형'이 유행하는 것과 같은 맥락이다. 실제로 외모가 채용 과정에서 영향을 끼치는가에 대한 설문조사에서도 60% 이상의 인사담당자들이 그렇다고 답변했다.

하지만 외모와 첫인상을 절대적인 관계로 이해하는 것은 잘못된 판단이다. 외모가 첫인상에서 많은 부분을 차지하지만, 외모 외에 다른 결점이 발견된다면 그로 인해 장점들이 가려질 수도 있다. 이러한 현상은 아래에서 다시 논하겠다.

첫인상은 말 그대로 한 번밖에 기회가 주어지지 않으며 몇 초 안에 결정된다. 첫인상을 결정짓는 요소 중 시각적인 요소가 80% 이상을 차지한다. 첫눈에 들어오는 생김새나 복장, 표정 등에 의해서 결정되는 것이다. 면접을 시작할 때 자기소개를 시키는 것도 지원자별로 첫인상을 평가하기 위해서이다. 첫인상이 중요한 이유는 만약 첫인상이 부정적으로 인지될 경우, 지원자의 다른 좋은 면까지 거부당하기 때문이다. 이러한 현상을 심리학에서는 초두효과(Primacy Effect)라고 한다. 한 번 형성된 첫인상은 여간해서 바꾸기 힘들다. 이는 첫인상이 나중에 들어오는 정보까지 영향을 주기 때문이다. 첫인상의 정보가 나중에 들어오는 정보 처리의 지침이 되는 것을 심리학에서는 맥락효과(Context Effect)라고 한다. 따라서 평소에 첫인상을 좋게 만들기 위한 노력을 꾸준히 해야만 하는 것이다.

좋은 첫인상이 반드시 외모에만 집중되는 것은 아니다. 오히려 깔끔한 옷차림과 부드러운 표정 그리고 말과 행동 등에 의해 전반적인 이미지가 만들어진다. 누구나 이러한 것 중에 한두 가지 단점을 가지고 있다. 요즈음은 이미지 컨설팅을 통해서 자신의 단점들을 보완하는 지원자도 있다. 특히, 표정이 밝지 않은 지원자는 평소 웃는 연습을 의식적으로 하여 면접을 받는 동안 계속해서 여유 있는 표정을 짓는 것이 중요하다. 성공한 사람들은 인상이 좋다는 것을 명심하자.

---

02   **면접의 유형 및 실전 대책**

1. 면접의 유형

과거 천편일률적인 일대일 면접과 달리 면접에는 다양한 유형이 도입되어 현재는 "면접은 이렇게 보는 것이다."라고 말할 수 있는 정해진 유형이 없어졌다. 그러나 삼성그룹 면접에서는 현재까지는 집단 면접과 다대일 면접이 진행되고 있으므로 어느 정도 유형을 파악하여 사전에 대비가 가능하다. 면접의 기본인 단독 면접부터, 다대일 면접, 집단 면접의 유형과 그 대책에 대해 알아보자.

(1) 단독 면접

단독 면접이란 응시자와 면접관이 1대1로 마주하는 형식을 말한다. 면접위원 한 사람과 응시자 한 사람이 마주 앉아 자유로운 화제를 가지고 질의응답을 되풀이하는 방식이다. 이 방식은 면접의 가장 기본적인 방법으로 소요시간은 10 ~ 20분 정도가 일반적이다.

① 장점

필기시험 등으로 판단할 수 없는 성품이나 능력을 알아내는 데 가장 적합하다고 평가받아 온 면접방식으로 응시자 한 사람 한 사람에 대해 여러 면에서 비교적 폭넓게 파악할 수 있다. 응시자의 입장에서는 한 사람의 면접관만을 대하는 것이므로 상대방에게 집중할 수 있으며, 긴장감도 다른 면접방식에 비해서는 적은 편이다.

② 단점

면접관의 주관이 강하게 작용해 객관성을 저해할 소지가 있으며, 면접 평가표를 활용한다 하더라도 일면적인 평가에 그칠 가능성을 배제할 수 없다. 또한 시간이 많이 소요되는 것도 단점이다.

> **단독 면접 준비 Point**
>
> 단독 면접에 대비하기 위해서는 평소 일대일로 논리 정연하게 대화를 나눌 수 있는 능력을 기르는 것이 중요하다. 그리고 면접장에서는 면접관을 선배나 선생님 혹은 아버지를 대하는 기분으로 면접에 임하는 것이 부담도 훨씬 적고 실력을 발휘할 수 있는 방법이 될 것이다.

(2) 다대일 면접

다대일 면접은 일반적으로 가장 많이 사용되는 면접방법으로 보통 2~5명의 면접관이 1명의 응시자에게 질문하는 형태의 면접방법이다. 면접관이 여러 명이므로 다각도에서 질문을 하여 응시자에 대한 정보를 많이 알아낼 수 있다는 점 때문에 선호하는 면접방법이다.

하지만 응시자의 입장에서는 질문도 면접관에 따라 각양각색이고 동료 응시자가 없으므로 숨 돌릴 틈도 없게 느껴진다. 또한 관찰하는 눈도 많아서 조그만 실수라도 지나치는 법이 없기 때문에 정신적 압박과 긴장감이 높은 면접방법이다. 따라서 응시자는 긴장을 풀고 한 시험관이 묻더라도 면접관 전원을 향해 대답한다는 기분으로 또박또박 대답하는 자세가 필요하다.

① 장점

면접관이 집중적인 질문과 다양한 관찰을 통해 응시자가 과연 조직에 필요한 인물인가를 완벽히 검증할 수 있다.

② 단점

면접시간이 보통 10~30분 정도로 좀 긴 편이고 응시자에게 지나친 긴장감을 조성하는 면접방법이다.

> **다대일 면접 준비 Point**
>
> 질문을 들을 때 시선은 면접위원을 향하고 다른 데로 돌리지 말아야 하며, 대답할 때에도 고개를 숙이거나 입속에서 우물거리는 소극적인 태도는 피하도록 한다. 면접위원과 대등하다는 마음가짐으로 편안한 태도를 유지하면 대답도 자연스러운 상태에서 좀 더 충실히 할 수 있고, 이에 따라 면접위원이 받는 인상도 달라진다.

(3) 집단 면접

집단 면접은 다수의 면접관이 여러 명의 응시자를 한꺼번에 평가하는 방식으로 짧은 시간에 능률적으로 면접을 진행할 수 있다. 각 응시자에 대한 질문내용, 질문횟수, 시간배분이 똑같지는 않으며, 모두에게 같은 질문이 주어지기도 하고, 각각 다른 질문을 받기도 한다.

또한 어떤 응시자가 한 대답에 대한 의견을 묻는 등 그때그때의 분위기나 면접관의 의향에 따라 변수가 많다. 집단 면접은 응시자의 입장에서는 개별 면접에 비해 긴장감은 다소 덜한 반면에 다른 응시자들과의 비교가 확실하게 나타나므로 응시자는 몸가짐이나 표현력·논리성 등이 결여되지 않도록 자신의 생각이나 의견을 솔직하게 발표하여 집단 속에 묻히거나 밀려나지 않도록 주의해야 한다.

① 장점

집단 면접의 장점은 면접관이 응시자 한 사람에 대한 관찰시간이 상대적으로 길고, 비교 평가가 가능하기 때문에 결과적으로 평가의 객관성과 신뢰성을 높일 수 있다는 점이며, 응시자는 동료들과 함께 면접을 받기 때문에 긴장감이 다소 덜하다는 것을 들 수 있다. 또한 동료가 답변하는 것을 들으며, 자신의 답변 방식이나 자세를 조정할 수 있다는 것도 큰 이점이다.

② 단점

응답하는 순서에 따라 응시자마다 유리하고 불리한 점이 있고, 면접위원의 입장에서는 각각의 개인적인 문제를 깊게 다루기가 곤란하다는 것이 단점이다.

집단 면접 준비 Point

너무 자기 과시를 하지 않는 것이 좋다. 대답은 자신이 말하고 싶은 내용을 간단명료하게 말해야 한다. 내용이 없는 발언을 한다거나 대답을 질질 끄는 태도는 좋지 않다. 또 말하는 중에 내용이 주제에서 벗어나거나 자기중심적으로만 말하는 것도 피해야 한다. 집단 면접에 대비하기 위해서는 평소에 설득력을 지닌 자신의 논리력을 계발하는 데 힘써야 하며, 다른 사람 앞에서 자신의 의견을 조리 있게 개진할 수 있는 발표력을 갖추는 데에도 많은 노력을 기울여야 한다.
• 실력에는 큰 차이가 없다는 것을 기억하라.
• 동료 응시자들과 서로 협조하라.
• 답변하지 않을 때의 자세가 중요하다.
• 개성 표현은 좋지만 튀는 것은 위험하다.

(4) 집단 토론식 면접

집단 토론식 면접은 집단 면접과 형태는 유사하지만 질의응답이 아니라 응시자들끼리의 토론이 중심이 되는 면접방법으로 최근 들어 급증세를 보이고 있다. 이는 공통의 주제에 대해 다양한 견해들이 개진되고 결론을 도출하는 과정, 즉 토론을 통해 응시자의 다양한 면에 대한 평가가 가능하다는 집단 토론식 면접의 장점이 널리 확산된 데 따른 것으로 보인다. 사실 집단 토론식 면접을 활용하면 주제와 관련된 지식 정도와 이해력, 판단력, 설득력, 협동성은 물론 리더십, 조직 적응력, 적극성과 대인관계 능력 등을 쉽게 파악할 수 있다.

토론식 면접에서는 자신의 의견을 명확히 제시하면서도 상대방의 의견을 경청하는 토론의 기본자세가 필수적이며, 지나친 경쟁심이나 자기 과시욕은 접어두는 것이 좋다. 또한 집단 토론의 목적이 결론을 도출해 나가는 과정에 있다는 것을 감안하여 무리하게 자신의 주장을 관철시키기보다 오히려 토론의 질을 높이는 데 기여하는 것이 좋은 인상을 줄 수 있다는 점을 알아야 한다. 취업 희망자들은 토론식 면접이 급속도로 확산되는 추세임을 감안해 특히 철저한 준비를 해야 한다. 평소에 신문의 사설이나 매스컴 등의 토론 프로그램을 주의 깊게 보면서 논리 전개방식을 비롯한 토론 과정을 익히도록 하고, 친구들과 함께 간단한 주제를 놓고 토론을 진행해 볼 필요가 있다. 또한 사회·시사문제에 대해 자기 나름대로의 관점을 정립해두는 것도 꼭 필요하다.

(5) PT 면접

PT 면접, 즉 프레젠테이션 면접은 최근 들어 집단 토론 면접과 더불어 그 활용도가 점차 커지고 있다. PT 면접은 기업마다 특성이 다르고 인재상이 다른 만큼 인성 면접만으로는 알 수 없는 지원자의 문제해결 능력, 전문성, 창의성, 기본 실무능력, 논리성 등을 관찰하는 데 중점을 두는 면접으로, 지원자 간의 변별력이 높아 대부분의 기업에서 적용하고 있으며, 확산되는 추세이다.

면접 시간은 기업별로 차이가 있지만, 전문지식, 시사성 관련 주제를 제시한 다음, 보통 20 ~ 50분 정도 준비하여 5분가량 발표할 시간을 준다. 면접관과 지원자의 단순한 질의응답식이 아닌, 주제에 대해 일정 시간 동안 지원자의 발언과 발표하는 모습 등을 관찰하게 된다. 정확한 답이나 지식보다는 논리적 사고와 의사표현력이 더 중시되기 때문에 자신의 생각을 어떻게 설명하느냐가 매우 중요하다.

PT 면접에서 같은 주제라도 직무별로 평가요소가 달리 나타난다. 예를 들어, 영업직은 설득력과 의사소통 능력에 중점을 둘 수 있겠고, 관리직은 신뢰성과 창의성 등을 더 중요하게 평가한다.

PT 면접 준비 Point

- 면접관의 관심과 주의를 집중시키고, 발표 태도에 유의한다.
- 모의 면접이나 거울 면접을 통해 미리 점검한다.
- PT 내용은 세 가지 정도로 정리해서 말한다.
- PT 내용에는 자신의 생각이 담겨 있어야 한다.
- 중간에 자문자답 방식을 활용한다.
- 평소 지원하는 업계의 동향이나 직무에 대한 전문지식을 쌓아둔다.
- 부적절한 용어 사용이나 무리한 주장 등은 하지 않는다.

2. 면접의 실전 대책

(1) 면접 대비사항

① 지원 회사에 대한 사전지식을 충분히 준비한다.

필기시험에서 합격 또는 서류전형에서의 합격통지가 온 후 면접시험 날짜가 정해지는 것이 보통이다. 이때 수험자는 면접시험을 대비해 사전에 자기가 지원한 계열사 또는 부서에 대해 폭넓은 지식을 준비할 필요가 있다.

지원 회사에 대해 알아두어야 할 사항

- 회사의 연혁
- 회사가 요구하는 신입사원의 인재상
- 회사의 사훈, 사시, 경영이념, 창업정신
- 회사의 대표적 상품, 특색
- 업종별 계열회사의 수
- 해외지사의 수와 그 위치
- 신 개발품에 대한 기획 여부
- 자기가 생각하는 회사의 장단점
- 회사의 잠재적 능력개발에 대한 제언

② 충분한 수면을 취한다.

충분한 수면으로 안정감을 유지하고 첫 출발의 상쾌한 마음가짐을 갖는다.

③ 얼굴을 생기 있게 한다.

첫인상은 면접에 있어서 가장 결정적인 당락요인이다. 면접관에게 좋은 인상을 주는 것이 중요하다. 면접관들이 가장 좋아하는 인상은 얼굴에 생기가 있고 눈동자가 살아 있는 사람, 즉 기가 살아 있는 사람이다.

④ 아침에 인터넷 뉴스를 읽고 간다.

그날의 뉴스가 질문 대상에 오를 수가 있다. 특히 경제면, 정치면, 문화면 등을 유의해서 볼 필요가 있다.

출발 전 확인할 사항

이력서, 자기소개서, 지갑, 신분증(주민등록증), 손수건, 휴지, 필기도구, 메모지, 예비스타킹 등을 준비하자.

---

(2) 면접 시 옷차림

면접에서 옷차림은 간결하고 단정한 느낌을 주는 것이 가장 중요하다. 색상과 디자인 면에서 지나치게 화려한 색상이나, 노출이 심한 디자인은 자칫 면접관의 눈살을 찌푸리게 할 수 있다. 단정한 차림을 유지하면서 자신만의 독특한 멋을 연출하는 것, 지원하는 회사의 분위기를 파악했다는 센스를 보여주는 것 또한 코디네이션의 포인트이다.

복장 점검

• 구두는 잘 닦여 있는가?
• 옷은 깨끗이 다려져 있으며 스커트 길이는 적당한가?
• 손톱은 길지 않고 깨끗한가?
• 머리는 흐트러짐 없이 단정한가?

---

(3) 면접요령

① 첫인상을 중요시한다.

상대에게 인상을 좋게 주지 않으면 어떠한 얘기를 해도 이쪽의 기분이 충분히 전달되지 않을 수 있다. 예를 들어, '저 친구는 표정이 없고 무엇을 생각하고 있는지 전혀 알 길이 없다.'처럼 생각되면 최악의 상태이다. 우선 청결한 복장, 바른 자세로 침착하게 들어가야 한다. 건강하고 신선한 이미지를 주어야 하기 때문이다.

② 좋은 표정을 짓는다.

얘기를 할 때의 표정은 중요한 사항의 하나다. 거울 앞에서 웃는 연습을 해본다. 웃는 얼굴은 상대를 편안하게 하고, 특히 면접 등 긴박한 분위기에서는 천금의 값이 있다 할 것이다. 그렇다고 하여 항상 웃고만 있어서는 안 된다. 자기의 할 얘기를 진정으로 전하고 싶을 때는 진지한 얼굴로 상대의 눈을 바라보며 얘기한다. 면접을 볼 때 눈을 감고 있으면 마이너스 이미지를 주게 된다.

③ 결론부터 이야기한다.

자기의 의사나 생각을 상대에게 정확하게 전달하기 위해서 먼저 무엇을 말하고자 하는가를 명확히 결정해 두어야 한다. 대답을 할 경우에는 결론을 먼저 이야기하고 나서 그에 따른 설명과 이유를 덧붙이면 논지(論旨)가 명확해지고 이야기가 깔끔하게 정리된다.

한 가지 사실을 이야기하거나 설명하는 데는 3분이면 충분하다. 복잡한 이야기라도 어느 정도의 길이로 요약해서 이야기하면 상대도 이해하기 쉽고 자기도 정리할 수 있다. 긴 이야기는 오히려 상대를 불쾌하게 할 수가 있다.

④ 질문의 요지를 파악한다.

면접 때의 이야기는 간결성만으로는 부족하다. 상대의 질문이나 이야기에 대해 적절하고 필요한 대답을 하지 않으면 대화는 끊어지고 자기의 생각도 제대로 표현하지 못하여 면접자로 하여금 수험생의 인품이나 사고방식 등을 명확히 파악할 수 없게 한다. 무엇을 묻고 있는지, 무슨 이야기를 하고 있는지 그 요점을 정확히 알아내야 한다.

면접에서 고득점을 받을 수 있는 성공요령

1. 자기 자신을 겸허하게 판단하라.
2. 지원한 회사에 대해 100% 이해하라.
3. 실전과 같은 연습으로 감각을 익히라.
4. 단답형 답변보다는 구체적으로 이야기를 풀어나가라.
5. 거짓말을 하지 말라.
6. 면접하는 동안 대화의 흐름을 유지하라.
7. 친밀감과 신뢰를 구축하라.
8. 상대방의 말을 성실하게 들으라.
9. 근로조건에 대한 이야기를 풀어나갈 준비를 하라.
10. 끝까지 긴장을 풀지 말라.

CHAPTER 02 삼성그룹 실제 면접

1. 인성 면접

최근 들어 대기업의 인성 면접 비중이 점차 늘어나고 있다. 삼성그룹 또한 예외는 아니다. 인성 면접에서 주로 다루는 내용은 지원자가 제출한 자기소개서를 기본으로 하며, 자기소개 후 면접관의 질문에 대답하는 방식으로 진행된다. 인성 면접의 목적은 지원자의 성격 및 역량을 파악하는 것이다. 질문에 대해 알고 모르는 것도 평가하지만 그것에 대처하는 태도를 더욱 중요하게 평가하므로, 공격성 질문 또는 잘 알지 못하는 질문을 받더라도 당황하지 말고, 자신감 있는 모습으로 대답하는 것이 중요하다. 면접관은 이러한 질문들을 통해 지원자가 앞으로 업무에 얼마나 잘 적응해 나갈 수 있는 사람인지, 돌발 상황에 대한 대처능력이 어느 정도인 사람인지를 판단하게 된다. 실전에서 당황하지 않으려면, 사전에 예상 질문을 만들어 선생님이나 친구들과 연습하면서 자주 이런 상황을 접하다 보면 면접 시에 긴장감을 풀게 되고, 면접관들을 어렵게 느끼지 않을 수 있다.

2. 기술 면접

기술 면접은 삼성그룹의 기술직군에 지원한 지원자에 한하여 진행되는 면접으로, 주로 실무와 관련된 기술을 평가하는 면접이다. 대표적으로 프로그래밍 코딩이나, 기술용어·이론과 같은 내용의 질문들이 주어지므로 평소에 자신이 앞으로 지원하게 될 부분의 용어 및 이론, 코딩 작업을 연습해 두는 것이 중요하다.

3. 기출 면접 엿보기

(1) 삼성전기

① 인성 면접

- 삼성전기가 당신을 왜 채용해야 하는가?
- 삼성전기 외의 다른 기업은 어디에 지원했는가?
- 자기를 표현할 수 있는 단어는 무엇이라 생각하는가?
- 최근 들은 농담 중에 인상 깊은 것은 어떤 것인가?
- 자기소개를 해 보시오.
- 전에 일을 하면서 곤란하거나 난감했던 적은? 어떻게 극복하였는가?
- 자신의 신조나 좌우명은 무엇인가?
- 무슨 일을 하고 싶은가?
- 술을 먹을 때 주로 무엇을 하면서 먹는가? 주량은 얼마인가?
- (남자의 경우) 군대는 어디로 갔다 왔는가?
- 살면서 가장 힘들었던 적은?
- 취미가 구기 종목이 된 이유는?
- 상사가 불합리한 일을 시키는 경우 어떻게 할 것인가? 회사에 불이익이 가는 일이라도 할 것인가?
- 마지막으로 하고 싶은 말은?

② 기술 면접

- 다이오드는 무엇인가?
- 파워서플라이는 무엇인가?
- 아날로그와 디지털이 무엇이고 차이는 무엇인가?

(2) 삼성SDI

- 자신이 다니고 있는 회사 SNS에 친구가 악플을 올렸다. 당신은 어떻게 행동하겠는가?
- 전기자동차의 전망에 대하여 말해 보시오.
- 2020년에 일회용 쓰레기로 인한 환경오염이 완전히 사라진다면, 그 이유는 무엇이라고 생각하는가?
- 기업의 사회적 책임을 어떻게 생각하는가?
- 종교가 있는가? 일요일에 근무를 해야 한다면 어떻게 하겠는가?
- 삼성SDI에 대해 아는 것이 있는가? 있다면 말해 보시오.
- 자신의 꿈이나 비전은 무엇인가?
- 왜 삼성SDI에 들어오려고 하는가?
- (전에 다니던 회사가 있을 경우) 이직 사유는 무엇인가?

(3) 삼성웰스토리

- 검식과 보존식 검수에 대해 설명해 보시오.
- 단체급식에서 중요한 점이 무엇이라고 생각하는가?
- 스트레스 관리는 어떻게 하는가?
- 직장 생활 중 불화가 생긴다면 어떻게 대처할 것인가?
- 원가관리 방법에는 무엇이 있는지 말해 보시오.
- 인건비 관리방안에 대해서 말해 보시오.
- 교차 오염의 정의에 대해서 말해 보시오.
- 지금껏 받았던 서비스 중 좋았던 경험을 말해 보시오.
- 실온, 상온, 냉장의 온도 기준 차이에 대해서 말해 보시오.
- 자신이 삼성웰스토리에 기여할 수 있는 방안은 무엇인가?
- 매출을 올릴 수 있는 자신의 방안이 있는가?
- 상사와 생각이 다를 때 어떻게 하는 편인가?
- 단체급식을 하고 싶은 이유는 무엇인가?
- 살면서 가장 힘들었던 경험은 무엇인가?

(4) 삼성전자판매

- 면접관이 고객이라고 생각하고 물건을 팔아 보시오.
- 자기소개를 해 보시오.
- 자신은 어떠한 영업적인 마인드를 가지고 있는가?
- 이직이 잦은 이유는 무엇인가?

- 삼성 가전제품 5가지를 말해 보시오.
- 합격 이후 목표는 무엇인가?

(5) 호텔신라

- 자기소개를 해 보시오.
- 해외여행을 가본 경험이 있는가?
- 면세점을 이용해본 경험이 있는가?
- (영어면접)온라인면세점 이용방법을 외국인에게 전화로 설명해 보시오.
- 언제부터 면세점에 관심을 가지게 되었는가?
- 자신의 롤모델과 그 이유를 말해 보시오.
- 봉사활동을 한 경험이 있는가?
- 팀워크에 대해 어떻게 생각하는 지 말해 보시오.
- 팀에서 일을 하다가 개인의 성향에 맞지 않은 경우는 어떻게 할 것인가?
- 개인의 성과와 팀의 성과 중 어떤 것을 더 중요하게 생각하는가?
- 여러 면세점 중 호텔신라 면세점에 관심을 가진 이유는 무엇인가?

(6) 삼성 디스플레이

① 인성 면접

- 학창시절 자신에 대해 말해 보시오.
- 부모님은 어떤 사람인지 이야기해 보시오.
- 가장 존경하는 사람이 있는가? 있다면 누구이며, 존경하는 이유를 말해 보시오.
- 자기소개를 해 보시오.
- 지원한 동기가 무엇인가?
- 고교 졸업 후 공백기에 무엇을 했는가?
- (나이가 일반 지원자보다 많을 경우) 나이가 많은데 나이 어린 상사와의 관계는 어떻게 할 것인가?
- (인턴경험이 있는 경우) 최근 인턴으로 일한 회사는 어떤 회사이며, 어떤 업무를 했는가?
- 만약 입사 후 본인이 출장을 가야 한다. 근데 만삭인 아내가 곧 출산을 할 것 같다. 출장은 본인밖에 못가는 상황이다. 어떻게 하겠는가?
- 자기소개서에 설비직을 선호한다고 했는데 이유는 무엇인가?
- 일하면서 생긴 부조리함이나 불만을 해결한 경험이 있는가?
- 회사에 합격하게 되면 혼자 올라와서 일할 수 있는가?
- 기업의 사회적 책임은 무엇인가?
- 삼성 디스플레이에서 생산하고 있는 제품을 말해 보시오.
- 삼성과 현대의 장점과 단점을 말해 보시오.
- 살면서 가장 힘들었던 순간은? 그때 어떻게 극복하였는가?
- 3년 또는 1년 선배가 있는데 나보다 일을 못한다. 어떻게 하겠는가?
- 일주일짜리 프로젝트, 월요일 아침 일찍부터 퇴근 없이 일요일 저녁 늦게까지 끝내야 하는 프로젝트를 맡는다면 어떻게 하겠는가?
- 한 달 전부터 친구들과 주말에 1박 2일 여행이 잡혀있는데, 금요일 퇴근 직전 급한 미팅이 생겼다. 어떻게 하겠는가?
- 존경하는 인물은 누구인가? 그 이유는?

- 가장 인상 깊게 읽었던 책 제목은 무엇인가? 그 이유는?
- 가장 슬펐던 일과 가장 기뻤던 일은 무엇인가?
- 주로 보는 TV프로그램은 무엇인가?
- 성격의 장·단점은 무엇인가?
- 해외에 가보고 싶은 곳이 있는가?
- 직장 상사가 부당한 요구를 한다면 어떻게 하겠는가?
- 살면서 좌절했던 경험은 어떤 것이 있나?
- 일과 자기 생활을 몇 대 몇으로 나눌 수 있는가?
- 시험 시간에 옆에 있던 친구가 보여 달라고 하면 보여 주겠나?
- 회사 생활에 꼭 필요한 한 가지는 무엇이라고 생각하나?
- 인생에서 가장 실패한 일은 무엇인가?
- 인문계 고등학교를 나왔는데 4년제 대학에 진학하지 않고, 2, 3년제 대학교에 진학한 이유는 무엇인가?
- 마지막으로 하고 싶은 말은?

② 기술 면접

- 퀀텀닷의 크기에 대해 설명해 보시오.
- 중국이 최근 디스플레이 분야에서 무섭게 따라붙고 있다. 이에 대하여 삼성디스플레이에서 해야 할 일은 무엇이라고 보는가?
- 트랜지스터의 종류에 대하여 설명해 보시오.
- LG에서 OLED TV 제품은 Flexible한 건지 Rigid한 건지 설명해 보시오.
- LCD/OLED/QLED 구조 차이가 무엇인지 설명해 보시오.
- OLED와 LCD의 풀네임을 말해 보시오.
- 반도체 공정 중에 가장 중요한 공정은 무엇인가?
- 금속의 정의는 무엇인가?

(7) 삼성모바일 디스플레이

- 이때까지 살아오면서 가장 힘들었던 일은 무엇이며, 그것을 어떻게 극복했나?
- 왜 이 일을 하고 싶은가? 이 일을 하기 위해서 무엇을 준비했나?
- 사이가 안 좋은 동료가 있다면 어떻게 극복할 것인가?
- 고등학교 시절 조퇴가 잦은데, 그 이유가 무엇인가?
- 삼성모바일 디스플레이 사장님 성함이 어떻게 되는가?
- 우리가 왜 당신을 뽑아야 하는가?
- 삼성모바일 디스플레이를 알게 된 동기는 무엇인가?
- 자신에게 불합리한 상황이 발생했을 때 어떻게 대처하겠나?
- 삼성모바일 디스플레이가 뭐 하는 곳인가?
- 말을 잘하는데 면접을 많이 봤나?
- 이전 직장 퇴사 이유는 무엇인가? 또 무슨 일을 했나?
- LCD와 AMOLED의 차이점이 무엇인가?
- 자신이 이 회사에 입사할 만한 경력을 가지고 있다고 생각하나?
- 주위 친구들이 자신의 단점은 무엇이라고 하는가?
- 삼성모바일 디스플레이는 삼성계열 중에서도 작고 비전이 없는 회사이다. 지원한 이유는 무엇인가?

- 회사 상사의 부정행위를 목격했는데 어떻게 하겠는가?
- 회사에 입사하게 된다면 자신의 목표가 있을 텐데 10년 뒤 목표가 무엇인가?
- 이 회사 말고 다른 회사도 지원했던 경험이 있을 텐데 어느 회사였나?

(8) 삼성에버랜드

- 삼성에버랜드를 지원하는 데 영향을 준 사람이 있다면, 누구인가? 그 이유는?
- 삼성에버랜드를 가 본 적이 있는가? 불편한 점이나 개선할 점은 무엇인가?
- 봉사활동 경험을 말해 보시오.
- 회사를 선택하는 기준이 무엇인지 말해 보시오.
- 개인의 가치와 회사의 가치가 반대되는 경우 어떻게 하겠는가?
- 가장 인상 깊게 읽었던 책은 무엇인가? 그 이유는?
- 회사 생활에 꼭 필요한 한 가지는 무엇이라고 생각하나?
- 전공이 다른데 삼성에버랜드에 지원한 이유는 무엇인가?
- 생활신조가 무엇인가?
- 자신의 강점은 무엇이라고 생각하는가?
- 삼성에버랜드에 자신을 어필한다면 어떤 것이 있는가?
- 간단한 자기소개를 해 보시오.
- 가족자랑을 해 보시오.
- 조직생활에서 자신의 위치는 어디인가?
- 공백 기간 중 무엇을 하였는가?
- 앉아서 하는 일과 활동적인 일 중 어떤 것이 자신에게 맞는가?

(9) 삼성LED

① 인성 면접

- 지금 전공하고 있는 과가 적성에 맞는가?
- 지금 전공하고 있는 학과에서는 정확히 무엇을 배우는가?
- 지원 동기가 무엇인가?

② 기술 면접

- 기계공학과 선반의 차이를 말해 보시오.
- LED 공정에 대해서 아는 것이 있는가?
- 삼성LED에서 자신이 하고 싶은 분야가 있는가?

우리의 모든 꿈은 실현된다.
그 꿈을 밀고 나갈 용기만 있다면.

- 월트 디즈니 -

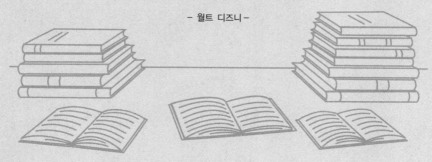

앞선 정보 제공! 도서 업데이트

언제, 왜 업데이트될까?

도서의 학습 효율을 높이기 위해 자료를 추가로 제공할 때!
공기업 · 대기업 필기시험에 변동사항 발생 시 정보 공유를 위해!
공기업 · 대기업 채용 및 시험 관련 중요 이슈가 생겼을 때!

01 시대에듀 도서
www.sdedu.co.kr/book
홈페이지 접속

02 상단 카테고리
「도서업데이트」
클릭

03 해당
기업명으로
검색

참고자료, 시험 개정사항 등 정보 제공으로 학습효율을 높여 드립니다.

더 이상의
고졸 · 전문대졸 필기시험 시리즈는 없다!

"알차다"
꼭 알아야 할 내용을 담고 있으니까

"친절하다"
핵심 내용을 쉽게 설명하고 있으니까

"핵심을 뚫는다"
시험 유형과 유사한 문제를 다루니까

"명쾌하다"
상세한 풀이로 완벽하게 익힐 수 있으니까

성공은 나를 응원하는 **사람**으로부터 **시작**됩니다.
시대에듀가 당신을 힘차게 응원합니다.

2025
전면개정판

누적 판매량
1위
대기업 인적성검사
시리즈

GSAT
4급 전문대졸
온라인 삼성직무적성검사

정답 및 해설

7개년 기출 + 모의고사 4회
+ 무료4급특강

편저 | SDC(Sidae Data Center)

유형분석 및 모의고사로
최종합격까지

한 권으로
마무리!

SDC
SDC는 시대에듀 데이터 센터의 약자로
약 30만 개의 NCS · 적성 문제 데이터를
바탕으로 최신 출제경향을 반영하여
문제를 출제합니다.

시대에듀

PART 1

7개년 기출복원문제

CHAPTER 01 2024년 하반기 기출복원문제
CHAPTER 02 2024년 상반기 기출복원문제
CHAPTER 03 2023년 하반기 기출복원문제
CHAPTER 04 2023년 상반기 기출복원문제
CHAPTER 05 2022년 하반기 기출복원문제
CHAPTER 06 2022년 상반기 기출복원문제
CHAPTER 07 2021년 하반기 기출복원문제
CHAPTER 08 2021년 상반기 기출복원문제
CHAPTER 09 2020년 하반기 기출복원문제
CHAPTER 10 2020년 상반기 기출복원문제
CHAPTER 11 2019년 하반기 기출복원문제
CHAPTER 12 2019년 상반기 기출복원문제
CHAPTER 13 2018년 하반기 기출복원문제
CHAPTER 14 2018년 상반기 기출복원문제

끝까지 책임진다! 시대에듀!

QR코드를 통해 도서 출간 이후 발견된 오류나 개정법령, 변경된 시험 정보, 최신기출문제, 도서 업데이트
자료 등이 있는지 확인해 보세요! **시대에듀 합격 스마트 앱**을 통해서도 알려 드리고 있으니 구글 플레이나
앱 스토어에서 다운받아 사용하세요. 또한, 파본 도서인 경우에는 구입하신 곳에서 교환해 드립니다.

01 수리능력검사

01	02	03	04	05	06	07			
①	④	②	④	①	④	②			

01

정답 ①

$102+100\times0.2\div5$
$=102+20\div5$
$=102+4$
$=106$

02

정답 ④

$1,203\div3+703$
$=401+703$
$=1,104$

03

정답 ②

$(\quad)+388\div2=750$
$\rightarrow(\quad)+194=750$
$\therefore(\quad)=556$

04

정답 ④

2명이 내릴 수 있는 층은 $1\sim8$층이다.
그러므로 2명이 엘리베이터에서 내리는 경우의 수는 $8\times8=64$가지이고, 같은 층에서 내리는 경우의 수는 8가지이다.
따라서 2명이 같은 층에서 내릴 확률은 $\dfrac{8}{64}=\dfrac{1}{8}$이고, 서로 다른 층에서 내릴 확률은 $1-\dfrac{1}{8}=\dfrac{7}{8}$이다.

05

정답 ①

정가가 3,000원인 바닐라라테를 2할 할인해서 팔았다면 판매가는 $3,000\times0.8=2,400$원이다.
따라서 바닐라라테의 원가가 x원일 때, $2,400=1.5x\rightarrow x=1,600$원이다.

06

정답 ④

건강보험 지출 중 보험급여비가 차지하는 비중은 2018년에 $\dfrac{37.2}{40.0}\times100=93\%$, 2019년에 $\dfrac{37.8}{42.0}\times100=90\%$로 모두 95% 미만이다.

오답분석

① 2016년 대비 2023년 건강보험 수입의 증가율은 $\dfrac{56-32}{32}\times100=75\%$이고, 지출의 증가율은 $\dfrac{56-35}{35}\times100=60\%$이다.
따라서 차이는 $75\%-60\%=15\%\mathrm{p}$이다.
② 건강보험 수지율이 전년 대비 감소하는 2017년, 2018년, 2019년, 2020년 모두 정부지원 수입이 전년 대비 증가하였다.
③ 2021년 보험료 등이 건강보험 수입에서 차지하는 비율은 $\dfrac{44}{55}\times100=80\%$이다.

07

정답 ②

학생들의 음악 수행평가 평균을 구하기 위해 반 전체 학생 수와 점수의 총합을 먼저 알아야 한다. 전체 학생 수는 $5+9+12+9+5=40$명이며, 40명이 받은 점수 총합은 $40\times5+50\times9+60\times12+70\times9+80\times5=2,400$점이다. 따라서 평균은 $\dfrac{2,400}{40}=60$점이다.

02 추리능력검사

01	02	03	04	05	06	07	08	09	
④	④	①	③	①	①	①	④	④	

01
정답 ④

$+3$, $+5$, $+7$, $+9$, …인 수열이다.
따라서 (   )$=97+21=118$이다.

02
정답 ④

(분자)$\times$(분모)$=3,000$인 수열이다.
따라서 (   )$=\dfrac{12}{250}$이다.

03
정답 ①

짝수에 해당하는 한글 자음과 알파벳을 번갈아 나열하는 수열이다.

ㄴ	D	ㅂ	H	ㅊ	L	ㅎ	(P)
2	4	6	8	10	12	14	16

04
정답 ③

숫자 항 3개를 합하면 다음 항의 알파벳에 해당하는 값이 되는 수열이다.
$3+6+9=18$
따라서 빈칸에 들어갈 문자로 옳은 것은 R이다.

05
정답 ①

주어진 조건에 따라 매출액이 많은 순서대로 나열하면 'B－D－C－A'이므로 A가게의 매출액이 가장 적다.

06
정답 ①

B가게의 매출액은 A가게의 매출액 1,500만 원보다 500만 원이 많은 2,000만 원이다. 따라서 B가게의 매출액이 가장 많다.

07
정답 ①

A가게의 매출액은 1,500만 원, B가게의 매출액은 2,000만 원, D가게의 매출액은 1,800만 원이지만, C가게의 매출액은 1,500만 원과 1,800만 원 사이의 금액이므로 정확한 매출액은 알 수 없다.

08
정답 ④

제시된 정보를 정리하면 다음과 같다.
• 파주공장 2동 → PA2
• 필기구 → 3
• 2024년 5월 8일 → 240508
• 8번째 생산단위 → 08
• 해외 판매처 → 2
코드를 순서대로 나열하면 PA232405080082이고, 11개 숫자를 모두 더하면 34이므로 9로 나눴을 때의 나머지는 7이다. 따라서 제시된 상황에서 문제가 되는 제품의 식별코드는 PA23240508082-7이다.

09
정답 ④

ㄴ. 파주공장은 2동까지 있으므로 PA3은 부여될 수 없는 코드이다.
ㄷ. 생산날짜 2024년 2월 30일은 존재하지 않으므로 부여될 수 없는 코드이다.
ㅁ. 11개의 숫자를 모두 더하면 19이므로 9로 나눴을 때의 나머지는 1이다. 따라서 검증번호가 잘못 부여된 코드이다.

01	02	03	04	05					
③	④	②	④	③					

01

정답 ③

제시된 도형이 최소한의 블록으로 정육면체가 되기 위해서는 가로, 세로, 높이가 각각 4개의 블록이 되어야 하며, 총 $4^3=$ 64개의 블록이 필요하다.
현재 블록의 개수는 $15+10+6+1=32$개이므로 $64-32=$ 32개의 블록이 더 필요하다.

02

정답 ④

제시된 도형이 최소한의 블록으로 정육면체가 되기 위해서는 가로, 세로, 높이가 각각 5개의 블록이 되어야 하며, 총 $5^3=$ 125개의 블록이 필요하다.
현재 블록의 개수는 $18+13+10+4=45$개이므로 $125-45$ $=80$개의 블록이 더 필요하다.

03

정답 ②

제시된 문자를 오름차순으로 나열하면 'ㄷ－E－ㅅ－K－L －ㅎ－P'이므로 3번째에 오는 문자는 'ㅅ'이다.

04

정답 ④

제시된 문자를 내림차순으로 나열하면 'Y－T－ㅊ－I－ㄹ －ㄷ－ㄱ'이므로 5번째에 오는 문자는 'ㄹ'이다.

05

정답 ③

제시된 뜻을 가진 단어는 '다발'이다.

오답분석
① 대발 : 대를 엮어서 만든 발
② 도발 : 남을 집적거려 일이 일어나게 함
④ 두발 : 머리에 난 털

01 수리능력검사

01	02	03	04	05	06	07			
②	②	③	②	④	②	③			

01
정답 ②

$312 \div 3 + 257$
$= 104 + 257$
$= 361$

02
정답 ②

$123 + 4,997 - 108$
$= 5,120 - 108$
$= 5,012$

03
정답 ③

$493 - 1,005 \div 5 \div 3$
$= 493 - 201 \div 3$
$= 493 - 67$
$= 426$

04
정답 ②

작년 매출액을 x만 원, 올해 매출액을 y만 원이라고 하면 다음과 같은 식이 성립한다.
$1.2x = y \cdots \bigcirc$
$y - 0.5x = 14,000 \cdots \bigcirc$
$\bigcirc$, $\bigcirc$를 연립하면
$1.2x - 0.5x = 14,000$
$\rightarrow 0.7x = 14,000$
$\therefore x = 20,000$
따라서 올해 매출액은 $1.2x = 1.2 \times 20,000 = 2$억 4천만 원이다.

05
정답 ④

A사원이 회사에서 카페까지 걸어간 거리를 $x$km, 뛴 거리를 $y$km라고 하면 다음과 같은 식이 성립한다.
$x + y = 2.5 \cdots \bigcirc$
$\dfrac{x}{4} \times 60 + \dfrac{y}{10} \times 60 = 24$
$\rightarrow 5x + 2y = 8 \cdots \bigcirc$
$\bigcirc$과 $\bigcirc$을 연립하여 $\bigcirc - (2 \times \bigcirc)$을 하면 $x = 1$이고, x의 값을 $\bigcirc$에 대입하면 $y = 1.5$이다.
따라서 A사원이 뛴 거리는 1.5km이다.

06
정답 ②

$194 - (23 + 13 + 111 + 15) = 32$
따라서 빈칸에 들어갈 숫자로 옳은 것은 32이다.

07
정답 ③

1차에서 D사를 선택하고 2차에서 C사를 선택한 소비자 수는 21명, 1차에서 E사를 선택하고 2차에서 B사를 선택한 소비자 수는 18명이다. 따라서 두 수의 차이는 3이다.

01	02	03	04	05	06	07	08		
③	④	①	②	③	①	④	②		

01

정답 ③

앞의 항에 1, 3, 5, 7, 9, 11, …을 더하는 수열이다.
따라서 (   )=36+11=47이다.

02

정답 ④

(분자)+(분모)=240인 수열이다.

따라서 (   )=$\frac{183}{57}$이다.

03

정답 ①

알파벳에 해당하는 값의 차가 그 다음 항이 되는 수열이다.

V	E	P	D	Z	W
22	5	16	4	26	23

(   )=26-23=3
따라서 빈칸에 들어갈 숫자로 옳은 것은 3이다.

04

정답 ②

홀수 항은 +1, 짝수 항은 -1을 적용하여 숫자와 한글 자음을 번갈아 나열하는 수열이다.

10	ㅈ	11	ㅇ	12	ㅅ	13	(ㅂ)
10	9	11	8	12	7	13	6

05

정답 ③

C는 아이스크림을 A보다 많이 구매하였지만, B보다는 적게 구매하였으므로 3 ~ 4개의 아이스크림을 구매하였을 것이다. 따라서 주어진 조건만으로는 몇 개의 아이스크림을 구매했는지 정확히 알 수 없다.

06

정답 ①

주어진 조건에 따라 아이스크림을 많이 구매한 순으로 나열하면 'D-E-B-C-A'가 되므로 가장 많은 아이스크림을 구매한 사람은 D이다.

07

정답 ④

창고의 코드번호 20832TKA9916L17을 암호화하면 다음과 같다.

암호화 방법	변환 결과
위치코드와 연도코드의 위치를 바꾼다.	9916TKA20832L17
연도코드와 유형코드 문자의 배치를 역순으로 나열한다.	6199AKT20832L17
처리코드의 숫자에 15를 더한다.	6199AKT20832L32

따라서 20832TKA9916L17을 암호화하면 6199AKT20832L32 이다.

08

정답 ②

암호화한 코드번호 4189ABB80910A44를 암호화 규칙에 따라 해독하면 다음과 같다.

암호 해독 방법	해독 결과
처리코드의 숫자에서 15를 뺀다.	4189ABB80910A29
연도코드와 유형코드 문자의 배치를 역순으로 나열한다.	9814BBA80910A29
위치코드와 연도코드의 위치를 바꾼다.	80910BBA9814A29

따라서 암호화한 코드번호 4189ABB80910A44의 원본 코드번호는 80910BBA9814A29이다.

01	02	03	04	05					
②	①	③	①	①					

01

정답 ②

- 1층 : 4+5+4+5+4=22개
- 2층 : 4+4+4+5+3=20개
- 3층 : 3+4+3+4+2=16개
- 4층 : 3+2+2+2+0=9개
- 5층 : 1+0+1+0+0=2개
- ∴ 22+20+16+9+2=69개

02

정답 ①

- 1층 : 4+2+4+4+4=18개
- 2층 : 3+1+2+3+2=11개
- 3층 : 3+0+2+2+0=7개
- 4층 : 2+0+1+1+0=4개
- 5층 : 1+0+0+0+0=1개
- ∴ 18+11+7+4+1=41개

03

정답 ③

제시된 문자를 오름차순으로 나열하면 'ㄱ－ㅁ－G－H－ㅈ－ㅍ－T'이므로 4번째에 오는 문자는 'H'이다.

04

정답 ①

제시된 문자를 내림차순으로 나열하면 'X－V－ㅌ－ㅅ－F－C－ㄴ'이므로 2번째에 오는 문자는 'V'이다.

05

정답 ①

동글동글하게 방울이 진 비누 거품을 '비눗방울'이라고 하며, 작고 동글동글한 물의 덩이를 '물방울'이라고 하고, 살무삿과의 하나인 동물을 '방울뱀'이라고 한다. 따라서 '방울'을 연상할 수 있다.

PART 1

01 수리능력검사

01	02	03	04	05	06	07			
③	②	②	④	②	②	①			

01 정답 ③

$5^2+3^3-2^2+6^2-9^2$
$=25+27-4+36-81$
$=88-85$
$=3$

02 정답 ②

$6,788 \div 4+2,847$
$=1,697+2,847$
$=4,544$

03 정답 ②

$54 \times 3-113+5 \times 143$
$=162-113+715$
$=877-113$
$=764$

04 정답 ④

A열차의 길이를 xm라 하자.

A열차의 속력은 $\dfrac{258+x}{18}$ m/s이고, B열차의 길이가 80m이

므로 B열차의 속력은 $\dfrac{144+80}{16}=14$m/s이다.

두 열차가 마주보는 방향으로 달려 완전히 지나는 데 9초가 걸렸으므로, 9초 동안 두 열차가 달린 거리의 합은 두 열차의 길이의 합과 같다.

$\left(\dfrac{258+x}{18}+14\right) \times 9=x+80$

$\rightarrow \dfrac{258+x}{2}+126=x+80$

$\rightarrow 510+x=2x+160$

$\therefore x=350$

따라서 A열차의 길이는 350m이다.

05 정답 ②

부어야 하는 물의 양을 xg이라고 하자.

$\dfrac{\frac{12}{100} \times 600}{600+x} \times 100 \leq 4$

$\rightarrow 7,200 \leq 2,400+4x$

$\therefore x \geq 1,200$

따라서 최소 1,200g의 물을 부어야 한다.

06 정답 ②

7월에 가계대출 금리 이하의 금리를 갖는 대출 유형은 주택담보대출, 예·적금담보대출, 보증대출, 집단대출 총 4가지이다.

[오답분석]
① 6~8월 동안 전월 대비 가계대출 가중평균 금리는 계속 감소했음을 알 수 있다.
③ 5월 대비 6월에 금리가 하락한 유형 중 가장 적게 하락한 유형은 $4.55-4.65=-0.1\%$p인 소액대출이다.
④ 8월 가계대출 유형 중 공공 및 기타부문대출과 주택담보대출 금리 차이는 $3.32-2.47=0.85\%$p이다.

07 정답 ①

선택지에 제시된 유형의 5월 대비 8월의 가중평균 금리를 비교하면 다음과 같다.

구분	5월	8월	감소 금리(%p)
소액대출	4.65	4.13	-0.52
보증대출	3.43	2.95	-0.48
일반신용대출	4.40	3.63	-0.77
집단대출	3.28	2.76	-0.52

따라서 5월 대비 8월 금리가 가장 많이 떨어진 것은 '일반신용대출'이다.

01	02	03	04	05	06	07			
②	②	①	③	①	①	②			

01

n번째 항일 때 $n(n+1)(n+2)$인 수열이다.
따라서 ( )$=5\times6\times7=210$이다.

02

(앞의 항)$-$(뒤의 항)$=$(다음 항)인 수열이다.
따라서 ( )$=-7-49=-56$이다.

03

앞의 항에 1, 2, 3, 4, …을 더하는 수열이다.

ㅏ	ㅓ	ㅗ	ㅠ	(ㅑ)
2	3	5	8	12 (10+2)

04

앞의 항에 3, 3^2, 3^3, …을 더하는 수열이다.

b	e	n	o	(r)	a
2	5	14	41 (26+15)	122 (26×4+18)	365 (26×14+1)

05

'피로가 쌓이다.'를 p, '휴식을 취한다.'를 q, '마음이 안정된
다.'를 r, '모든 연락을 끊는다.'를 s라고 하자.
제시문 A를 간단히 나타내면 $p \rightarrow q$, $\sim r \rightarrow \sim q$, $\sim p \rightarrow$
$\sim s$이다. 이를 연립하면 $s \rightarrow p \rightarrow q \rightarrow r$이 되므로 $s \rightarrow$
r가 성립한다. 따라서 제시문 B는 참이다.

06

'A가 수영을 배운다.'를 p, 'B가 태권도를 배운다.'를 q, 'C가
테니스를 배운다.'를 r, 'D가 중국어를 배운다.'를 s라고 하자.
제시문 A를 간단하게 나타내면 $p \rightarrow q$, $q \rightarrow r$, $\sim s \rightarrow \sim r$이
다. 세 번째 명제의 대우는 $r \rightarrow s$이고, 이를 연립하면 $p \rightarrow$
$q \rightarrow r \rightarrow s$가 되므로 $q \rightarrow s$가 성립한다. 따라서 제시문
B는 참이다.

07

제품번호 'IND22Q03D9210'을 항목에 따라 구분하면 다음
과 같다.
[IND] – [22] – [Q03] – [D92] – [10]
따라서 인도네시아에서 2022년에 생산되었으며, 생산 분기는
3분기이고, 의류에 해당되며, 일반운송 대상임을 알 수 있다.

PART 1

01	02	03	04	05					
②	③	③	③	①					

01

정답 ②

- 1층 : $5 \times 5 = 25$개
- 2층 : $25 - 1 = 24$개
- 3층 : $25 - 3 = 22$개
- 4층 : $25 - 5 = 20$개
- 5층 : $25 - 14 = 11$개
∴ $25 + 24 + 22 + 20 + 11 = 102$개

02

정답 ③

- 1층 : $5 \times 4 - 3 = 17$개
- 2층 : $20 - 4 = 16$개
- 3층 : $20 - 7 = 13$개
- 4층 : $20 - 12 = 8$개
∴ $17 + 16 + 13 + 8 = 54$개

03

정답 ③

제시된 문자를 오름차순으로 나열하면 'ㅅ－Ｈ－ㅈ－Ｊ－Ｋ－ㅌ'이므로 3번째에 오는 문자는 'ㅈ'이다.

04

정답 ③

'범'의 동의어인 호랑이는 '고양잇'과의 포유류로, 몹시 사납고 '무서운' 사람을 호랑이로 비유하기도 한다. 따라서 '호랑이'를 연상할 수 있다.

05

정답 ①

제시된 문자열이 같다.

01   수리능력검사

01	02	03	04	05	06	07			
④	④	④	②	④	④	①			

01   정답 ④

$22,245+34,355-45,456$
$=56,600-45,456$
$=11,144$

02   정답 ④

$0.4545+5×0.6475+0.3221$
$=0.7766+3.2375$
$=4.0141$

03   정답 ④

$\dfrac{4}{13}-\dfrac{6}{26}-\dfrac{3}{39}+\dfrac{8}{52}$
$=\dfrac{4}{13}-\dfrac{3}{13}-\dfrac{1}{13}+\dfrac{2}{13}$
$=\dfrac{4-3-1+2}{13}$
$=\dfrac{2}{13}$

04   정답 ②

작년 비행기 왕복 요금을 x원, 작년 1박 숙박비를 y원이라고 하자.

$-\dfrac{20}{100}x+\dfrac{15}{100}y=\dfrac{10}{100}(x+y)$ ··· ㉠

$\left(1-\dfrac{20}{100}\right)x+\left(1+\dfrac{15}{100}\right)y=308,000$ ··· ㉡

㉠, ㉡을 정리하면
$y=6x$ ··· ㉢
$16x+23y=6,160,000$ ··· ㉣

㉢, ㉣을 연립하면
$16x+138x=6,160,000$
$∴\ x=40,000,\ y=240,000$
따라서 올해 비행기 왕복 요금은
$40,000-40,000×\dfrac{20}{100}=32,000$원이다.

05   정답 ④

현수가 처음 가진 소금물 200g의 농도를 x%라고 하자.

$(소금의\ 양)=\dfrac{x}{100}×200=2x$

여기에 물 50g을 증발시키면 소금물은 150g이 되고, 다시 소금 5g을 더 녹이므로 소금물은 155g, 소금의 양은 $(2x+5)$g이다. 이때, 처음 농도의 3배가 된다고 하였으므로 다음과 같은 방정식이 성립한다.

$\dfrac{3x}{100}×155=2x+5$
$→93x=40x+100$
$→53x=100$
$∴\ x=\dfrac{100}{53}≒1.9$

따라서 처음 소금물의 농도는 약 1.9%이다.

06   정답 ④

평균 강수량이 가장 큰 달과 작은 달의 평균 값을 구하면 다음과 같다.
• 가장 큰 달(7월) : $300+210+230+200=940$
  → $940÷4=235$mm
• 가장 작은 달(12월) : $20+20+30+30=100$
  → $100÷4=25$mm
따라서 두 달의 값을 더하면 $235+25=260$mm이다.

07   정답 ①

각 지역의 연간 평균기온은 다음과 같다.
• 서울 : $(-3.8)+(-0.7)+4.5+11.6+17.2+21.7+25.3+25.8+20.2+13.4+6.7+(-0.3)=141.6$
  → $141.6÷12=11.8$℃

PART 1

- 대구 : $(-0.1)+2.2+7.2+13.5+18.7+22.8+26.3+26.6+21.3+15.3+8.2+2.4=164.4$
  → $164.4÷12=13.7℃$
- 광주 : $0.3+2.5+7.1+13.3+18.3+22.4+26.2+27.1+21.1+15.7+9.1+3.7=166.8$
  → $166.8÷12=13.9℃$
- 제주 : $5.0+5.5+8.8+12.1+17.2+21.2+25.4+26.7+22.4+17.4+12.3+7.4=181.4$
  → $181.4÷12≒15.1℃$

따라서 연간 평균기온을 낮은 지역부터 높은 지역 순서로 나열하면 '서울(11.8℃) – 대구(13.7℃) – 광주(13.9℃) – 제주(15.12℃)' 순이다.

01	02	03	04	05	06	07			
①	③	①	③	①	②	③			

01

정답 ①

홀수 항은 -2, 짝수 항은 $+3$을 하는 수열이다.

ㅣ	ㅓ	ㅠ	ㅛ	(ㅛ)	ㅡ
10	3	8	6	6	9

02

정답 ③

홀수 항은 $×3$, 짝수 항은 $+6$을 하는 수열이다.

B	D	F	(J)	R	P
2	4	6	10	18	16

03

정답 ①

주어진 조건에 따라 소리가 큰 순서대로 나열하면 '비행기 – 전화벨 – 일상 대화 – 라디오 음악 – 시계 초침'의 순이 된다. 따라서 '시계 초침 소리가 가장 작다.'는 참이 된다.

04

정답 ③

주어진 조건에 따라 소리의 크기를 구하면 다음과 같다.

시계 초침	라디오 음악	일상 대화	전화벨	비행기
20db	40db		70db	120db

일상 대화 소리는 라디오 음악 소리보다 크고, 전화벨 소리보다는 작으므로 41 ~ 69db 사이임을 알 수 있다. 그러나 정확한 소리의 크기는 알 수 없으므로 일상 대화 소리가 시계 초침 소리의 3배인지는 알 수 없다. 또한 비행기 소리는 라디오 음악 소리의 3배이므로 120db이다.

05

정답 ①

04번 해설에 따르면 비행기 소리는 100db 이상인 120db이므로 청각 장애 유발 원인이 될 수 있다.

06

정답 ②

제시문 A에 따라 병원의 요일별 진료 시간을 정리하면 다음과 같다.

월	화	수	목	금	토
~ 18:00	~ 19:30	~ 18:00	~ 19:00	~ 18:00	~ 14:00

따라서 가장 늦은 시간까지 진료하는 요일은 진료 시간이 오후 7시 30분까지인 화요일이다.

07

정답 ③

제시문 A에 따라 가영이가 좋아하는 순서를 정리하면 '독서 <운동<TV<컴퓨터 게임', '독서<피아노'이다. 따라서 컴퓨터 게임과 피아노 치는 것 중 무엇을 더 좋아하는지는 비교할 수 없다.

03 지각능력검사

01	02	03	04	05					
①	③	④	②	③					

01

정답 ①

- 1층 : $3 \times 3 - 2 = 7$개
- 2층 : $9 - 4 = 5$개
- 3층 : $9 - 7 = 2$개
- 4층 : $9 - 7 = 2$개
∴ $7 + 5 + 2 + 2 = 16$개

02

정답 ③

- 1층 : $4 \times 3 - 6 = 6$개
- 2층 : $12 - 4 = 8$개
- 3층 : $12 - 4 = 8$개
- 4층 : $12 - 8 = 4$개
∴ $6 + 8 + 8 + 4 = 26$개

03

정답 ④

- 1층 : $4 \times 4 - 5 = 11$개
- 2층 : $16 - 6 = 10$개
- 3층 : $16 - 8 = 8$개
- 4층 : $16 - 13 = 3$개
∴ $11 + 10 + 8 + 3 = 32$개

04

정답 ②

'운동' 기구, 목적을 위하여 구성한 '조직'의 기구, 공기보다 가벼운 기체의 부력을 이용해 '공중'에 떠오르게 만든 기구를 통해 '기구'를 연상할 수 있다.

05

정답 ③

제시된 수를 오름차순으로 나열하면 '22 – 34 – 49 – 58 – 66 – 85'이므로 5번째에 오는 수는 66이다.

CHAPTER 05 2022년 하반기 기출복원문제

01 수리능력검사

01	02	03	04	05	06	07			
④	②	④	②	①	①	②			

01
정답 ④

$4,355-23.85 \div 0.15$
$=4,355-159$
$=4,196$

02
정답 ②

$0.28+2.4682-0.9681$
$=2.7482-0.9681$
$=1.7801$

03
정답 ④

$41+414+4,141-141$
$=4,596-141$
$=4,455$

04
정답 ②

영희는 세 종류의 과일을 주문한다고 하였으며, 그중 감, 귤, 포도, 딸기에 대해서는 최대 두 종류의 과일을 주문한다고 하였다. 감, 귤, 포도, 딸기 중에서 과일이 0개, 1개, 2개 선택된다고 하였을 때, 영희는 나머지 과일에서 3개, 2개, 1개를 선택한다.
따라서 주문 가능한 경우의 수는 모두 $_4C_3 + _4C_2 \times _4C_1 + _4C_1 \times _4C_2 = 4+24+24=52$가지이다.

05
정답 ①

농도 5%의 묽은 염산의 양을 xg이라고 하면, 농도 20%의 묽은 염산과 농도 5%의 묽은 염산을 섞었을 때 농도가 10%보다 작거나 같아야 하므로 다음과 같은 부등식이 성립한다.
$\frac{20}{100} \times 300 + \frac{5}{100} \times x \le \frac{10}{100}(300+x)$
$\rightarrow 6,000+5x \le 10(300+x)$
$\rightarrow 5x \ge 3,000$
$\therefore x \ge 600$
따라서 필요한 농도 5%의 묽은 염산의 최소량은 600g이다.

06
정답 ①

정학생의 점수를 x점이라고 하자.
$\frac{76+68+89+x}{4} \ge 80$
$\rightarrow 233+x \ge 320$
$\therefore x \ge 87$
따라서 정학생은 87점 이상을 받아야 한다.

07
정답 ②

(1인당 하루 인건비)=(1인당 수당)+(산재보험료)+(고용보험료)=$50,000+50,000\times0.504+50,000\times1.3=50,000+252+650=50,902$원이다.
(하루에 고용할 수 있는 인원수)=[(본예산)+(예비비)]÷(1인당 하루 인건비)=$600,000 \div 50,902 \fallingdotseq 11.8$
따라서 하루 동안 고용할 수 있는 최대 인원은 11명이다.

02 추리능력검사

01	02	03	04	05	06	07			
②	③	④	③	②	②	④			

01

정답 ②

$A+B=C+D$

$4+7=9+2$

$6+4=2+8$

$16+9=20+5$

$(\quad)+5=10+11$

따라서 $(\quad)=10+11-5=16$이다.

02

정답 ③

오각형 모서리 숫자의 규칙은 다음과 같다.

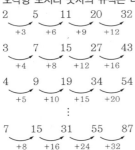

따라서 여섯 번째 오각형 모서리의 숫자들의 합은 $7+15+31+55+87=195$이다.

03

정답 ④

홀수 항은 $\times2$, 짝수 항은 $+2$를 적용하는 수열이다.

ㄱ	ㄷ	ㄴ	(ㅁ)	ㄹ	ㅅ
1	3	2	5	4	7

04

정답 ③

앞의 항에 2씩 곱하는 수열이다.

A	B	D	H	P	(F)
1	2	4	8	16	32 (26+6)

05

정답 ②

ㄴ은 명제의 대우로 참이다.

06

정답 ②

• 앞 두 자리 : ㅎ, ㅈ → N, I
• 세 번째, 네 번째 자리 : 1, 3
• 다섯 번째, 여섯 번째 자리 : Q, L
• 마지막 자리 : 01

따라서 생성할 비밀번호는 'NI13QL01'이다.

07

정답 ④

황희찬 부장(4월 8일생)의 비밀번호는 'NJ08QM03'이다.

01	02	03	04	05					
④	①	④	④	②					

01

정답 ④

- 1층 : $4 \times 4 - 4 = 12$개
- 2층 : $16 - 4 = 12$개
- 3층 : $16 - 5 = 11$개
- 4층 : $16 - 11 = 5$개

∴ $12 + 12 + 11 + 5 = 40$개

02

정답 ①

- 1층 : $4 \times 4 - 10 = 6$개
- 2층 : $16 - 6 = 10$개
- 3층 : $16 - 6 = 10$개
- 4층 : $16 - 2 = 14$개

∴ $6 + 10 + 10 + 14 = 40$개

03

정답 ④

- 1층 : $4 \times 4 - 5 = 11$개
- 2층 : $16 - 4 = 12$개
- 3층 : $16 - 11 = 5$개
- 4층 : $16 - 15 = 1$개

∴ $11 + 12 + 5 + 1 = 29$개

04

정답 ④

'난제'를 풀다, 막힌 '코'를 풀다, 서러운 '한'을 풀다를 통해 '풀다'를 연상할 수 있다.

05

정답 ②

12LJIAGPOQI:HN - 12LJIAGPOQI:HN

01 수리능력검사

01	02	03	04	05	06	07			
②	③	②	④	①	④	④			

01 　　　　　　　　　　　　　　정답 ②

$79,999 + 7,999 + 799 + 79$
$= (80,000 - 1) + (8,000 - 1) + (800 - 1) + (80 - 1)$
$= 88,876$

02 　　　　　　　　　　　　　　정답 ③

$\dfrac{4,324}{6} \times \dfrac{66}{2,162} - \dfrac{15}{6}$
$= 22 - 2.5$
$= 19.5$

03 　　　　　　　　　　　　　　정답 ②

총 9장의 손수건을 구매했으므로 B손수건 3장을 제외한 나머지 A, C, D손수건은 각각 $\dfrac{9-3}{3} = 2$장씩 구매하였다.

먼저 3명의 친구들에게 서로 다른 손수건 3장씩 나눠줘야 하므로 B손수건을 1장씩 나눠준다. 나머지 A, C, D손수건을 서로 다른 손수건으로 2장씩 나누면 (A, C), (A, D), (C, D)로 묶을 수 있다. 이 세 묶음을 3명에게 나눠주는 방법은 3!=3 ×2=6가지가 나온다.
따라서 친구 3명에게 종류가 다른 손수건 3장씩 나눠주는 경우의 수는 6가지이다.

04 　　　　　　　　　　　　　　정답 ④

한국인 1명을 임의로 선택할 때, 혈액형이 O, A, B, AB형일 확률은 각각 $\dfrac{3}{10}, \dfrac{4}{10}, \dfrac{2}{10}, \dfrac{1}{10}$이다.
한국인 2명을 임의로 선택할 때 그 둘의 혈액형이 다를 확률은 1에서 그 둘의 혈액형이 같을 확률을 뺀 값이다.
$1 - \left(\dfrac{3}{10} \times \dfrac{3}{10} + \dfrac{4}{10} \times \dfrac{4}{10} + \dfrac{2}{10} \times \dfrac{2}{10} + \dfrac{1}{10} \times \dfrac{1}{10} \right)$

$= 1 - \dfrac{30}{100}$
$= \dfrac{7}{10}$
따라서 구하고자 하는 확률은 $\dfrac{7}{10}$이다.

05 　　　　　　　　　　　　　　정답 ①

처음 소금물의 양을 xg이라고 하자.
$\dfrac{A}{100} x = \dfrac{4}{100}(x + 200)$
$\rightarrow Ax = 4x + 800$
$\therefore x = \dfrac{800}{A-4}$
따라서 처음 소금물의 양은 $\dfrac{800}{A-4}$g이다.

06 　　　　　　　　　　　　　　정답 ④

신입사원의 수를 x명이라고 하자.
1인당 지급하는 국문 명함은 150장이므로 1인 기준 국문 명함 제작비용은 10,000(∵ 100장)+3,000(∵ 추가 50장)=13,000 원이므로 총제작비용은 $13,000x = 195,000$원이다.
$\therefore x = 15$
따라서 신입사원은 총 15명이다.

07 　　　　　　　　　　　　　　정답 ④

1인당 지급하는 영문 명함은 200장이므로 1인 기준 영문 명함 제작비용(일반종이 기준)은 15,000(∵ 100장)+10,000(∵ 추가 100장)=25,000원이다.
이때 고급종이로 영문 명함을 제작하므로 해외영업부 사원들의 1인 기준 영문 명함 제작비용은 $25,000\left(1 + \dfrac{1}{10}\right) = 27,500$
원이다.
따라서 8명의 영문 명함 총제작비용은 $27,500 \times 8 = 220,000$ 원이다.

01	02	03	04	05	06	07			
④	①	③	②	②	③	④			

01

정답 ④

수를 세 개씩 묶었을 때 묶음의 첫 번째, 두 번째, 세 번째 수는 각각 ×3, ×5, ×4의 규칙을 가지는 수열이다.

ⅰ) 3　　9　　27 　… ×3
ⅱ) 5　　25　　( ) 　… ×5
ⅲ) 4　　16　　64 　… ×4

따라서 ( )=25×5=125이다.

02

정답 ①

앞의 항에 $×3^1$, $÷3^2$, $×3^3$, $÷3^4$, $×3^5$, $÷3^6$, …을 하는 수열이다.

따라서 ( )=729÷729=1이다.

03

정답 ③

앞의 항에 3을 더하는 수열이다.

B	E	H	(K)	N
2	5	8	11	14

04

정답 ②

(위의 문자)×3−1=(아래의 문자)인 수열이다.

ㄴ(2)	ㄷ(3)	ㅁ(5)	ㅅ(7)
e(5)	h(8)	(n)(14)	t(20)

05

정답 ②

제시된 명제의 비타민 C 함유량이 적은 순서대로 정리하면, '사과 − 키위(=5사과) − 귤(=1.6키위=8사과) − 딸기(=2.6키위=13사과)' 순서이므로 딸기의 비타민 C 함유량이 가장 많고, 사과의 비타민 C 함유량이 가장 적은 것을 알 수 있다.

06

정답 ③

먼저 규칙 1과 2를 통해 A직원의 이름을 구할 수 있다. 각 글자의 초성은 오른쪽으로 종성은 왼쪽으로 한자리씩 옮겼으므로 이를 반대로 즉, 초성은 왼쪽으로 종성은 오른쪽으로 한자리씩 옮기면 A직원의 이름을 구할 수 있다.

• 강형욱 → (1번 반대로) 항영국 → (2번 반대로) 학영궁
• A직원의 출근 확인 코드인 '64강형욱jabc'에서 앞 두 자리는 출생연도 뒤 두 자리를 곱한 값이라고 했으므로 1980년대생인 A직원이 64가 나오려면 8×8=64로 1988년생이었음을 구할 수 있다. 또 뒤 네 자리를 규칙 4에 따라 반대로 치환하면 jabc → 0123으로 1월 23일생임을 알 수 있다.

따라서 A직원의 이름은 학영궁, 생년월일은 1988년 1월 23일생이다.

07

정답 ④

'1992년 11월 01일생, 송하윤'에 규칙 1~4를 적용하여 정리하면 다음과 같다.

1. 송하윤 → 옹사훈
2. 옹사훈 → 오산흉
3. 9×2=18 → 18오산흉
4. 11월 01일 → 1101 = aaja

따라서 옳은 출근 확인 코드는 '18오산흉aaja'이다.

01	02	03	04						
①	①	④	②						

01

정답 ①

- 1층 : $4 \times 5 - 4 = 16$개
- 2층 : $20 - 8 = 12$개
- 3층 : $20 - 14 = 6$개
- ∴ $16 + 12 + 6 = 34$개

02

정답 ①

- 1층 : $4 \times 5 - 4 = 16$개
- 2층 : $20 - 9 = 11$개
- 3층 : $20 - 15 = 5$개
- ∴ $16 + 11 + 5 = 32$개

03

정답 ④

매화, 난, 대나무는 식물의 특징을 군자의 인품에 비유한 사군자에 속하며, '매화'는 지조와 절개, '난'은 고결함, '대나무'는 높은 품격과 강인한 기상을 상징한다. 따라서 매화, 난, 대나무를 통해 '군자'를 연상할 수 있다.

04

정답 ②

제시된 수를 내림차순으로 나열하면 '95 – 64 – 42 – 35 – 20 – 12'이므로 3번째에 오는 수는 '42'이다.

01 수리능력검사

01	02	03	04	05	06	07			
③	②	④	④	④	④	②			

01
정답 ③

$545-245-247+112$
$=300-247+112$
$=53+112$
$=165$

02
정답 ②

$777-666+555-444$
$=111+111$
$=222$

03
정답 ④

$543+34\times34-354$
$=189+1,156$
$=1,345$

04
정답 ④

각 달의 남자 손님 수를 구하면 다음과 같다.
• 1월 : $56-23=33$명
• 2월 : $59-29=30$명
• 3월 : $57-34=23$명
• 4월 : $56-22=34$명
따라서 4월에 남자 손님 수가 가장 많았다.

05
정답 ④

2017년부터 2021년 동안 전년 대비 감귤 생산량의 감소량이 가장 큰 연도는 2017년도로, 전년 대비 0.4천 톤 감소하였다.
따라서 감소량이 가장 큰 2017년의 수확 면적은 48.1만 ha이다.

06
정답 ④

농도가 15%인 소금물의 양을 xg이라고 하자.
소금의 양에 대한 방정식을 세우면
$0.1\times200+0.15\times x=0.13\times(200+x)$
$\rightarrow 20+0.15x=26+0.13x$
$\rightarrow 0.02x=6$
$\therefore x=300$
따라서 농도가 15%인 소금물은 300g이 필요하다.

07
정답 ②

한 달에 이용하는 횟수를 x번이라고 하자.
• A이용권을 사용할 때 쓰는 돈 : $50,000+1,000x$원
• B이용권을 사용할 때 쓰는 돈 : $20,000+5,000x$원
$50,000+1,000x<20,000+5,000x$
$\therefore x>7.5$
따라서 한 달에 최소 8번을 이용해야 한다.

02 추리능력검사

01	02	03	04	05	06	07			
④	①	④	②	①	③	①			

01

정답 ④

앞의 항에 +1, +2, +3, …을 하는 수열이다.

D	E	G	J	N	S	(Y)
4	5	7	10	14	19	25

02

정답 ①

홀수 항은 +2, 짝수 항은 +3을 하는 수열이다.

ㄴ	f	ㅕ	i	(ㅛ)	12	ㅇ	ㄱ
2	6	4	9	6	12	8	15(1)

03

정답 ④

(앞의 항)×2+1=(뒤의 항)인 수열이다.
따라서 (   )=63×2+1=127이다.

04

정답 ②

각 항에 0.1, 0.15, 0.2, 0.25, …씩 더하는 수열이다.
따라서 (   )=1.1+0.3=1.4이다.

05

정답 ①

제시문 A를 정리하면 철수는 대중교통 – 자동차 – 오토바이
– 자전거 순으로 좋아하므로 제시문 B는 참이다.

06

정답 ③

제품번호 구성 순으로 정리하면 다음과 같다.
• 소재 : 세라믹 → SE
• 사용인원 : 4인용 → 20
• 의자구성 : 2개 → 01
• 벤치구성 : 1개 → 01
따라서 식탁의 제품번호는 'SE200101'이다.

07

정답 ①

ㄷ. ST221010 : 맨 뒤 두 자리는 벤치구성에 대한 정보를
담고 있다. 하지만 벤치구성에는 00, 01, 11 코드만 존재
하므로 10을 나타내는 이 제품번호는 S공방의 제품번호
로 볼 수 없다.

오답분석

ㄱ. TR020100 : 원목 – 2인용 – 의자 2개 – 해당 없음
ㄴ. SE200111 : 세라믹 – 4인용 – 의자 2개 – 벤치 2개
ㄹ. MR000000 : 유리 – 8인용 – 해당 없음 – 해당 없음
ㅁ. MR200011 : 유리 – 4인용 – 해당 없음 – 벤치 2개

01	02	03	04						
②	②	②	④						

01

정답 ②

정육면체가 되기 위해서는 한 층에 5×5=25개씩 5층이 필요하다.
1층 : 7개, 2층 : 7개, 3층 : 9개, 4층 : 11개, 5층 : 18개
∴ 7+7+9+11+18=52개

02

정답 ②

• 1층 : 3×4−1=11개
• 2층 : 12−3=9개
• 3층 : 12−5=7개
• 4층 : 12−8=4개
∴ 11+9+7+4=31개

03

정답 ②

망우보뢰(亡牛補牢) : '소 잃고 외양간 고친다.'라는 뜻으로, 실패(失敗)한 후(後)에 일을 대비(對備)함을 이르는 말

오답분석

① 십벌지목(十伐之木) : '열 번 찍어 베는 나무'라는 뜻으로, 열 번 찍어 안 넘어가는 나무가 없음을 이르는 말
③ 견문발검(見蚊拔劍) : '모기를 보고 칼을 뺀다.'라는 뜻으로, 보잘것없는 작은 일에 지나치게 큰 대책(對策)을 세움을 이르는 말
④ 조족지혈(鳥足之血) : '새발의 피'라는 뜻으로, 극히 적은 분량(分量)을 이르는 말

04

정답 ④

제시문에서 답을 찾는 데 핵심이 되는 내용은 '석기시대 사람들은 아침부터 저녁까지 먹을거리를 찾아 헤맸을 거야.'이다. 제시문은 석기시대부터 현재까지 인류는 오랫동안 기아에 시달려왔다는 내용을 말하고 있다.

01 수리능력검사

01	02	03	04	05	06	07			
②	④	③	②	③	③	②			

01
정답 ②

$0.901+5.468-2.166$
$=6.369-2.166$
$=4.203$

02
정답 ④

$315\times69\div5$
$=21,735\div5$
$=4,347$

03
정답 ③

증발시킬 물의 양을 xg이라고 하자.
$$\frac{9}{100}\times800=\frac{16}{100}\times(800-x)$$
$\rightarrow 7,200=12,800-16x$
$\therefore x=350$
따라서 350g을 증발시켜야 한다.

04
정답 ②

• 국내 여행을 선호하는 남학생 수 : $30-16=14$명
• 국내 여행을 선호하는 여학생 수 : $20-14=6$명

따라서 구하고자 하는 확률은 $\frac{14}{20}=\frac{7}{10}$ 이다.

05
정답 ③

깃발은 2개이고, 깃발을 5번 들어서 표시할 수 있는 신호의 개수는 $2\times2\times2\times2\times2=32$가지이다. 여기서 5번 모두 흰색 깃발만 사용하거나 검은색 깃발만 사용하는 경우의 수 2가지를 빼면 $32-2=30$가지이다.

06
정답 ③

인천광역시와 광주광역시는 전년 대비 2020년에 헌혈률이 감소하였다.

07
정답 ②

헌혈률의 공식을 헌혈 인구를 구하는 공식으로 변형하면 '(헌혈 인구)=(헌혈률)×(광역시별 인구)÷100'이다. 따라서 대구광역시와 인천광역시의 헌혈 인구를 구하면 다음과 같다.
• 대구광역시 헌혈 인구 : $4.8\times2,400,000\div100=115,200$명
• 인천광역시 헌혈 인구 : $5.4\times3,000,000\div100=162,000$명

01	02	03	04	05	06	07			
①	①	④	④	④	③	②			

01
정답 ①

- p : 야구를 좋아함
- q : 여행을 좋아함
- r : 그림을 좋아함
- s : 독서를 좋아함

제시문 A를 간단히 나타내면 $p \to q$, $r \to s$, $\sim q \to \sim s$이다. 따라서 $p \to q$와 $r \to s \to q$가 성립하므로 $r \to q$도 참이다.

02
정답 ①

앞의 항에 1, 2, 3, 4, …을 더하는 수열이다.

ㅑ	ㅓ	ㅗ	ㅠ	(ㅑ)
2	3	5	8	12(2)

03
정답 ④

앞의 두 항의 합이 다음 항이 되는 피보나치수열이다.

a	2	c	5	h	13	(u)	34
1	2	3	5	8	13	21	34

04
정답 ④

홀수 항은 $+10$, 짝수 항은 $\div 3$을 하는 수열이다.
따라서 (   )$=63 \div 3 = 21$이다.

05
정답 ④

나열된 수를 각각 A, B, C라고 하면
$\underline{A\ B\ C} \to C = A \times B$
따라서 (   )$= \dfrac{5}{6} \times \dfrac{2}{5} = \dfrac{1}{3}$이다.

06
정답 ③

HS1245는 2017년 9월에 생산된 엔진의 시리얼 번호를 의미한다.

[오답분석]
① 제조년 번호에 O는 해당되지 않는다.
② 제조월 번호에 I는 해당되지 않는다.
④ 제조년 번호에 S는 해당되지 않는다.

07
정답 ②

DU6548 → 2013년 10월에 생산된 엔진이다.

[오답분석]
① FN4568 → 2015년 7월에 생산된 엔진이다.
③ WS2356 → 1998년 9월에 생산된 엔진이다.
④ HH2314 → 2017년 4월에 생산된 엔진이다.

01	02	03	04						
①	④	②	③						

01
정답 ①

- 1층 : $3 \times 4 - 2 = 10$개
- 2층 : $12 - 9 = 3$개
- 3층 : $12 - 11 = 1$개
∴ $10 + 3 + 1 = 14$개

02
정답 ④

- 1층 : $3 \times 4 - 2 = 10$개
- 2층 : $12 - 5 = 7$개
- 3층 : $12 - 9 = 3$개
∴ $10 + 7 + 3 = 20$개

03
정답 ②

제시된 문자를 오름차순으로 나열하면 'ㄱ - ㅂ - ㅅ - ㅇ - ㅈ - ㅎ'이므로 5번째에 오는 문자는 'ㅈ'이다.

04
정답 ③

꿩 대신 '닭', 꿩의 새끼 '꺼병이', 암컷 꿩인 '까투리'를 통해 '꿩'을 연상할 수 있다.

PART 1

01 수리능력검사

01	02	03	04	05	06				
①	①	④	④	④	③				

01

정답 ①

$15 \times 108 - 303 \div 3 + 7$
$= 1,620 - 101 + 7$
$= 1,526$

02

정답 ①

연속하는 5개의 정수의 합은 중간 값의 5배와 같다.
$(102 + 103 + 104 + 105 + 106) \div 5$
$= 104 \times 5 \div 5$
$= 104$

03

정답 ④

$48.231 - 19.292 + 59.124$
$= 28.939 + 59.124$
$= 88.063$

04

정답 ④

$342 \div 6 \times 13 - 101$
$= 57 \times 13 - 101$
$= 741 - 101$
$= 640$

05

정답 ④

매년 A~C동의 벚꽃나무 수 총합은 205그루로 일정하다.
따라서 빈칸에 들어갈 수는 $205 - 112 - 50 = 43$이다.

06

정답 ③

1년 중 발생한 화재 건수가 두 번째로 많은 달은 4월(6.3만 건)이고, 열 번째로 많은 달은 8월(4.5만 건)이다.
따라서 두 달의 화재 건수 차이는 $6.3 - 4.5 = 1.8$만 건이다.

01	02	03	04	05	06				
②	②	①	①	②	④				

01

정답 ②

홀수 항은 −1, 짝수 항은 +6을 하는 수열이다.
따라서 (　)=5+6=11이다.

02

정답 ②

나열된 수를 3개씩 묶어 각각 A, B, C라고 하면
$\underline{A\ B\ C} \rightarrow A+B-8=C$
따라서 (　)=3+5−8=0이다.

03

정답 ①

앞의 항에 −1, +2, −3, +4, −5, …을 적용하는 수열이다.

ㄹ	ㄷ	ㅁ	ㄴ	ㅂ	(ㄱ)
4	3	5	2	6	1

04

정답 ①

홀수 항과 짝수 항에 각각 5, 6, 7, …을 더하는 수열이다.

E	C	J	H	P	N	(W)
5	3	10	8	16	14	23

05

정답 ②

13 ~ 18세의 청소년에서는 '공부(53.1%)'와 '외모(15.1%)'가
1, 2위의 문제이고, 19 ~ 24세에서는 '직업(38.7%)'과 '공부
(16.2%)'가 1, 2위의 문제이다.

06

정답 ④

한국, 중국의 개인주의 지표는 유럽, 일본, 미국의 개인주의
지표에 비해 항상 아래에 위치한다.

오답분석

① 세대별 개인주의 가치성향(지표)에서 가장 높은 지표와 가
장 낮은 지표 차이는 한국이 20−(−40)=60으로 가장 크
고, 유럽은 45−25=20으로 가장 낮다.

② 대체적으로 모든 나라가 나이와 개인주의 가치성향이 반비
례하고 있다.

③ 자료를 보면 중국의 1960년대생과 1970년대생의 개인주
의 지표가 10 정도 차이가 난다.

01	02	03	04	05	06				
④	②	④	③	①	③				

01

정답 ④

• 1층 : $4 \times 4 - 3 = 13$개
• 2층 : $16 - 5 = 11$개
• 3층 : $16 - 11 = 5$개
∴ $13 + 11 + 5 = 29$개

02

정답 ②

• 1층 : $4 \times 5 - 3 = 17$개
• 2층 : $20 - 7 = 13$개
• 3층 : $20 - 13 = 7$개
∴ $17 + 13 + 7 = 37$개

03

정답 ④

• 1층 : $5 \times 3 - 2 = 13$개
• 2층 : $15 - 5 = 10$개
• 3층 : $15 - 9 = 6$개
∴ $13 + 10 + 6 = 29$개

04

정답 ③

제시된 문자와 수를 오름차순으로 나열하면 '2 − h − 11 − 12 − y − z'이므로 2번째에 오는 것은 'h'이다.

05

정답 ①

제시된 문자를 내림차순으로 나열하면 'P − N − ㅊ − ㅈ − ㅂ − B'이므로 6번째에 오는 문자는 'B'이다.

06

정답 ③

제시된 단어는 '방송'과 관련되어 있다는 공통점을 가지고 있다.

01 수리능력검사

01	02	03	04	05	06	07	08		
①	②	①	④	③	②	②	①		

01
정답 ①

$493 - 24 \times 5$
$= 493 - 120$
$= 373$

02
정답 ②

$9.4 \times 4.8 \div 1.2$
$= 9.4 \times 4$
$= 37.6$

03
정답 ①

$a^2 - b^2 = (a+b)(a-b)$를 이용한다.
$15 \times 15 - 300 \div 3 + 7$
$= 15^2 - 100 + 7$
$= (15^2 - 10^2) + 7$
$= (15+10)(15-10) + 7$
$= 125 + 7$
$= 132$

04
정답 ④

$522 \times 0.281 = 146.682$

05
정답 ③

기부금을 많이 모으기 위해서는 10명의 국회의원들 각각 1명씩만 아는 사람이 있고, 자신을 제외한 나머지 8명은 모르는 사람이어야 한다. 이 경우 10명의 국회의원들은 각자 8만원을 내는 것과 같다. 따라서 10명의 국회의원들이 내는 총기부금의 최대 금액은 $10 \times 80,000 = 800,000$원이다.

06
정답 ②

장치 A에서 한 시간당 물이 공급되는 양을 aL, 장치 B를 통해 물이 배출되는 양을 한 시간당 bL라고 하자.
장치를 이용하여 수영장 물을 가득 채우는 것에 대한 방정식을 세우면 다음과 같다.
$4 \times a = 6 \times (a - b)$
$\rightarrow 2a = 6b$
$\therefore a = 3b$
즉, 장치 A에서 물이 한 시간당 공급되는 양은 장치 B를 통해 물이 배출되는 양의 3배이다.
따라서 $4a$L가 수영장 전체 물의 양이므로 B를 열어 전체 물이 배출되는 데에는 $4 \times 3 = 12$시간이 걸린다.

07
정답 ②

• B가 이동할 때 걸린 시간 : $\dfrac{30}{40} \times 60 = 45$분

• A가 이동할 때 걸린 시간 : $\dfrac{x}{30} \times 60 = 45 - 5 = 40$분

$2x = 40$
$\therefore x = 20$
따라서 A는 20km를 이동했다.

08
정답 ①

매년 A ~ C동 버스정류장 개수의 총합은 158개로 일정하다.
따라서 빈칸에 들어갈 수는 $158 - (63 + 49) = 46$이다.

PART 1

02 추리능력검사

01	02	03	04	05	06	07	08	09	10
②	④	①	②	③	③	②	①	①	①

01
정답 ②

나열된 수를 4개씩 묶어 각각 A, B, C, D라고 하면
$\underline{A\ B\ C\ D} \rightarrow A+B=C+D$
따라서 ( )=117+222−307=32이다.

02
정답 ④

홀수 항은 +2, +4, +6…, 짝수 항은 +1, +3, +5 …을 적용하는 수열이다.
따라서 ( )=3+3=6이다.

03
정답 ①

홀수 항은 +9, 짝수 항은 ÷2을 하는 수열이다.

F	X	O	L	X	(F)
6	24	15	12	24	6

04
정답 ②

윤희를 거짓마을 사람이라고 가정하면 윤희가 한 말은 거짓이므로, 2명 모두 진실마을 사람이어야 한다. 그러나 윤희가 거짓마을 사람이라는 가정과 모순이 되므로 윤희는 거짓마을 사람이 아니다.
따라서 윤희의 말이 참이므로 주형이는 거짓마을 사람이다.

05
정답 ③

세 정보 중 적어도 하나는 옳고, 하나는 틀리다는 전제 하에 문제를 푼다.
• 첫 번째 정보가 틀렸다고 가정한 경우
 강아지는 검정색이므로 두 번째 정보와 세 번째 정보도 모두 틀린 정보가 된다.
• 두 번째 정보가 틀렸다고 가정한 경우
 강아지는 검정색이므로 첫 번째 정보와 세 번째 정보도 모두 틀린 정보가 된다.
• 세 번째 정보가 틀렸다고 가정한 경우
 강아지는 검정색이거나 노란색이다. 첫 번째 정보에서 검정색이 아니라고 했으므로 강아지는 노란색이다.

06
정답 ③

기획개발팀 팀원 1명이 15경기에서 모두 이긴 경우, 105점을 받는다.
여기에서 이긴 경기 대신 비긴 경기 혹은 진 경기가 있는 경우, 최고점인 105점에서 비긴 경기 한 경기당 7−3=4점씩 감소하며, 진 경기가 있는 경우는 진 경기 한 경기당 7−(−4) =11점씩 감소한다. 따라서 가능한 점수는 105−{4×(비긴 경기 수)+11×(진 경기 수)}뿐이다.
이에 따라 팀원들의 경기 성적을 표로 나타내면 다음과 같다.

구분	이긴 경기	비긴 경기	진 경기
A팀장(93점)	12	3	0
B대리(90점)	13	1	1
D연구원(79점)	12	1	2

따라서 C대리의 점수는 위 수식으로 도출 불가능하므로 거짓을 말한 사람은 C대리이다.

07
정답 ②

• A와 B의 말이 진실일 경우(성립되지 않음)
 A는 자신이 범인이 아니라고 했지만, B는 A가 범인이라고 하였으므로 성립되지 않는다.
• A와 C의 말이 진실일 경우(성립됨)
 A는 범인이 아니며, C의 진술에 따르면 거짓말을 한 사람과 범인은 B가 된다.
• B와 C의 말이 진실일 경우(성립되지 않음)
 C의 진술에서 B가 거짓말을 하고 있다고 했으므로 둘의 진술은 동시에 진실이 될 수 없다.
따라서 거짓말을 한 사람과 물건을 훔친 범인은 B이다.

08
정답 ①

홍대리가 건강검진을 받을 수 있는 요일은 월요일 또는 화요일이며, 이사원 역시 월요일 또는 화요일에 건강검진을 받을 수 있다. 이때 이사원이 홍대리보다 늦게 건강검진을 받는다고 하였으므로 홍대리가 월요일, 이사원이 화요일에 건강검진을 받는 것을 알 수 있다. 나머지 수·목·금요일의 일정은 박과장이 금요일을 제외한 수요일과 목요일 각각 건강검진을 받는 두 가지 경우에 따라 나눌 수 있다.
• 박과장이 수요일에 건강검진을 받을 경우
 목요일은 최사원이, 금요일은 김대리가 건강검진을 받는다.
• 박과장이 목요일에 건강검진을 받을 경우
 수요일은 최사원이, 금요일은 김대리가 건강검진을 받는다.
따라서 반드시 참이 될 수 있는 것은 ①이다.

09

정답 ①

제시문을 정리하면 다음과 같다.

구분	준열	정환	수호	재하
데이터 선택 65.8	×	○	×	×
데이터 선택 54.8	×	×		
데이터 선택 49.3	○	×	×	×
데이터 선택 43.8	×	×		

• A : 제시된 내용에 따라 준열이는 데이터 선택 49.3을 사용한다.
• B : 수호는 데이터 선택 54.8과 데이터 선택 43.8 중 하나를 사용하지만 어떤 요금제를 사용하는지 정확히 알 수 없다.
따라서 A만 옳다.

10

정답 ①

• 준표 : 흰색 차+다른 색 차
• 지후 : 흰색 차
• 이정 : 빨간색 차+다른 색 차
따라서 준표의 흰색 차는 주차장에 있다.

---

03 지각능력검사

01	02	03	04	05	06	07	08	09	10
②	①	②	①	④	③	②	①	①	③

01

정답 ②

9927<u>6</u>68109 – 9927<u>8</u>68100

02

정답 ①

제시된 문자열이 같다.

03

정답 ②

TeachingAmericanHistory – TaechingAmericanHistory

04

정답 ①

◁은 첫 번째에 제시된 도형이므로 정답은 ①이다.

05

정답 ④

▶은 네 번째에 제시된 도형이므로 정답은 ④이다.

06

정답 ③

오답분석
①

② 180° 회전

④

07

정답 ②

오답분석

① 180° 회전

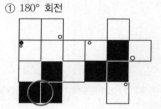

③

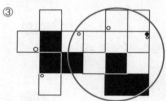

④ 180° 회전

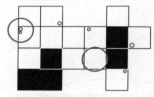

08

정답 ①

• 1층 : $3 \times 4 = 12$개
• 2층 : $12 - 4 = 8$개
• 3층 : $12 - 9 = 3$개
∴ $12 + 8 + 3 = 23$개

09

정답 ①

• 1층 : $5 \times 4 - 4 = 16$개
• 2층 : $20 - 10 = 10$개
• 3층 : $20 - 17 = 3$개
∴ $16 + 10 + 3 = 29$개

10

정답 ③

• 1층 : $4 \times 4 - 2 = 14$개
• 2층 : $16 - 8 = 8$개
• 3층 : $16 - 11 = 5$개
∴ $14 + 8 + 5 = 27$개

01 수리능력검사

01	02	03	04	05	06	07			
②	③	③	①	④	③	②			

01
정답 ②

$36 \times 145 + 6,104$
$= 5,220 + 6,104$
$= 11,324$

02
정답 ③

$89.1 \div 33 + 5.112$
$= 2.7 + 5.112$
$= 7.812$

03
정답 ③

$491 \times 64 - (2^6 \times 5^3)$
$= 31,424 - (2^6 \times 5^3)$
$= 31,424 - 8,000$
$= 23,424$

04
정답 ①

$218 \times 0.602 = 131.236$

05
정답 ④

$\dfrac{7}{9} < (\quad) < \dfrac{7}{6}$

$\rightarrow \dfrac{7}{9} \fallingdotseq 0.78 < (\quad) < \dfrac{7}{6} \fallingdotseq 1.17$

$0.78 < \dfrac{41}{36}(\fallingdotseq 1.14) < 1.17$

오답분석

① $\dfrac{64}{54} \fallingdotseq 1.19$

② $\dfrac{13}{18} \fallingdotseq 0.72$

③ $\dfrac{39}{54} \fallingdotseq 0.72$

06
정답 ③

두 지점 A, B 사이의 거리를 $x$km라고 하자.

$\dfrac{x}{60} - \dfrac{x}{80} = \dfrac{1}{2}$

$\therefore x = 120$

따라서 두 지점 A, B 사이의 거리는 120km이다.

07
정답 ②

• 평균 통화시간이 6 ~ 9분인 여자의 수 : $400 \times \dfrac{18}{100} = 72$명

• 평균 통화시간이 12분 이상인 남자의 수 : $600 \times \dfrac{10}{100} = 60$명

$\therefore \dfrac{72}{60} = 1.2$배

따라서 평균 통화시간이 6 ~ 9분인 여자의 수는 평균 통화시간이 12분 이상인 남자의 수의 1.2배이다.

01	02	03	04	05	06				
③	④	②	③	①	①				

01
정답 ③

앞에 항에 +3, +6, +9, …을 적용하는 수열이다.
따라서 (   )=37+3×5=52이다.

02
정답 ④

나열된 수를 각각 A, B, C라고 하면
$\underline{A\ B\ C} \rightarrow A+B+C=20$
따라서 (   )=20-(7+9)=4이다.

03
정답 ②

홀수 항은 +6, 짝수 항은 ×4를 하는 수열이다.

ㄴ	A	8	ㄹ	(N)	16	ㅂ	L
2	1	8	4	14	16	20(6)	64(12)

04
정답 ③

왼쪽 코너부터 순서대로 나열하면 '소설 - 잡지 - 외국 서적 - 어린이 도서' 순이므로 A, B 모두 옳다.

05
정답 ①

B와 D는 동일하게 A보다 낮은 표를 얻고 B가 C보다는 높은 표를 얻었으나, B와 D를 서로 비교할 수 없으므로 득표수가 높은 순서대로 나열하면 'A - B - D - C - E' 또는 'A - D - B - C - E'가 된다. 따라서 어느 경우라도 A의 득표수가 가장 높으므로 A가 학급 대표로 선출된다.

06
정답 ①

주어진 명제를 정리하면 다음과 같다.
• p : 단거리 경주에 출전한다.
• q : 장거리 경주에 출전한다.
• r : 농구 경기에 출전한다.
• s : 배구 경기에 출전한다.
$p \rightarrow q$, $q \rightarrow \sim r$, $r \rightarrow s$로 대우는 각각 $\sim q \rightarrow \sim p$, $r \rightarrow \sim q$, $\sim s \rightarrow \sim r$이므로 $r \rightarrow \sim q \rightarrow \sim p$에 따라 $r \rightarrow \sim p$가 성립한다. 따라서 '농구 경기에 출전한 사람은 단거리 경주에 출전하지 않는다.'는 참이 된다.

01	02	03	04						
①	②	③	①						

01
정답 ①

제시된 문자열이 같다.

02
정답 ②

9888463434 – 98884634<u>2</u>4

03
정답 ③

특허<u>하</u>가과허가과장

04
정답 ①

octonari<u>o</u>n

CHAPTER 12 2019년 상반기 기출복원문제

01 수리능력검사

01	02	03	04	05	06	07			
④	①	③	①	②	①	③			

01
정답 ④

$27 \times 36 + 438$
$= 972 + 438$
$= 1,410$

02
정답 ①

$5.5 \times 4 + 3.6 \times 5$
$= 22 + 18$
$= 40$

03
정답 ③

$27 \times \dfrac{12}{9} \times \dfrac{1}{3} \times \dfrac{3}{2}$
$= 3 \times 12 \times \dfrac{1}{2}$
$= 18$

04
정답 ①

$921 \times 0.369 = 339.849$

05
정답 ②

$\dfrac{1}{7} < (\quad) < \dfrac{4}{21}$

$\rightarrow \dfrac{1}{7} \fallingdotseq 0.14 < (\quad) < \dfrac{4}{21} \fallingdotseq 0.19$

$0.14 < \dfrac{1}{6}(\fallingdotseq 0.17) < 0.19$

오답분석

① $\dfrac{1}{28} \fallingdotseq 0.04$

③ $\dfrac{1}{3} \fallingdotseq 0.33$

④ $\dfrac{3}{7} \fallingdotseq 0.43$

06
정답 ①

마름모의 대각선은 서로 직각이고 서로를 이등분한다. 피타고라스 정리를 활용하여 삼각형 빗변의 길이는 $\sqrt{6^2 + 8^2} =$ 10cm임을 알 수 있다.
직각삼각형의 세 변 6, 8, 10의 최대공약수는 2이므로 각 변마다 2cm 간격으로 중복되는 꼭짓점의 점 1개씩을 제외하면 3개, 4개, 5개씩 점을 찍을 수 있다.
따라서 삼각형 1개당 3+4+5=12개가 필요하므로 최대 12 ×4=48개의 점을 표시할 수 있다.

07
정답 ③

(가), (나), (다)에 들어갈 수치를 계산하면 다음과 같다.

• (가) : $\dfrac{34,273 - 29,094}{29,094} \times 100 \fallingdotseq 17.8\%$

• (나) : $66,652 + 34,273 + 2,729 = 103,654$

• (다) : $\dfrac{103,654 - 91,075}{91,075} \times 100 \fallingdotseq 13.8\%$

01	02	03	04	05	06				
②	②	①	④	③	①				

01
정답 ②

홀수항은 ×2+1, 짝수항은 ×2를 하는 수열이다.
따라서 (　)=12×2=24이다.

02
정답 ②

나열된 수를 3개씩 묶어 각각 A, B, C라고 하면
$\underline{A\ B\ C} \rightarrow A^2 - B^2 = C$
따라서 (　)=$\sqrt{3^2 + 72}$ =9이다.

03
정답 ①

홀수 항은 +2, 짝수 항은 +3을 하는 수열이다.

ㄹ	5	六	ㅠ	(π)	11	ㅊ	N
4	5	6	8	8	11	10	14

04
정답 ④

제시된 명제를 정리하면 집과의 거리는 꽃집 – 슈퍼 – 카페 – 학교 순으로 가깝다. 따라서 학교가 집에서 가장 멀다.

05
정답 ③

- A : 노래를 잘하면 랩을 잘하고, 랩을 잘하면 춤을 못 춘다고 했으므로 옳다.
- B : 연기를 잘하면 노래를 잘하고, 노래를 잘하면 랩을 잘하며, 랩을 잘하면 춤을 못 춘다고 했으므로 옳다.

따라서 A, B 모두 옳다.

06
정답 ①

첫 번째 명제와 세 번째 명제, 그리고 두 번째 명제의 대우 '과제를 하지 않으면 도서관에 가지 않을 것이다.'를 연결하면 '독서실에 가면 도서관에 가지 않을 것이다.'가 성립한다. 따라서 제시문 B는 참이다.

01	02	03	04						
①	②	③	②						

01
정답 ①

제시된 문자열이 같다.

02
정답 ②

강약중약약강강중약강중 – 강약중약약강강중약강중

03
정답 ③

somnambul<u>l</u>st

04
정답 ②

86435476<u>88</u>448

CHAPTER 13 2018년 하반기 기출복원문제

01 수리능력검사

01	02	03	04	05	06	07			
④	①	②	①	④	①	③			

01
정답 ④

$572 \div 4 + 33 - 8$
$= 143 + 33 - 8$
$= 168$

02
정답 ①

$4.7 + 22 \times 5.4 - 2$
$= 4.7 + 118.8 - 2$
$= 121.5$

03
정답 ②

$6 \times \dfrac{32}{3} \times 2 \times \dfrac{11}{2}$
$= 64 \times 11$
$= 704$

04
정답 ①

$438 \times 0.601 = 263.238$

05
정답 ④

$\dfrac{22}{9} < (\quad) < \dfrac{11}{4}$

$\rightarrow \dfrac{22}{9} \fallingdotseq 2.44 < (\quad) < \dfrac{11}{4} = 2.75$

$2.44 < \dfrac{66}{25}(=2.64) < 2.75$

[오답분석]

① $\dfrac{33}{17} \fallingdotseq 1.94$

② $\dfrac{59}{19} \fallingdotseq 3.11$

③ $\dfrac{62}{21} \fallingdotseq 2.95$

06
정답 ①

수진이가 1층부터 6층까지 쉬지 않고 올라갈 때 35초가 걸린다고 하였으므로, 한 층을 올라가는 데 걸리는 시간은 $\dfrac{35}{5} = 7$초이다. 6층부터 12층까지 올라가는 데 $7 \times 6 = 42$초가 걸리고, 6층부터는 한 층을 올라갈 때마다 5초씩 쉰다고 했으므로, 7, 8, 9, 10, 11층의 쉬는 시간은 $5 \times 5 = 25$초이다.
따라서 수진이가 1층부터 12층까지 올라가는 데 걸린 시간은 $35 + 42 + 25 = 102$초이다.

07
정답 ③

자기계발 과목에 따라 해당되는 지원 금액과 신청 인원은 다음과 같다.

구분	영어회화	컴퓨터 활용	세무회계
지원 금액	70,000원×0.5 =35,000원	50,000원×0.4 =20,000원	60,000원×0.8 =48,000원
신청 인원	3명	3명	3명

교육프로그램마다 3명씩 지원했으므로, 총지원비는
$(35,000 + 20,000 + 48,000) \times 3 = 309,000$원이다.

01	02	03	04	05					
④	①	④	①	③					

01
정답 ④

앞의 항에 +3, ×2를 번갈아 적용하는 수열이다.
따라서 ( )=25×2=50이다.

02
정답 ①

나열된 수를 각각 A, B, C라고 하면
$A\ B\ C \to A+B=C$
따라서 ( )=10−9=1이다.

03
정답 ④

대문자, 한글 자음, 숫자, 한자 순서로 나열된다.

A	ㄴ	3	(四)	E	ㅂ	7	八
1	2	3	4	5	6	7	8

04
정답 ①

- p : 낚시를 하는 사람
- q : 책을 읽는 사람
- r : 요리를 하는 사람
- s : 등산을 하는 사람

제시된 명제를 정리하면 $p \to q$, $q \to \sim r$, $r \to s$이므로
$p \to q \to \sim r$, $r \to s$가 성립한다.
따라서 $p \to q \to \sim r$의 대우는 $r \to \sim q \to \sim p$이므로 '요리를 하는 사람은 낚시를 하지 않는다.'는 참이며, 등산을 하는 사람이 낚시를 하는지는 알 수 없다.
따라서 A만 옳다.

05
정답 ③

제시된 명제를 정리하면 가격은 '볼펜 − 테이프 − 가위 − 공책' 순으로 싸다. 따라서 가위가 두 번째로 비싼 문구임을 알 수 있다.

01	02	03	04						
②	②	①	④						

01
정답 ②

일정일장일중얼장알중울징 − 일정일장일종얼장알중울징

02
정답 ②

98567783251186 − 98567782251186

03
정답 ①

ablessingindls

04
정답 ④

358643187432462

01   수리능력검사

01	02	03	04	05	06	07			
④	①	②	②	④	④	③			

01   정답 ④

$738 \div 41 + 69 \times 8$
$= 18 + 552$
$= 570$

02   정답 ①

$6 \times \dfrac{52}{8} - \dfrac{8}{3} \times \dfrac{84}{32}$
$= 39 - 7$
$= 32$

03   정답 ②

$592 \times 0.802 = 474.784$

04   정답 ②

$\dfrac{40}{11} < (\quad) < \dfrac{14}{3}$

$\rightarrow \dfrac{40}{11} ≒ 3.64 < (\quad) < \dfrac{14}{3} ≒ 4.67$

$3.64 < \dfrac{17}{4}(=4.25) < 4.67$

오답분석

① $\dfrac{10}{3} ≒ 3.33$

③ $\dfrac{34}{7} ≒ 4.86$

④ $\dfrac{24}{5} = 4.8$

05   정답 ④

집에서 학교까지의 거리를 xm라고 하자.

$\dfrac{x}{30} - \dfrac{x}{50} = 5$

$\rightarrow 5x - 3x = 750$

$\therefore x = 375$

따라서 집에서 학교까지의 거리는 375m이다.

06   정답 ④

물이 증발해도 소금의 양은 변하지 않는다.

$\dfrac{8}{100} \times 20 = \dfrac{10}{100} \times (20 - x)$

$\rightarrow 160 = 200 - 10x$

$\therefore x = 4$

따라서 증발한 물의 양은 4g이다.

07   정답 ③

2018년 공공도서관 수는 786개소, 2015년 공공도서관 수는 644개소이다. 증가율을 식으로 나타내면 다음과 같다.

$\dfrac{786 - 644}{644} \times 100 ≒ 22$

따라서 2018년 공공도서관 수는 2015년에 비해 22% 증가했다.

02   추리능력검사

01	02	03	04						
②	③	①	①						

03   지각능력검사

01	02	03	04						
①	②	①	③						

01   정답 ②

(앞의 항)×3=(뒤의 항)인 수열이다.
따라서 (   )=162×3=486이다.

02   정답 ③

앞의 항에 +5, -7을 번갈아 적용하는 수열이다.
따라서 (   )=0+5=5이다.

03   정답 ①

홀수 항은 ×(-2), 짝수 항은 -5를 하는 수열이다.
따라서 (   )=-4-5=-9이다.

04   정답 ①

제시된 명제를 정리하면 크기는 '풀 - 나무 - 바위 - 꽃' 순으로 크다.
따라서 꽃이 가장 작다.

01   정답 ①

제시된 문자열이 같다.

02   정답 ②

956358322429 - 956358332429

03   정답 ①

32168726951465

04   정답 ③

Ⅲ Ⅹ ⅧⅩ ⅪⅥⅣ Ⅰ Ⅲ Ⅰ ⅥⅧⅪ Ⅹ

PART

2

기초능력검사

CHAPTER 01   수리능력검사
CHAPTER 02   추리능력검사
CHAPTER 03   지각능력검사

CHAPTER 01 수리능력검사 적중예상문제

01	기본계산

01	02	03	04	05	06	07	08	09	10
②	①	③	④	①	②	③	②	①	②
11	12	13	14	15	16	17	18	19	20
③	③	①	①	②	①	③	①	②	④

01 　　　　　　　　　정답 ②

$91+30\times0.5-72$
$=91+15-72$
$=34$

02 　　　　　　　　　정답 ①

$135\div3+42-81\div3$
$=45+42-27$
$=60$

03 　　　　　　　　　정답 ③

$(16+4\times5)\div4$
$=(16+20)\div4$
$=36\div4=9$

04 　　　　　　　　　정답 ④

$14.9\times(3.56-0.24)$
$=14.9\times3.32$
$=49.468$

05 　　　　　　　　　정답 ①

$35\div7\times5\times\dfrac{1}{10}$

$=5\times5\times\dfrac{1}{10}$

$=25\times\dfrac{1}{10}$

$=2.5$

06 　　　　　　　　　정답 ②

$122-110\div5.5$
$=122-20$
$=102$

07 　　　　　　　　　정답 ③

$7-\left(\dfrac{5}{3}\div\dfrac{15}{21}\times\dfrac{9}{4}\right)$

$=7-\left(\dfrac{5}{3}\times\dfrac{21}{15}\times\dfrac{9}{4}\right)$

$=7-\dfrac{21}{4}$

$=\dfrac{28}{4}-\dfrac{21}{4}$

$=\dfrac{7}{4}$

08 　　　　　　　　　정답 ②

$9.4\times4.8\div1.2$
$=45.12\div1.2$
$=37.6$

09 　　　　　　　　　정답 ①

$214-9\times13$
$=214-117$
$=97$

10 　　　　　　　　　정답 ②

13^2-7^2
$=(13+7)(13-7)$
$=20\times6$
$=120$

11

정답 ③

$(14+4\times3)\div2$
$=(14+12)\div2$
$=26\div2$
$=13$

12

정답 ③

$63+7\div7-16$
$=63+1-16$
$=48$

13

정답 ①

$15\times108-303\div3+7$
$=1,620-101+7$
$=1,526$

14

정답 ①

$17\times7\div10$
$=119\div10$
$=11.9$

15

정답 ②

$206+310+214$
$=516+214$
$=730$

16

정답 ①

$(984-216)\div48$
$=768\div48$
$=16$

17

정답 ③

$\dfrac{4,324}{6}\times\dfrac{66}{2,162}-\dfrac{15}{6}$
$=22-2.5$
$=19.5$

18

정답 ①

$5.5\times4+3.6\times5$
$=22+18$
$=40$

19

정답 ②

$40.5\times0.23+1.185$
$=9.315+1.185$
$=10.5$

20

정답 ④

$(6^3-3^4)\times15+420$
$=(216-81)\times15+420$
$=135\times15+420$
$=2,025+420$
$=2,445$

01	02	03	04	05	06	07	08	09	10
②	②	③	④	②	②	③	④	①	③
11	12	13	14	15	16	17	18	19	20
④	④	④	④	③	②	④	③	④	②
21	22	23	24	25	26	27	28	29	30
①	④	①	②	①	④	④	①	②	①

01
정답 ②

올 때 걸리는 시간을 x분이라고 하면, 갈 때 걸리는 시간은 $(x-5)$분이다.

$50(x-5)=40x$

$\rightarrow \ 50x-250=40x$

$\rightarrow \ 10x=250$

$\therefore \ x=25$

따라서 거리는 $40\times25=1{,}000$m이다.

02
정답 ②

배의 속력을 $x$km/h라고 하면, 강물을 거슬러 올라갈 때의 속력은 $(x-3)$km/h이다.

$(x-3)\times1=9$이므로, 배의 속력은 12km/h이다.

따라서 강물을 따라 내려올 때의 속력은 $12+3=15$km/h이고, 걸린 시간을 y시간이라고 하면

$15\times y=9 \rightarrow y=\dfrac{9}{15}$ 시간, 즉 36분이다.

03
정답 ③

• 20분 동안 30m/min의 속력으로 간 거리 : $20\times30=600$m

• 20분 후 남은 거리 : $2{,}000-600=1{,}400$m

• 1시간 중 남은 시간 : $60-20=40$분

따라서 20분 후 속력은 $1{,}400\div40=35$m/min이므로, 이후에는 35m/min의 속력으로 가야 한다.

04
정답 ④

집에서 휴게소까지의 거리를 $x$km라고 하면

(시간)$=\dfrac{(거리)}{(속력)}$이므로 $\dfrac{x}{40}+\dfrac{128-x}{60}=3$이다.

$\therefore \ x=104$

따라서 집에서 휴게소까지의 거리는 104km이다.

05
정답 ②

열차가 터널을 완전히 통과하려면 터널의 길이뿐만 아니라 열차의 길이까지 더해야 하므로 가야하는 거리는 $10+2=12$km이다.

따라서 3km/h로 터널을 통과하는 데에 걸리는 시간은 $\dfrac{(거리)}{(속력)}=\dfrac{12}{3}=4$시간이다.

06
정답 ②

라임이의 나이를 x세라고 하면 아버지의 나이는 $(x+28)$세이다. 아버지의 나이는 라임이의 나이의 3배라고 하였으므로 다음 식이 성립한다.

$x+28=3x$

$\therefore \ x=14$

따라서 아버지의 나이는 $3\times14=42$세이다.

07
정답 ③

딸의 나이 범위에서 8의 배수를 찾아보면 32, 40, 48세가 가능하다. 이 중 5로 나누어 3이 남는 나이는 48세이다.

따라서 딸의 나이는 48살, 아버지의 나이는 84세가 되므로 두 사람의 나이 차는 $84-48=36$세이다.

08
정답 ④

아버지, 은서, 지은이의 나이를 각각 x세, $\dfrac{1}{2}x$세, $\dfrac{1}{7}x$세라고 하자.

$\dfrac{1}{2}x-\dfrac{1}{7}x=15 \rightarrow 7x-2x=210$

$\therefore \ x=42$

따라서 아버지의 나이는 42세이다.

09
정답 ①

현재 아버지의 나이를 x세, 아들의 나이를 y세라고 하자.

$x-y=25 \cdots \bigcirc$

$x+3=2(y+3)+7 \rightarrow x-2y=10 \cdots \bigcirc\!\!\!\!\text{ⓛ}$

㉠과 ㉡을 연립하면 $x=40$, $y=15$이다.

따라서 현재 아버지의 나이는 40세이다.

10
정답 ③

1월의 난방요금을 $7k$, 6월의 난방요금을 $3k$라고 하자(단, k는 비례상수이다).

$(7k-20{,}000):3k=2:1$

$\therefore \ k=2$

따라서 1월의 난방요금은 14만 원이다.

11 정답 ④

원가를 x원이라고 하면 다음과 같은 식이 성립한다.

$1.2x \times 0.9 = x + 2,000$

$1.08x = x + 2,000$

$\therefore x = 25,000$원

따라서 이 제품의 원가는 25,000원이다.

12 정답 ④

김대리가 작년에 낸 세금은 $(4,000 - 2,000) \times 0.3 = 600$만 원이다. 올해의 총소득은 20% 증가한 $4,000 \times 1.2 = 4,800$만 원이고, 소득공제 금액은 40% 증가한 $2,000 \times 1.4 = 2,800$만 원이다.

따라서 올해의 세액은 작년 세율보다 10%p 증가한 40%를 적용하면 $(4,800 - 2,800) \times 0.4 = 800$만 원이므로 작년보다 $800 - 600 = 200$만 원을 더 지불하게 된다.

13 정답 ④

$\dfrac{2}{3} \times \dfrac{3}{5} \times 100 = \dfrac{2}{5} \times 100 = 40\%$

따라서 셋째 날 해야 할 일의 양은 전체의 40%이다.

14 정답 ④

능률은 쉬는 시간을 제외한 시간에서 1시간 동안 딴 감귤의 개수라고 하였으므로, 유진이의 능률은 $90 \div \dfrac{70}{60} \fallingdotseq 77$개, 은미는 $95 \div \dfrac{90}{60} \fallingdotseq 63$개이다.

따라서 은미가 농장에서 일한 능률은 유진이 농장에서 일한 능률의 $\dfrac{63}{77} \times 100 = 81.8181 \cdots \fallingdotseq 81\%$를 차지한다.

15 정답 ③

수도 A, B가 1분 동안 채울 수 있는 물의 양은 각각 $\dfrac{1}{15}$L, $\dfrac{1}{20}$L이다.

수도 A, B를 동시에 틀어 놓을 경우 1분 동안 채울 수 있는 물의 양은 $\dfrac{1}{15} + \dfrac{1}{20} = \dfrac{7}{60}$L이므로, 30분 동안 $\dfrac{7}{60} \times 30 = 3.5$L의 물을 받을 수 있고, 3개의 물통을 채울 수 있다.

16 정답 ②

$\dfrac{300 \times 4 + 100 \times 8 + 200 \times 5}{300 + 100 + 200} = \dfrac{3000}{600} = 5$

따라서 전체 참여자 평균 평점은 5점이다.

17 정답 ④

4명의 평균점수가 80점으로 총점은 $80 \times 4 = 320$점이다.

따라서 B의 점수는 $320 - (85 + 69 + 77) = 89$점이다.

18 정답 ③

갑돌이가 최우수상을 받기 위해서는 4과목의 평균이 85점 이상이 되어야 하므로 총점은 340점 이상이어야 한다.

따라서 갑돌이는 $340 - (70 + 85 + 90) = 95$점 이상을 받아야 한다.

19 정답 ④

각 소금물에 들어있는 소금의 양은 다음과 같다.

- 농도 3%의 소금물 400g에 들어있는 소금의 양

  : $400 \times \dfrac{3}{100} = 12$g

- 농도 10%의 소금물 300g에 들어있는 소금의 양

  : $300 \times \dfrac{10}{100} = 30$g

따라서 섞인 소금물에 들어있는 소금의 양은 $12 + 30 = 42$g이다.

20 정답 ②

증발된 물의 양을 xg이라고 하자. 증발되기 전과 후의 설탕의 양은 동일하다.

$\dfrac{4}{100} \times 400 = \dfrac{8}{100} \times (400 - x)$

$\rightarrow 1,600 = 3,200 - 8x$

$\therefore x = 200$

따라서 남아있는 물의 양은 200g이다.

21 정답 ①

농도 9% 소금물의 양을 xg이라고 하면, 농도 6% 소금물의 양은 $(300 - x)$g이므로

$(300 - x) \times \dfrac{6}{100} + x \times \dfrac{9}{100} = 300 \times \dfrac{7}{100}$

$\rightarrow 1,800 - 6x + 9x = 2,100$

$\rightarrow 3x = 300$

$\therefore x = 100$

따라서 농도 9%의 소금물은 100g이 필요하다.

22
정답 ④

오렌지 주스 40-4=36개, 탄산음료 70+2=72개, 즉 36과 72의 최대공약수는 36이므로 36명의 학생에게 오렌지 주스 1개와 탄산음료 2개씩을 나누어 주었다.

23
정답 ①

감자와 당근의 봉지 개수에서 남는 봉지 개수를 제외하면 각각 52봉지, 91봉지가 되며, 이 두 수의 최대공약수는 13이다. 따라서 감자와 당근을 받을 수 있는 최대 인원은 13명이다.

24
정답 ②

큰 정사각형의 한 변의 길이는 40과 16의 최소공배수인 80이므로 가로에는 80÷40=2개, 세로에는 80÷16=5개를 둘 수 있다.
따라서 돗자리는 최소 10개가 필요하다.

25
정답 ①

서로 다른 8명 중 순서를 고려하지 않고 3명을 선택하는 방법은 $_8C_3 = \dfrac{8!}{(8-3)! \times 3!} = 56$가지이다.
따라서 구하는 경우의 수는 총 56가지이다.

26
정답 ④

돈을 낼 수 있는 방법은 다음과 같다.
(10,000×2, 1,000×3), (10,000×1, 5,000×2, 1,000×3), (10,000×1, 5,000×1, 1,000×8), (5,000×4, 1,000×3), (5,000×3, 1,000×8)
따라서 돈을 낼 수 있는 가짓수는 5가지이다.

27
정답 ④

• 4개의 숟가락 중 파랑 숟가락은 2개이므로 $\dfrac{4!}{2!} = 12$가지
• 4개의 젓가락 중 빨강 젓가락과 초록 젓가락은 2번 겹치므로 $\dfrac{4!}{2! \times 2!} = 6$가지
따라서 숟가락과 젓가락으로 4개 세트를 만드는 경우의 수는 12×6=72가지이다.

28
정답 ①

• 서로 다른 2개의 주사위를 동시에 던질 때 나오는 모든 경우의 수 : 6×6=36가지
• 나오는 두 눈의 합이 3인 경우의 수
 : (1, 2), (2, 1) → 2가지
따라서 서로 다른 2개의 주사위를 동시에 던질 때, 나오는 두 눈의 합이 3일 확률은 $\dfrac{2}{36} = \dfrac{1}{18}$이다.

29
정답 ②

• 흰 구슬, 흰 구슬, 검은 구슬 순서로 뽑을 확률
 : $\dfrac{3}{8} \times \dfrac{2}{7} \times \dfrac{5}{6} = \dfrac{5}{56}$
• 흰 구슬, 검은 구슬, 흰 구슬 순서로 뽑을 확률
 : $\dfrac{3}{8} \times \dfrac{5}{7} \times \dfrac{2}{6} = \dfrac{5}{56}$
• 검은 구슬, 흰 구슬, 흰 구슬 순서로 뽑을 확률
 : $\dfrac{5}{8} \times \dfrac{3}{7} \times \dfrac{2}{6} = \dfrac{5}{56}$

따라서 흰 구슬 2개, 검은 구슬 1개가 나올 확률은 $\dfrac{5}{56} + \dfrac{5}{56} + \dfrac{5}{56} = \dfrac{15}{56}$이다.

30
정답 ①

• 내일 비가 오고, 모레 비가 올 확률 : $\dfrac{1}{3} \times \dfrac{1}{4} = \dfrac{1}{12}$
• 내일 비가 안 오고, 모레 비가 올 확률 : $\dfrac{2}{3} \times \dfrac{1}{5} = \dfrac{2}{15}$

따라서 내일 모레 비가 올 확률은 $\dfrac{1}{12} + \dfrac{2}{15} = \dfrac{13}{60}$이다.

01	02	03	04	05	06	07	08	09	10
④	④	①	③	③	③	③	①	②	①
11	12	13	14	15	16	17	18	19	20
④	④	③	④	④	②	④	①	③	④

01 　　　　　　정답 ④

녹지의 면적은 2023년부터 유원지 면적을 추월하였다.

02 　　　　　　정답 ④

2019년 대비 2024년 노령연금 증가율은 $\dfrac{6,862-2,532}{2,532}\times$ $100≒171.0\%$이다.

03 　　　　　　정답 ①

전년 대비 매출액이 증가한 해는 2019년, 2021년, 2023년, 2024년인데, 2019년에는 전년 대비 100%의 증가율을 기록했으므로 다른 어느 해보다 증가율이 컸다.

04 　　　　　　정답 ③

2021년부터 2023년까지 경기 수가 증가하는 스포츠는 배구와 축구 2종목이다.

오답분석

① 농구의 2021년 전년 대비 경기 수 증가율은 $\dfrac{408-400}{400}$ $\times100=2\%$이며, 2024년 전년 대비 경기 수 증가율은 $\dfrac{404-400}{400}\times100=1\%$이다. 따라서 2021년 전년 대비 경기 수 증가율이 더 높다.

② 2020년 농구와 배구의 경기 수 차이는 $400-220=180$회이고, 야구와 축구의 경기 수 차이는 $470-230=240$회이다. 따라서 농구와 배구의 경기 수 차이는 야구와 축구 경기 수 차이의 $\dfrac{180}{240}\times100=75\%$이므로 70% 이상이다.

④ 2022년부터 2023년까지의 종목별 평균 경기 수는 다음과 같다.

- 농구 : $\dfrac{410+400}{2}=405$회
- 야구 : $\dfrac{478+474}{2}=476$회
- 배구 : $\dfrac{228+230}{2}=229$회
- 축구 : $\dfrac{236+240}{2}=238$회

2024년 경기 수가 2022년부터 2023년까지의 종목별 평균 경기 수보다 많은 스포츠는 야구 1종목이며, 야구 평균 경기 수는 축구 평균 경기 수의 $\dfrac{476}{238}=2$배이다.

05 　　　　　　정답 ③

2021년 직장 어린이집의 교직원 수는 3,214명이고, 2024년 직장 어린이집의 교직원 수는 5,016명이다.
따라서 2019년 대비 2022년 교직원의 증가율은 $\dfrac{5,016-3,214}{3,214}\times100≒56\%$이다.

06 　　　　　　정답 ③

제품별 밀 소비량 그래프에서 라면류와 빵류, 밀 사용량의 10%는 각각 6.6톤, 6.4톤이다.
따라서 과자류에 사용될 밀 소비량은 총 $42+6.6+6.4=55$톤이다.

07 　　　　　　정답 ③

A~D과자 중 밀을 가장 많이 사용하는 과자는 45%를 사용하는 D과자이고, 가장 적게 사용하는 과자는 15%인 C과자이다.
따라서 두 과자의 밀 사용량 차이는 $42\times(0.45-0.15)=42\times0.3=12.6$톤이다.

08 　　　　　　정답 ①

65세 이상 인구 비중이 높은 지역은 '전남 – 경북 – 전북 – 강원 – 충남 – …' 순서이다.
따라서 전북의 64세 이하의 비율은 $100-19=81\%$이다.

09 　　　　　　정답 ②

인천 지역의 총인구가 300만 명이라고 할 때, 65세 이상 인구는 $300\times0.118=35.4$만 명이다.

오답분석

① 울산의 40세 미만 비율과 대구의 40세 이상 64세 이하 비율 차이는 $48.5-40.8=7.7\%$p이다.

③ 40세 미만 비율이 높은 다섯 지역을 차례로 나열하면 '세종(56.7%) – 대전(49.7%) – 광주(49.4%) – 경기(48.8%) – 울산(48.5%)'이다.

④ 조사 지역의 인구가 모두 같을 경우 40세 이상 64세 이하 인구가 두 번째로 많은 지역은 그 비율이 두 번째로 높은 지역을 찾으면 된다. 따라서 첫 번째는 41.5%인 울산이며, 두 번째는 40.8%인 대구이다.

10

2023년 고혈압 증세가 있는 70세 이상의 남자는 48.8%로 절반이 되지 않는다.

오답분석

② 자료를 보면 2023년과 2024년 모두 연령대가 증가할수록 고혈압 증세가 많아진다.
③ 2023년과 2024년 모두 50대까지는 남자의 고혈압 증세가, 60대부터는 여성의 고혈압 증세가 많아진다.
④ 2023년 대비 2024년의 30~60대 연령대별 고혈압 비율이 낮아졌다.

11

정답 ④

2023년 남자와 여자의 고혈압 분포의 차는 다음과 같다.
· 40~49세 : 10.9%p
· 50~59세 : 5%p
· 60~69세 : 6.6%p
· 70세 이상 : 14.6%p
따라서 70세 이상이 가장 큰 차이를 보이고 있다.

12

정답 ④

· 남자 40~49세 평균 : $\dfrac{30.5+20.8}{2}=25.65\%$
· 여자 50~59세 평균 : $\dfrac{37.2+30.9}{2}=34.05\%$
따라서 각 평균의 합은 25.65+34.05=59.7%이다.

13

정답 ③

1940년대와 1950년대의 자살률은 전년 대비 하락했다.

오답분석

① 중위소득 이상보다 중위소득 미만의 자살시도율과 자살률이 더 높다.
② 제시된 자료를 통해 알 수 있다.
④ 1910년 미국의 15~24세 연령대 자살률이 남자(0.022%)가 여자(0.004%)보다 높고, 백인(0.014%)은 흑인(0.009%)보다 높게 나타난다.

14

정답 ④

15~24세 연령대의 인구수를 계산하면 2,500×0.168=420만 명이고, 남자와 여자의 비율이 같으므로 각각 210만 명이다. 남자의 자살 추정치는 2,100,000×0.00022=462명, 여자의 자살 추정치는 2,100,000×0.00004=84명이다. 따라서 15~24세 연령대의 자살 추정치는 462+84=546명이다.

15

정답 ④

50~54세의 격차는 8.4%p인데 비해 25~29세의 격차는 8.8%p이다.

오답분석

①·② 표를 통해 확인할 수 있다.
③ 한국 25~29세 여성경제활동 참가율은 47.8%이고, 스웨덴 25~29세 여성경제활동 참가율은 73.8%이므로 26%p의 차이를 보이고 있다.

16

정답 ②

한국은 66.1%에서 47.8로 감소했으므로 $\dfrac{47.8-66.1}{66.1}\times100\fallingdotseq-27.7\%$이며, 스웨덴은 72.5%에서 73.8%로 증가했으므로 $\dfrac{73.8-72.5}{72.5}\times100\fallingdotseq1.8\%$이다.

17

정답 ④

2023년과 2024년에 해상을 통해 수입한 화물실적 건수의 합은 10,120+14,178=24,298건이고, 항공을 통해 수입한 건수의 합은 36,383+44,002=80,385건이다.
따라서 두 건수의 차는 80,385-24,298=56,087건이다.

18

정답 ①

2023년 수출 건수 및 수입 건수의 총합은 10,703+46,504=57,207천 건이다.

오답분석

ㄴ. 해상을 통한 수출 중량은 2023년에 약 2억 8천만 톤, 2024년에는 약 2억 9천만 톤으로 모두 20억 톤 미만이다.
ㄷ. 2023년 대비 2024년에 해상을 통한 수출은 건수가 4,425천 건에서 4,577천 건으로 증가하였으며, 중량도 283,593,835톤에서 292,913,521톤으로 모두 증가하였다.

19

정답 ③

ㄱ. 그리스가 4.4천 명, 한국은 1.4천 명이다. 1.4×4=5.6 >4.4이므로 4배가 넘지 않는다.
ㄴ. 헝가리와 이탈리아는 2018년 대비 2024년 활동 의사 수가 감소하였다.

오답분석

ㄷ. 그리스가 5.4천 명으로 가장 많고, 한국이 1.7천 명으로 가장 적다. 1.7×3=5.1<5.4이므로 3배 이상이다.

20

정답 ④

한국이 1.6천 명으로 가장 적고, 그리스가 4.9천 명으로 가장 많다.

오답분석

① 네덜란드는 3.7천 명이고, 그리스가 5.0천 명으로 가장 많다. 따라서 그리스에 비해 1.3천 명 적다.
② 한국의 수치가 매년 가장 작다는 사실을 볼 때, 한국의 의료 서비스 지수가 멕시코보다 더 열악하다고 할 수 있다.
③ 2017 ~ 2019년에는 두 배가 안 되는 수치를 보이고 있다.

01 언어추리

01	02	03	04	05	06	07	08	09	10
①	③	②	①	③	①	③	①	③	②

01
정답 ①

아카펠라>힙합>클래식, 아카펠라>컨트리이므로 아카펠라를 가장 좋아한다.

02
정답 ③

효진이는 수진이보다는 화분을 많이 샀지만 지은이보다는 적게 샀으므로 3~5개 샀을 것이다. 그러나 주어진 제시문만으로는 몇 개의 화분을 샀는지 정확히 알 수 없다.

03
정답 ②

매출액이 많은 순서대로 나열하면 'D－C－B－A'이므로 B 가게의 매출액은 세 번째로 많다.

04
정답 ①

안구 내 안압이 상승하면 시신경 손상이 발생하고, 시신경이 손상되면 주변 시야가 좁아진다. 따라서 안구 내 안압이 상승하면 주변 시야가 좁아진다.

05
정답 ③

피자를 좋아하는 사람은 치킨을 좋아하고, 치킨을 좋아하는 사람은 맥주를 좋아하기 때문에 피자를 좋아하는 사람은 맥주를 좋아한다. 그러나 '피자를 좋아하는 사람은 맥주를 좋아한다.'의 역인 '맥주를 좋아하는 사람은 피자를 좋아한다.'는 참인지 거짓인지 알 수 없으므로 맥주를 좋아하는 미혜가 피자를 좋아하는지는 알 수 없다.

06
정답 ①

수박과 참외는 과즙이 많고, 과즙이 많은 과일은 갈증해소와 이뇨작용에 좋다고 했으므로 참이다.

07
정답 ③

뉴스에서 내일 비가 온다고 했기 때문에 소풍은 가지 않지만, 주어진 명제를 통해서 학교에 가는지는 알 수 없다.

08
정답 ①

주어진 조건에 따르면 카푸치노 2잔과 아메리카노 1잔은 이미 선택되었으므로 B가 카페모카를 마셨다면 D에게 남은 메뉴는 카페라테밖에 없다.

09
정답 ③

주어진 조건에 따르면 카푸치노 2잔과 아메리카노 1잔은 이미 선택되었으므로 D에게 남은 것은 카페라테 2잔과 카페모카 1잔이다. D가 이 중에서 1잔을 마셨을 수도 있지만 2잔이나 3잔을 마셨을 수도 있으므로 주어진 조건으로는 커피를 가장 적게 마신 손님을 알 수 없다.

10
정답 ②

커피는 6잔이고, 손님은 4명이다. 주어진 조건 안에서도 손님 3명이 각각 1잔씩 마시고 손님 1명이 커피 3잔을 마실 수 있으므로 한 손님이 마실 수 있는 커피의 최대량은 3잔이다.

01	02	03	04	05	06	07	08	09	10
②	④	④	②	③	②	②	③	②	②
11	12	13	14	15	16	17	18	19	20
①	①	③	④	④	④	③	③	③	④
21	22	23	24	25	26	27	28	29	30
④	④	④	②	③	①	④	①	③	②

01
정답 ②

홀수 항은 ÷9, 짝수 항은 ×5를 적용하는 수열이다.
따라서 (　)=125×5=625이다.

02
정답 ④

앞의 항에 +1, $+\frac{1}{2}$, $+\frac{1}{3}$, $+\frac{1}{4}$, …을 적용하는 수열이다.
따라서 (　)=$\frac{29}{12}+\frac{1}{5}=\frac{157}{60}$ 이다.

03
정답 ④

나열된 수를 각각 A, B, C라고 하면
$\underline{A\ B\ C} \rightarrow A+B=-2C$
따라서 (　)−4=26이므로 (　)=30이다.

04
정답 ②

나열된 수를 각각 A, B, C라고 하면
$\underline{A\ B\ C} \rightarrow A^B=C$
따라서 $5^{(\ )}=125$이므로 (　)=3이다.

05
정답 ③

앞의 항에 −7, +10의 규칙을 번갈아 적용하는 수열이다.
따라서 (　)=30+10=40이다.

06
정답 ②

분자는 +5이고, 분모는 ×3+1을 적용하는 수열이다.
따라서 (　)=$\frac{6+5}{10\times3+1}=\frac{11}{31}$ 이다.

07
정답 ②

분자는 +6을, 분모는 −6을 적용하는 수열이다.
따라서 (　)=$\frac{59+6}{373-6}=\frac{65}{367}$ 이다.

08
정답 ③

나열된 수를 각각 A, B, C라고 하면
$\underline{A\ B\ C} \rightarrow (A+C)\times2=B$
따라서 (　)=(2+4)×2=12이다.

09
정답 ②

홀수 항은 −4, 짝수 항은 −7을 적용하는 수열이다.
따라서 (　)=27−4=23이다.

10
정답 ②

홀수 항에는 +0.5, +1.5, +2.5, …를, 짝수 항에는 $+\frac{1}{2}$,
$+\frac{1}{4}$, $+\frac{1}{6}$, …을 적용하는 수열이다.
따라서 (　)=−5+0.5=−4.5이다.

11
정답 ①

홀수 항과 짝수 항끼리 각각 −3을 적용하는 수열이다.

ㅎ	ㅌ	ㅋ	ㅈ	ㅇ	ㅂ	ㅁ	(ㄷ)
14	12	11	9	8	6	5	3

12
정답 ①

1, 2, 2, 3, 3, 3, 4, 4, 4, 4, …로 이루어진 수열이다.

A	ㄴ	B	三	ㄷ	C	iv	四	(ㄹ)	D
1	2	2	3	3	3	4	4	4	4

13
정답 ③

앞의 항에 +1, +2, +4, +8, +16, …을 적용하는 수열이다.

C	D	(F)	J	R	H
3	4	6	10	18	34(8)

14

정답 ④

앞의 항에서 -2를 적용하는 수열이다.

ㅍ	ㅋ	ㅈ	ㅅ	ㅁ	(ㄷ)
13	11	9	7	5	3

15

정답 ④

홀수 항은 -3, 짝수 항은 +2를 적용하는 수열이다.

퍄	二	챠	(四)	샤	六	랴	八
13	2	10	4	7	6	4	8

16

정답 ④

(앞의 항)-3=(뒤의 항)인 수열이다.

(A)	X	U	R	O	L
27(1)	24	21	18	15	12

17

정답 ③

+3, ÷2를 번갈아 적용하는 수열이다.

캐	해	새	채	매	애	(래)
11	14	7	10	5	8	4

18

정답 ③

홀수 항은 +2, 짝수 항은 ×2를 적용하는 수열이다.

E	ㄹ	(G)	ㅇ	I	ㄴ
5	4	7	8	9	16(2)

19

정답 ③

- B : 부산공장
- A : A라인(오후)
- 0 : 2020년
- I : 9월
- 03 : 3일

오답분석

① 2011년부터 생산한 배터리에 부여되는 일련번호이므로 '0'을 통해 2020년에 생산되었음을 알 수 있다.
② 'BA0I03'은 'BM0I03'과 같은 공장에서 같은 날 생산되었으나, 오전의 M라인에서 생산된 'BM0I03'이 'BA0I03' 보다 먼저 생산되었음을 알 수 있다.
④ 주어진 조건으로는 9월 3일의 요일을 알 수 없다.

20

정답 ④

5월 23일은 토요일이므로 생산라인이 가동되지 않는다.

21

정답 ④

숙박번호 중 'BF'를 통해 조식은 호텔에서 먹는 것을 알 수 있다.

오답분석

① 101020-102010 : 입실은 20시인 오후에 하였고, 퇴실은 10시인 오전에 하였음을 알 수 있다.
② AS : 예약자의 국적이 아시아인인 것은 알 수 있으나, 중국인인지는 알 수 없다.
③ 3-M2W1 BO : 남성 2명, 여성 1명, 영유아 없음을 확인할 수 있지만, 남성 2명이 모두 성인인지는 알 수 없다.

22

정답 ④

㉠ 181005-181014 : 숙박번호 중 맨 앞자리 숫자 12개는 입실월일시간과 퇴실월일시간을 나타낸다. 즉, '○○△△□□-○○△△□□'에서 ○○자리에는 01부터 12까지, △△자리에는 01부터 31까지, □□자리에는 01부터 24시까지만 입력 가능하다.
㉡ AE : 예약자 국적 중 존재하지 않는 코드이다.
㉢ OB : 조식신청 유무의 코드는 BF와 BO 둘 중 하나이므로 잘못 입력되어 있다.
㉣ 3-M1W1 : 총숙박인원은 3명으로 표기되어있으나, 남성 1명, 여성 1명으로 되어 있다.

23

정답 ④

2019년에 제작된 사무용 중밀도 섬유 판재의 기성가구

오답분석

① 2023년 코드는 없다.
② 제품코드 순서가 잘못되었다.
③ FF는 용도종류에 없는 번호이다.

24

정답 ②

2021년에 제작된 가정용 원목소재의 수제가구

오답분석

① 가구재와 제작방법 코드 순서가 바뀌었다.
③ 용도 코드가 두 번 들어가고 가구재 코드가 안 들어갔다.
④ FF는 제작방법에 없는 코드이다.

25
정답 ③

- 021 : 2021년
- IU : 인테리어용
- HW : 원목
- HF : 수제가구

26
정답 ①

- 2020년 : 020
- 사무용 : OU
- 재활용 소재 : PB
- 기성가구 : MF

27
정답 ④

알파벳 모음을 변환하면 다음과 같다.

a	e	i	o	u
ㄲ	ㄸ	ㅃ	ㅆ	ㅉ

알파벳 자음을 변환하면 다음과 같다.

b	c	d	f	g	h	j
ㄱ	ㄴ	ㄷ	ㄹ	ㅁ	ㅂ	ㅅ
k	l	m	n	p	q	r
ㅇ	ㅈ	ㅊ	ㅋ	ㅌ	ㅍ	ㅎ
s	t	v	w	x	y	z
1	2	3	4	5	6	7

f=ㄹ, i=ㅃ, n=ㅋ, d=ㄷ, m=ㅊ, e=ㄸ

find와 me 사이에 0을 추가하고, 각 자음과 쌍자음마다 ㅏ, ㅑ, ㅓ, ㅕ, ㅗ, ㅛ를 추가하면, '라빠커뎌0초뚀'이다.

28
정답 ①

1따꺄1써켜 → 1ㄸㄲ1ㅆㅋ → season으로 봄·여름·가을·겨울의 계절이름이 아닌 계절 자체를 뜻하므로 적절하지 않다.

[오답분석]

② 1타햐빠켜모 → 1ㅌㅎㅃㅋㅁ → spring, 봄

③ 1짜챠처뗘호 → 1ㅉㅊㅊㄸㅎ → summer, 여름

④ 라꺄저져 → ㄹㄲㅈㅈ → fall, 가을

29
정답 ③

까0랴빠켜또0됴꾸6 → ㄲ0ㄹㅃㅋㄸ0ㄷㄲ6 → a fine day

30
정답 ②

Disney Frozen → ㄷㅃsㅋㄸy0ㄹㅎㅆzㄸㅋ → 다빠s커뎌y0로효쑤z뜌크

CHAPTER 03   지각능력검사 적중예상문제

01   공간지각

01	02	03	04	05	06	07	08	09	10
④	①	③	①	①	②	①	③	②	①
11	12	13	14	15	16	17	18	19	20
②	④	④	②	①	②	④	②	④	①

01   　정답 ④

- 1층 : $4 \times 3 - 3 = 9$개
- 2층 : $12 - 5 = 7$개
- 3층 : $12 - 5 = 7$개
- 4층 : $12 - 8 = 4$개
- 5층 : $12 - 10 = 2$개
∴ $9 + 7 + 7 + 4 + 2 = 29$개

02   　정답 ①

- 1층 : $4 \times 3 - 2 = 10$개
- 2층 : $12 - 4 = 8$개
- 3층 : $12 - 6 = 6$개
- 4층 : $12 - 9 = 3$개
∴ $10 + 8 + 6 + 3 = 27$개

03   　정답 ③

- 1층 : $5 \times 5 - 4 = 21$개
- 2층 : $25 - 15 = 10$개
- 3층 : $25 - 16 = 9$개
- 4층 : $25 - 17 = 8$개
- 5층 : $25 - 18 = 7$개
∴ $21 + 10 + 9 + 8 + 7 = 55$개

04   　정답 ①

- 1층 : $7 \times 3 - 1 = 20$개
- 2층 : $21 - 5 = 16$개
- 3층 : $21 - 9 = 12$개
- 4층 : $21 - 14 = 7$개
∴ $20 + 16 + 12 + 7 = 55$개

05   　정답 ①

- 1층 : $7 \times 3 - 1 = 20$개
- 2층 : $21 - 5 = 16$개
- 3층 : $21 - 9 = 12$개
- 4층 : $21 - 14 = 7$개
∴ $20 + 16 + 12 + 7 = 55$개

06   　정답 ②

- 1층 : $8 \times 3 - 3 = 21$개
- 2층 : $24 - 3 = 21$개
- 3층 : $24 - 9 = 15$개
- 4층 : $24 - 15 = 9$개
∴ $21 + 21 + 15 + 9 = 66$개

07   　정답 ①

- 1층 : $3 \times 3 - 0 = 9$개
- 2층 : $9 - 3 = 6$개
- 3층 : $9 - 4 = 5$개
- 4층 : $9 - 4 = 5$개
- 5층 : $9 - 6 = 3$개
- 6층 : $9 - 7 = 2$개
∴ $9 + 6 + 5 + 5 + 3 + 2 = 30$개

08   　정답 ③

- 1층 : $6 \times 5 - 6 = 24$개
- 2층 : $30 - 8 = 22$개
- 3층 : $30 - 12 = 18$개
- 4층 : $30 - 17 = 13$개
∴ $24 + 22 + 18 + 13 = 77$개

09   　정답 ②

- 1층 : $5 \times 5 = 25$개
- 2층 : $25 - 4 = 21$개
- 3층 : $25 - 9 = 16$개
- 4층 : $25 - 10 = 15$개
∴ $25 + 21 + 16 + 15 = 77$개

10

정답 ①

- 1층 : $5 \times 5 - 6 = 19$개
- 2층 : $25 - 7 = 18$개
- 3층 : $25 - 12 = 13$개
- 4층 : $25 - 15 = 10$개
- 5층 : $25 - 21 = 4$개

$\therefore 19 + 18 + 13 + 10 + 4 = 64$개

11

정답 ②

- 1층 : $5 \times 5 - 6 = 19$개
- 2층 : $25 - 7 = 18$개
- 3층 : $25 - 12 = 13$개
- 4층 : $25 - 15 = 10$개
- 5층 : $25 - 21 = 4$개

$\therefore 19 + 18 + 13 + 10 + 4 = 64$개

12

정답 ④

- 1층 : $6 \times 5 - 9 = 21$개
- 2층 : $30 - 14 = 16$개
- 3층 : $30 - 19 = 11$개
- 4층 : $30 - 25 = 5$개
- 5층 : $30 - 28 = 2$개

$\therefore 21 + 16 + 11 + 5 + 2 = 55$개

13

정답 ④

- 1층 : $4 \times 4 - 4 = 12$개
- 2층 : $16 - 6 = 10$개
- 3층 : $16 - 9 = 7$개
- 4층 : $16 - 12 = 4$개

$\therefore 12 + 10 + 7 + 4 = 33$개

14

정답 ②

- 1층 : $5 \times 5 - 5 = 20$개
- 2층 : $25 - 9 = 16$개
- 3층 : $25 - 15 = 9$개
- 4층 : $25 - 10 = 5$개
- 5층 : $25 - 23 = 2$개

$\therefore 20 + 16 + 9 + 5 + 2 = 52$개

15

정답 ①

- 1층 : $5 \times 5 - 6 = 19$개
- 2층 : $25 - 11 = 14$개
- 3층 : $25 - 19 = 6$개
- 4층 : $25 - 21 = 4$개
- 5층 : $25 - 23 = 2$개

$\therefore 19 + 14 + 6 + 4 + 2 = 45$개

16

정답 ②

- 1층 : $6 \times 5 - 3 = 27$개
- 2층 : $30 - 10 = 20$개
- 3층 : $30 - 19 = 11$개
- 4층 : $30 - 26 = 4$개
- 5층 : $30 - 28 = 2$개

$\therefore 27 + 20 + 11 + 4 + 2 = 64$개

17

정답 ④

- 상 : 7개
- 전 : 5개
- 후 : 5개
- 좌 : 5개
- 우 : 5개

$\therefore 7 + 5 + 5 + 5 + 5 = 27$개

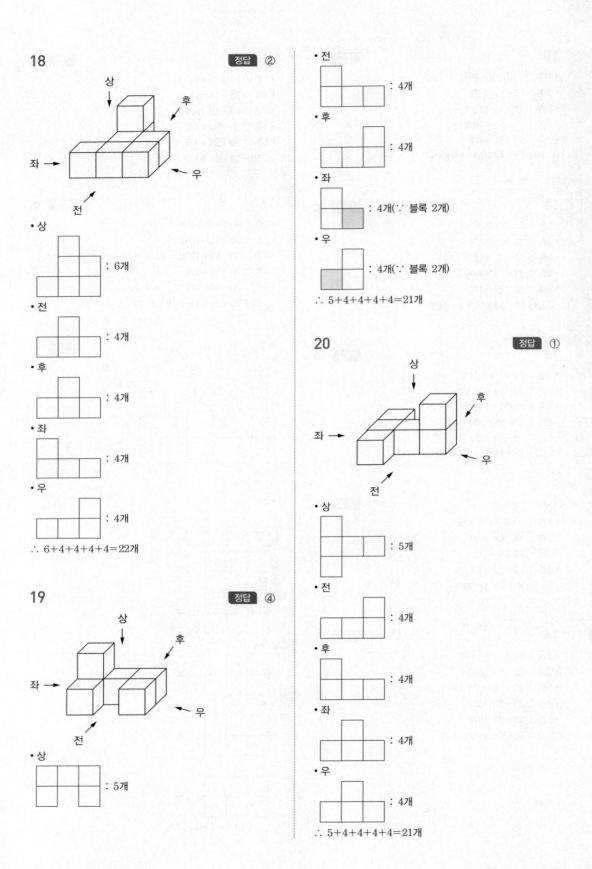

18 정답 ②

상
후
좌
우
전

• 상 : 6개
• 전 : 4개
• 후 : 4개
• 좌 : 4개
• 우 : 4개

∴ 6+4+4+4+4=22개

19 정답 ④

상
후
좌
우
전

• 상 : 5개

• 전 : 4개

• 후 : 4개

• 좌 : 4개(∵ 블록 2개)

• 우 : 4개(∵ 블록 2개)

∴ 5+4+4+4+4=21개

20 정답 ①

상
후
좌
우
전

• 상 : 5개

• 전 : 4개

• 후 : 4개

• 좌 : 4개

• 우 : 4개

∴ 5+4+4+4+4=21개

02 사무지각

01	02	03	04	05	06	07	08	09	10
③	④	①	④	②	④	①	①	②	②
11	12	13	14	15	16	17	18	19	20
①	③	③	③	③	③	③	④	②	③
21	22	23	24	25					
①	③	④	①	②					

01
정답 ③

제시된 문자를 오름차순으로 나열하면 'ㄱ - B - E - ㅂ - ㅊ - K'이므로 3번째에 오는 문자는 'E'이다.

02
정답 ④

제시된 문자를 오름차순으로 나열하면 'e - f - m - 16 - 24 - z'이므로 2번째에 오는 문자는 'f'이다.

03
정답 ①

제시된 문자를 오름차순으로 나열하면 'ㅏ - D - E - ㅂ - ㅠ - ㅈ'이므로 3번째에 오는 문자는 'E'이다.

04
정답 ④

제시된 문자를 오름차순으로 나열하면 'ㅑ - ㅓ - ㅁ - ㅅ - ㅇ - ㅎ'이므로 4번째에 오는 문자는 'ㅅ'이다.

05
정답 ②

제시된 문자를 오름차순으로 나열하면 'ㄱ - B - ㅗ - ㅈ - ㅣ - R'이므로 3번째에 오는 문자는 'ㅗ'이다.

06
정답 ④

제시된 문자를 오름차순으로 나열하면 'ㄱ - ㅑ - ㅓ - ㅁ - ㅣ - ㅍ'이므로 5번째에 오는 문자는 'ㅣ'이다.

07
정답 ①

제시된 문자를 내림차순으로 나열하면 'U - S - K - ㅈ - ㅅ - A'이므로 2번째에 오는 문자는 'S'이다.

08
정답 ①

제시된 문자를 내림차순으로 나열하면 'Y - U - ㅎ - ㅌ - 四 - 三'이므로 3번째에 오는 문자는 'ㅎ'이다.

09
정답 ②

제시된 문자를 내림차순으로 나열하면 '휴 - 튜 - 큐 - 뷰 - 뮤 - 뉴'이므로 5번째에 오는 문자는 '뮤'이다.

10
정답 ②

제시된 문자나 수를 내림차순으로 나열하면 '하 - 12 - 카 - 6 - 5 - 나'이므로 5번째에 오는 문자나 수는 '5'이다.

11
정답 ①

제시된 문자를 내림차순으로 나열하면 'ㅡ - ㅠ - ㅗ - ㅓ - ㅑ - ㅏ'이므로 4번째에 오는 문자는 'ㅓ'이다.

12
정답 ③

제시된 문자를 내림차순으로 나열하면 'ㅊ - ㅜ - ㅂ - ㅗ - ㅕ - ㄷ'이므로 6번째에 오는 문자는 'ㄷ'이다.

13
정답 ③

모래의 낱 알갱이를 '모래알'이라고 하며, 달걀은 닭이 낳은 '알'이고, 안경테에 끼우는 렌즈는 '안경알'이므로 '알'을 연상할 수 있다.

14
정답 ③

'간'은 우리 몸의 오른쪽에 있고, '자동차'는 우측통행이며, 'R'은 Right의 약어이므로 '오른쪽'을 연상할 수 있다.

15 　　　　　　　　　　　　　　정답 ③

'가을'에 나뭇잎의 빛깔이 '붉거'나 누런색으로 변하는 단풍 현상과 단풍이 그려진 '화투'장을 통해 '단풍'을 연상할 수 있다.

16 　　　　　　　　　　　　　　정답 ③

'입과 귀'를 한자로 표현하면 口耳(구이)이고, '생선'과 '조개'로 구이요리를 할 수 있으므로 '구이'를 연상할 수 있다.

17 　　　　　　　　　　　　　　정답 ③

'천연기념물' 336호로 지정된 독도는 행정상 '경상북도' 울릉군에 속하며 '동해'에 위치한 섬이다. 따라서 '독도'를 연상할 수 있다.

18 　　　　　　　　　　　　　　정답 ④

• 因果應報(인과응보) : 전생에 지은 선악에 따라 현재의 행과 불행이 있고, 현세에서의 선악의 결과에 따라 내세에서 행과 불행이 있는 일을 뜻하는 말

19 　　　　　　　　　　　　　　정답 ②

• 結草報恩(결초보은) : 중국 춘추 시대에, 진나라의 위과(魏顆)가 아버지가 세상을 떠난 후에 서모를 개가시켜 순사(殉死)하지 않게 하였더니, 그 뒤 싸움터에서 그 서모 아버지의 혼이 적군의 앞길에 풀을 묶어 적을 넘어뜨려 위과가 공을 세울 수 있도록 하였다는 고사에서 유래한 말

20 　　　　　　　　　　　　　　정답 ③

• 誰怨誰咎(수원수구) : 누구를 원망하고 누구를 탓하겠냐는 뜻으로, 남을 원망하거나 탓할 것이 없음을 이르는 말

21 　　　　　　　　　　　　　　정답 ①

• 囊中之錐(낭중지추) : 주머니 속의 송곳이라는 뜻으로, 재능이 뛰어난 사람은 숨어 있어도 저절로 사람들에게 알려짐을 이르는 말

22 　　　　　　　　　　　　　　정답 ③

• 互角之勢(호각지세) : 역량이 서로 비슷비슷한 위세

23 　　　　　　　　　　　　　　정답 ④

• 事君以忠(사군이충) : 세속오계의 하나. 임금을 섬기기를 충성으로써 함

24 　　　　　　　　　　　　　　정답 ①

• 五十步百步(오십보백보) : 오십 보 도망가나 백 보 도망가나 같다는 뜻으로, 좀 낫고 못한 차이는 있으나 서로 엇비슷함을 이르는 말

25 　　　　　　　　　　　　　　정답 ②

• 三顧草廬(삼고초려) : 인재를 맞아들이기 위해서 온갖 노력을 다함을 이르는 말

PART

3

최종점검
모의고사

제1회 최종점검 모의고사
제2회 최종점검 모의고사

제1회 최종점검 모의고사

01 수리능력검사

01	02	03	04	05	06	07	08	09	10
①	①	②	②	④	③	①	①	④	①
11	12	13	14	15	16	17	18	19	20
④	①	①	④	③	④	④	①	④	④
21	22	23	24	25	26	27	28	29	30
④	④	①	④	③	②	③	③	③	①
31	32	33	34	35	36	37	38	39	40
④	③	③	③	③	③	②	④	③	①

01 정답 ①

$5 \times 15 \div \dfrac{1}{3}$
$= 75 \times 3$
$= 225$

02 정답 ①

$7 - 0.1 \times 25 + 1.5$
$= 7 - 2.5 + 1.5$
$= 4.5 + 1.5$
$= 6$

03 정답 ②

$125 \div 5 - 12$
$= 25 - 12$
$= 13$

04 정답 ②

$454 - 372 \div 3 - 110$
$= 344 - 124$
$= 220$

05 정답 ④

$2,620 + 1,600 \div 80$
$= 2,620 + 20$
$= 2,640$

06 정답 ③

$27 \times \dfrac{12}{9} \times \dfrac{1}{3} \times \dfrac{3}{2}$
$= 3 \times 12 \times \dfrac{1}{2}$
$= 3 \times 6$
$= 18$

07 정답 ①

$(48 + 48 + 48 + 48) \times \dfrac{11}{6} \div \dfrac{16}{13}$
$= 48 \times 4 \times \dfrac{11}{6} \times \dfrac{13}{16}$
$= 2 \times 11 \times 13$
$= 286$

08 정답 ①

$212 - 978 \div 6 - 3^3$
$= 185 - 163$
$= 22$

09 정답 ④

$91 + 27 \div 3 - 22$
$= 91 + 9 - 22$
$= 100 - 22$
$= 78$

10 정답 ①

$493 - 24 \times 5$
$= 493 - 120$
$= 373$

11
정답 ④

A와 B가 서로 반대 방향으로 돌면, 둘이 만났을 때 A가 걸은 거리와 B가 걸은 거리의 합이 운동장의 둘레와 같다.
따라서 운동장의 둘레는 $(80 \times 20) + (60 \times 20) = 2,800$m이다.

12
정답 ①

(정가)$-$(원가)$=$(이익)이므로
$(1.4a \times 0.8) - a = 0.12a$

13
정답 ①

10개 강의실에 75명씩 들어가고 나머지 180명은 배정받지 못했으므로 실제 신입생 총인원은 $10 \times 75 + 180 = 930$명이다.

14
정답 ④

• A만 문제를 풀 확률 : $\dfrac{1}{4} \times \dfrac{2}{3} \times \dfrac{1}{2} = \dfrac{2}{24}$

• B만 문제를 풀 확률 : $\dfrac{3}{4} \times \dfrac{1}{3} \times \dfrac{1}{2} = \dfrac{3}{24}$

• C만 문제를 풀 확률 : $\dfrac{3}{4} \times \dfrac{2}{3} \times \dfrac{1}{2} = \dfrac{6}{24}$

따라서 1명만 문제를 풀 확률은 $\dfrac{2}{24} + \dfrac{3}{24} + \dfrac{6}{24} = \dfrac{11}{24}$ 이다.

15
정답 ③

전체 아르바이트생의 수는 500명이고, 이 중 정규직으로 전환된 직원의 수가 100명이므로 남은 아르바이트생의 수는 $500 - 100 = 400$명이다.

따라서 아르바이트생의 비율은 $\dfrac{400}{500} \times 100 = 80$%이다.

16
정답 ④

• 둘 다 호텔 방을 선택하는 경우 : $_3\mathrm{P}_2 = 3 \times 2 = 6$가지
• 둘 중 한 명만 호텔 방을 선택하는 경우 : 호텔 방을 선택하는 사람은 A, B 둘 중에 한 명이고, 한 명이 호텔 방을 선택할 수 있는 경우의 수는 3가지이므로 $2 \times 3 = 6$가지
따라서 두 명이 호텔 방을 선택하는 경우의 수는 두 명 다 선택을 안 하는 경우까지 포함하여 $6 + 6 + 1 = 13$가지이다.

17
정답 ④

1 · 3회전에서 B가 x점을 획득했다면, A는 $(x+2)$점이고, 2회전에서는 A가 x점, B는 $(x+2)$점이 된다.
A의 최종 스코어는 $(3x+4)$점, B는 $(3x+2)$점임을 알 수 있고, 이에 대한 방정식을 세우면 다음과 같다.
$2(3x+4) = 3x + 2 + 15$
$6x + 8 = 3x + 17$
$\rightarrow 3x = 9$
$\therefore x = 3$
따라서 1회전에서 A의 점수는 $3 + 2 = 5$점이 된다.

18
정답 ①

4와 6의 최소공배수는 12이므로 두 과목을 12일마다 같이 복습한다.
따라서 시험일까지 100일 안에 두 과목을 같이 복습하는 날은 $100 \div 12 = 8.3$이므로 8번 가능하다.

19
정답 ④

농도가 7%인 소금물 300g에 들어있는 소금의 양은 $300 \times \dfrac{7}{100} = 21$g이다.

20
정답 ④

원래 수의 십의 자릿수를 a, 일의 자릿수를 b라 하면
$10a + b = 10b + a + 72$
$\rightarrow 9a - 9b = 72$
$\therefore a - b = 8$
따라서 $9 - 1 = 8$이므로 원래 수는 91이다.

21
정답 ④

$1 \sim 10$까지의 숫자 중 2의 배수는 2, 4, 6, 8, 10으로 5개이다.
따라서 10개의 공 중에서 1개의 공을 꺼낼 때, 공에 적힌 숫자가 2의 배수일 확률은 $\dfrac{5}{10} = \dfrac{1}{2}$ 이다.

22
정답 ④

잘못 계산한 값을 식으로 나타내면 다음과 같다.
$x \div 6 - 12 = 9$
$\rightarrow x \div 6 = 21$
$\therefore x = 126$
따라서 바르게 계산한 값은 $126 \times 6 = 756$이다.

23

정답 ①

증발된 물의 양을 xg이라 하자.

$$\frac{8}{100} \times 500 = \frac{10}{100} \times (500 - x)$$

$$\rightarrow 4,000 = 5,000 - 10x$$

$$\therefore x = 100$$

따라서 증발한 물의 양은 100g이다.

24

정답 ②

직사각형의 넓이는 (가로)×(세로)이므로 넓이를 $\frac{1}{3}$ 이하로

작아지게 하려면 길이를 $\frac{1}{3}$ 이하로 줄이면 된다.

따라서 가로의 길이를 10cm 이하가 되게 하려면 최소 20cm 이상 줄여야 한다.

25

정답 ③

여동생의 나이를 x세라고 하면 수영이의 나이는 $(x+5)$세, 언니의 나이는 $2(2x+5)$세이다.

세 자매의 나이의 합이 39이므로 다음 식이 성립한다.

$$x + (x+5) + 2(2x+5) = 39$$

$$\rightarrow 6x + 15 = 39$$

$$\therefore x = 4$$

따라서 현재 언니의 나이는 26세이므로 3년 뒤 언니의 나이는 29세이다.

26

정답 ②

(가)를 계산하면 $\frac{78,855}{275,484} \times 100 ≒ 28.6\%$이다.

오답분석

① 표에서 확인할 수 있다.

③ 2024년 남성 공무원 비율은 $100 - 29.8 = 70.2\%$이다.

④ 2024년 여성 공무원 비율은 2019년 비율보다 $29.8 - 26.5 = 3.3\%$p 증가했다.

27

정답 ④

선택지에 해당하는 연도의 고용률과 실업률의 차이는 다음과 같다.

• 2017년 : $40.4 - 7.6 = 32.8\%$p
• 2018년 : $40.3 - 7.5 = 32.8\%$p
• 2021년 : $41.2 - 9.1 = 32.1\%$p
• 2024년 : $42.7 - 9.5 = 33.2\%$p

따라서 2024년 고용률과 실업률의 차이가 가장 크다.

28

정답 ③

총 이동자 수 대비 20~30대 이동자 수 비율은 2011년이 약 45.4%로 가장 높다.

오답분석

① 2011~2018년까지 20~30대 이동자 수는 424만 명 → 405만 명 → 385만 명 → 361만 명 → 350만 명 → 340만 명 → 315만 명 → 307만 명으로 지속적으로 감소했다.

② 총 이동자 수와 20~30대 이동자 수의 변화 양상은 '감소 - 감소 - 감소 - 감소 - 감소 - 감소 - 감소 - 증가 - 증가 - 감소'로 동일하다.

④ 20~30대를 제외한 이동자 수가 가장 많은 해는 2011년으로 510만 명이 이동했다.

29

정답 ③

조사 기간 동안 쓰레기 1kg당 처리비용은 400원으로 동결상태이다. 오히려 쓰레기 종량제 봉투 가격이 인상될수록 A신도시의 쓰레기 발생량과 쓰레기 관련 적자 예산이 급격히 감소하는 것을 볼 수 있다.

30

정답 ①

• (가) : 2019년 대비 2020년 의료 폐기물의 증감율은

$$\frac{48,934 - 49,159}{49,159} \times 100 ≒ -0.5\%이다.$$

• (나) : 2017년 대비 2018년 사업장 배출시설계 폐기물의

증감율은 $\frac{123,604 - 130,777}{130,777} \times 100 ≒ -5.5\%이다.$

31

정답 ④

총 스팸이 가장 많은 때는 2023년 상반기, 가장 적은 때는 2024년 하반기이다.

따라서 차이는 $(2.39 + 0.46) - (1.4 + 0.26) = 2.85 - 1.66 = 1.19$이다.

32

정답 ③

2024년 상반기 대비 2024년 하반기 이메일 스팸은 $\frac{1.64 - 1.4}{1.64} \times 100 ≒ 14.6\%$ 감소했다.

33
정답 ③

2023년 상반기부터 이메일 스팸과 휴대전화 스팸 모두 1인 1일 수신량이 감소하고 있다.

오답분석
① 제시된 자료를 통해 확인할 수 있다.
② 2024년 하반기 이메일 스팸(1.4통)은 2021년 하반기 이메일 스팸(2.2통)보다 0.8통 감소했다.
④ 2024년 하반기 휴대전화 스팸(0.26통)의 1.69배는 약 0.44통이므로 옳은 설명이다.

34
정답 ③

5만 미만에서 10만 ~ 50만 미만의 투자건수 비율을 합하면 28.0+20.9+26.0=74.9%이다.

35
정답 ③

100만 ~ 500만 미만에서 500만 미만의 투자건수 비율을 합하면 11.9+4.5=16.4%이다.

36
정답 ③

2024년 전년 대비 각 시설의 증가량은 축구장 60개소, 체육관 58개소, 간이운동장 789개소, 테니스장 62개소, 기타 110개소이다.
따라서 간이운동장과 체육관 시설 수의 합은 11,458+639=12,097개소이다.

37
정답 ②

$$\frac{529}{467+529+9,531+428+1,387} \times 100 ≒ 4.3\%$$
따라서 구하고자 하는 비율은 4.3%이다.

38
정답 ④

2024년 공공체육시설의 수는 총 649+681+12,194+565+2,038=16,127개이다.

39
정답 ③

2030년 전국 노년부양비는 $\frac{24.1}{64.7} ≒ 0.37$이다.

40
정답 ①

2010년에 전남의 노인인구비는 21.3%로 초고령사회에 처음 진입했다.

---

02 추리능력검사

01	02	03	04	05	06	07	08	09	10
③	①	③	①	①	①	①	①	②	③
11	12	13	14	15	16	17	18	19	20
①	②	③	①	③	①	③	④	④	③
21	22	23	24	25	26	27	28	29	30
①	③	④	④	④	②	③	③	④	④
31	32	33	34	35	36	37	38	39	40
①	②	①	④	①	④	④	④	①	④

01
정답 ③

A를 주문한 손님 중에서 일부는 C를 주문했지만, B를 주문한 손님 중에서는 C를 주문하는 손님이 있었는지는 주어진 조건만으로는 알 수 없다.

02
정답 ①

제시문을 정리하면 다음과 같다.
• A : 혜진이가 영어 회화 학원에 다닌다.
• B : 미진이가 중국어 회화 학원에 다닌다.
• C : 아영이가 일본어 회화 학원에 다닌다.
A → B, B → C이므로 A → C가 성립하며, A → C의 대우는 ~C → ~A이다.
따라서 '아영이가 일본어 회화 학원에 다니지 않으면 혜진이는 영어 회화 학원에 다니지 않는다.'는 참이다.

03
정답 ③

유화를 잘 그리는 화가는 수채화를 잘 그리고, 수채화를 잘 그리는 화가는 한국화를 잘 그리지만, 희정이가 화가인지 아닌지 알 수 없으므로 유화를 잘 그리는 희정이가 한국화도 잘 그리는지는 알 수 없다.

04
정답 ①

체력이 좋은 사람은 오래달리기를 잘하고, 오래달리기를 잘하는 사람은 인내심이 있다. 따라서 '체력이 좋은 지훈이는 인내심이 있다.'는 참이다.

05

제시문을 정리하면 다음과 같다.
- A : 게임을 좋아하는 사람
- B : 만화를 좋아하는 사람
- C : 독서를 좋아하는 사람

A → B, B → ~C이며, 대우는 각각 ~B → ~A, C → ~B이다.
이를 정리하면 C → ~B → ~A이므로 C → ~A가 성립한다.
따라서 '독서를 좋아하는 영수는 게임을 좋아하지 않는다.'는
참이다.

06

정답 ①

아침잠이 많으면 지각을 자주 하고, 지각을 자주 하면 해당 벌
점이 높기 때문에 '아침잠이 많은 재은이는 지각 벌점이 높다.'
는 참이다.

07

정답 ①

부모에게 칭찬을 많이 받으면 인간관계가 원만하고, 인간관
계가 원만하면 긍정적으로 사고하기 때문에 '부모에게 칭찬을
많이 받은 주영이는 사고방식이 긍정적이다.'는 참이다.

08

정답 ①

E는 C의 형이며, D는 E의 아들이다. 따라서 C는 D의 삼촌이다.

09

정답 ②

E는 C의 형이며, B는 C의 손자이다. 따라서 E는 B의 백조부
이다.

10

정답 ③

A와 D 중 누가 더 나이가 많은지 알 수 없으므로, A가 D의
사촌동생인지 또는 사촌형인지 알 수 없다.

11

정답 ①

$+3$, -6, $+9$, -12, $+15$, $\cdots$인 수열이다.
따라서 (　)$=5-6=-1$이다.

12

정답 ②

n을 자연수라고 할 때, n항의 값은 $(n+1)\times(n+2)\times(n+3)$인 수열이다.
따라서 (　)$=(4+1)\times(4+2)\times(4+3)=5\times6\times7=210$이다.

13

정답 ②

n을 자연수라고 할 때, n항의 값은 $(n+10)\times(n+11)$인 수
열이다.
따라서 (　)$=(6+10)\times(6+11)=16\times17=272$이다.

14

정답 ③

분자는 $\times5$이고, 분모는 -1인 수열이다.
따라서 (　)$=\dfrac{250\times5}{4-1}=\dfrac{1{,}250}{3}$이다.

15

정답 ①

홀수 항은 $\times\dfrac{1}{2}$, 짝수 항은 -3.7, -4.2, -4.7, $\cdots$이다.
따라서 (　)$=1\times\dfrac{1}{2}=\dfrac{1}{2}$이다.

16

정답 ③

분자와 분모의 합이 500인 수열이다.
따라서 (　)$=\dfrac{19}{481}$이다.

17

정답 ①

나열된 수를 각각 A, B, C라고 하면
$\underline{A\ B\ C} \to A\times B+2=C$
따라서 $2\times(\ )+2=100$이므로 $2\times(\ )=8 \to (\ )=40$이다.

18

정답 ④

나열된 수를 각각 A, B, C라고 하면
$\underline{A\ B\ C} \to A^2+B^2=C$
따라서 (　)$=3^2+4^2=25$이다.

19

정답 ④

나열된 수를 각각 A, B, C라고 하면
$\underline{A\ B\ C} \to A\times B=-2C$
따라서 $7\times4=-2\times(\ )$이므로 (　)$=-14$이다.

20

나열된 수를 각각 A, B, C라고 하면
$\underline{A\ B\ C} \rightarrow A+B+C=53$
따라서 ( )$=53-(20+7)=26$이다.

21

정답 ①

나열된 수를 각각 A, B, C라고 하면
$\underline{A\ B\ C} \rightarrow A+C=3B$
따라서 $5+($)$=3\times2$이므로 ( )$=1$이다.

22

정답 ③

문자 항 2개를 숫자로 변환하여 합한 값이 숫자 항인 수열이다.

A	B	T	V	X	Y	(49)
1	2	20	22	24	25	49

23

정답 ③

앞의 항에 -1, $+2$, -3, $+4$, …인 수열이다.

ㅅ	ㅂ	ㅇ	ㅁ	ㅈ	ㄹ	(ㅊ)
7	6	8	5	9	4	10

24

정답 ④

앞의 항에서 5씩 빼는 수열이다.

Z	(U)	P	K	F	A
26	21	16	11	6	1

25

정답 ④

홀수 항은 $+2$, 짝수 항은 $+3$인 수열이다.

ㄷ	5	五	H	(七)	11	ㅈ	N
3	5	5	8	7	11	9	14

26

정답 ④

홀수 항은 -3, 짝수 항은 $+3$인 수열이다.

ㅋ	ㄹ	(ㅇ)	ㅅ	ㅁ	ㅊ
11	4	8	7	5	10

27

정답 ②

홀수 항은 $+1$, 짝수 항은 $\times2$인 수열이다.

D	C	E	F	F	L	(G)	X
4	3	5	6	6	12	7	24

28

정답 ③

홀수 항은 -2, 짝수 항은 $+2$인 수열이다.

ㅈ	ㄷ	ㅅ	ㅁ	ㅁ	(ㅅ)
9	3	7	5	5	7

29

정답 ③

홀수 항은 $\times2$, 짝수 항은 -3인 수열이다.

E	N	(J)	K	T	H
5	14	10	11	20	8

30

정답 ④

홀수 항은 $\times2$, 짝수 항은 $\div2$인 수열이다.

B	X	D	L	H	F	P	(C)
2	24	4	12	8	6	16	3

31

정답 ①

$+3$, $+4$, $+5$, $+6$, $+7$, …인 수열이다.

ㄴ	ㅁ	ㅈ	ㅎ	ㅂ	(ㅍ)
2	5	9	14	20(6)	27(13)

32

정답 ②

앞의 항에 $\div2$, $+11$이 반복되는 수열이다.

N	ㅅ	R	ㅈ	T	ㅊ	(U)
14	7	18	9	20	10	21

33

정답 ①

입사순서는 해당 월의 누적 입사순서이므로 'W05220401'은 4월의 첫 번째 입사자임을 나타낼 뿐, 해당 사원이 생산부서 최초의 여직원인지는 알 수 없다.

PART 3

34

M0122 0903	W0322 1005	M0522 0912	W0522 0913	W0122 1001	W0422 1009
W0222 0901	M0422 1101	W0122 0905	W0322 0909	M0222 1002	W0322 1007
M0322 0907	M0122 0904	W0222 0902	M0422 1008	M0522 1107	M0122 1103
M0322 0908	M0522 0910	M0222 1003	M0122 0906	M0522 1106	M0222 1004
M0422 1101	M0522 0911	W0322 1006	W0522 1105	W0322 1104	M0522 1108

따라서 여성(W) 입사자 중 기획부(03)에 입사한 사원은 모두 5명이다.

35

'ㅊ', 'ㅓ', 'ㅇ', 'ㄹ', 'ㅑ', 'ㅇ', 'ㄹ', 'ㅣ', '받침 없음'
→ 'ㅆ', 'ㅔ', 'ㄲ', 'ㅋ', 'ㅒ', 'ㄲ', 'ㅋ', 'ㅖ', '받침 없음'
→ qQokPokXZ

36

구분	j	Y	Z	b	O	i	l	X	i	h	U	h
변환 문자	ㅊ	ㅟ	ㅡ	ㄴ	ㅐ	ㅈ	ㅌ	ㅖ	ㅈ	ㅇ	ㅙ	ㅇ
원래 문자	ㄷ	ㅐ	ㅡ	ㅎ	ㅏ	ㄴ	ㅁ	ㅣ	ㄴ	ㄱ	ㅜ	ㄱ

따라서 해독한 문자는 '대한민국'이다.

37

학생회관에 위치한 것이므로 다, 2인 이상이므로 b, c, d, 개방형이므로 2, 1년 이상이므로 44, 선착순식이므로 2c이다. 따라서 영석이가 사용을 희망하는 사물함의 고유번호는 다b2442c이다.

38

다c1222c는 사용권한 획득 방식이 '2c'이므로 양도식이 아닌 선착순식으로 배정되는 사물함이다.

39

나b1331b는 구관에 위치한 2인용 자물쇠형 사물함으로, 6개월 이상 1년 미만의 기간 동안 이용 가능하며 경매식 사물함이다.

40

사용기간이 00인 고유번호는 존재하지 않는다.

01	02	03	04	05	06	07	08	09	10
④	②	②	③	①	③	①	③	②	①
11	12	13	14	15	16	17	18	19	20
①	④	①	①	③	④	③	②	②	③
21	22	23	24	25	26	27	28	29	30
④	②	①	②	④	②	③	③	④	④
31	32	33	34	35	36	37	38	39	40
②	③	②	④	①	③	①	②	④	③

01   정답 ④

- 1층 : $5 \times 3 - 2 = 13$개
- 2층 : $15 - 5 = 10$개
- 3층 : $15 - 9 = 6$개
- ∴ $13 + 10 + 6 = 29$개

02   정답 ②

- 1층 : $3 \times 3 = 9$개
- 2층 : $9 - 1 = 8$개
- 3층 : $9 - 3 = 6$개
- 4층 : $9 - 7 = 2$개
- ∴ $9 + 8 + 6 + 2 = 25$개

03   정답 ②

- 1층 : $5 \times 4 - 2 = 18$개
- 2층 : $20 - 5 = 15$개
- 3층 : $20 - 8 = 12$개
- 4층 : $20 - 12 = 8$개
- ∴ $18 + 15 + 12 + 8 = 53$개

04   정답 ③

- 1층 : $5 \times 4 = 20$개
- 2층 : $20 - 5 = 15$개
- 3층 : $20 - 8 = 12$개
- 4층 : $20 - 11 = 9$개
- ∴ $20 + 15 + 12 + 9 = 56$개

05   정답 ①

- 1층 : $4 \times 5 - 1 = 19$개
- 2층 : $20 - 6 = 14$개
- 3층 : $20 - 8 = 12$개
- 4층 : $20 - 10 = 10$개
- ∴ $19 + 14 + 12 + 10 = 55$개

06   정답 ③

- 1층 : $6 \times 3 = 18$개
- 2층 : $18 - 4 = 14$개
- 3층 : $18 - 5 = 13$개
- 4층 : $18 - 10 = 8$개
- ∴ $18 + 14 + 13 + 8 = 53$개

07   정답 ①

- 1층 : $3 \times 4 = 12$개
- 2층 : $12 - 3 = 9$개
- 3층 : $12 - 4 = 8$개
- 4층 : $12 - 7 = 5$개
- ∴ $12 + 9 + 8 + 5 = 34$개

08   정답 ③

- 1층 : $7 \times 4 - 2 = 26$개
- 2층 : $28 - 9 = 19$개
- 3층 : $28 - 14 = 14$개
- ∴ $26 + 19 + 14 = 59$개

09   정답 ②

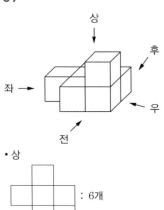

- 상

: 6개

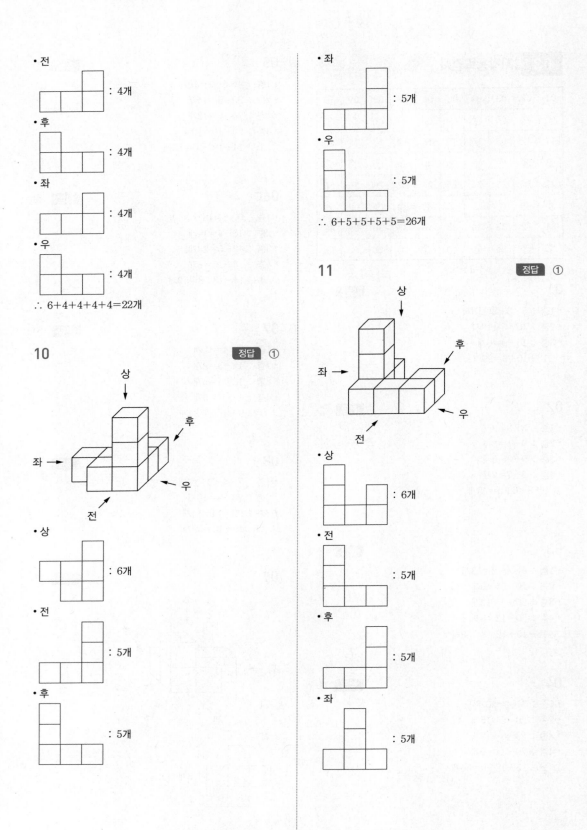

• 전

: 4개

• 후

: 4개

• 좌

: 4개

• 우

: 4개

∴ 6+4+4+4+4=22개

10　　정답 ①

상

좌 →　　← 후

← 우

전

• 상

: 6개

• 전

: 5개

• 후

: 5개

• 좌

: 5개

: 5개

• 우

: 5개

∴ 6+5+5+5+5=26개

11　　정답 ①

상

좌 →　　← 후

← 우

전

• 상

: 6개

• 전

: 5개

• 후

: 5개

• 좌

: 5개

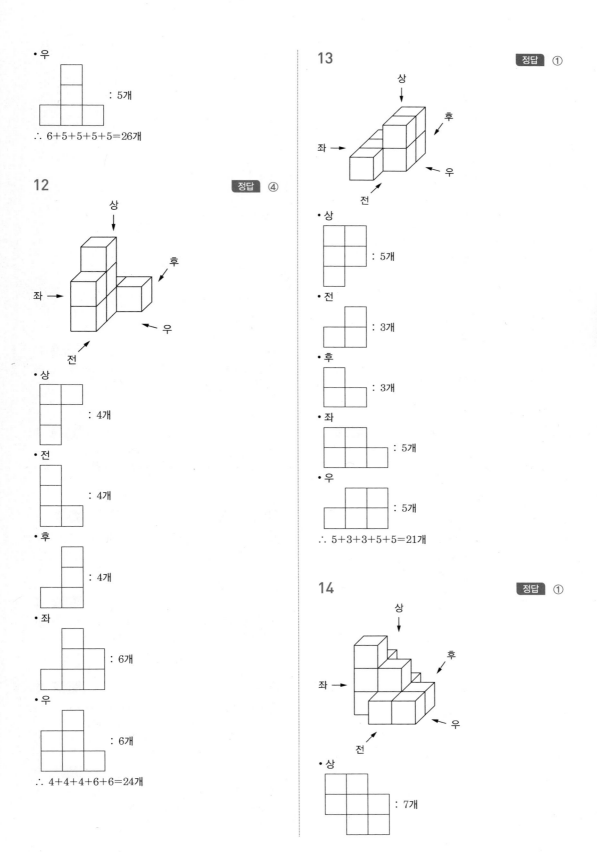

• 우

: 5개

∴ 6+5+5+5+5=26개

12

정답 ④

• 상

: 4개

• 전

: 4개

• 후

: 4개

• 좌

: 6개

• 우

: 6개

∴ 4+4+4+6+6=24개

13

정답 ①

• 상

: 5개

• 전

: 3개

• 후

: 3개

• 좌

: 5개

• 우

: 5개

∴ 5+3+3+5+5=21개

14

정답 ①

• 상

: 7개

• 전

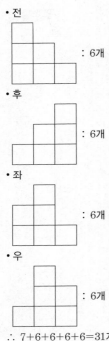

: 6개

• 후

: 6개

• 좌

: 6개

• 우

: 6개

∴ 7+6+6+6+6=31개

15

정답 ③

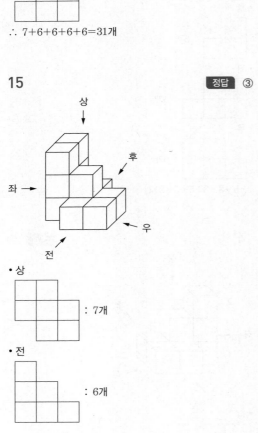

상

후

좌 →

우

전

• 상

: 7개

• 전

: 6개

• 후

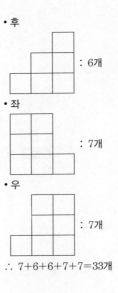

: 6개

• 좌

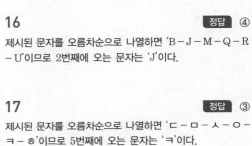

: 7개

• 우

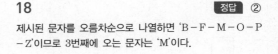

: 7개

∴ 7+6+6+7+7=33개

16
정답 ④
제시된 문자를 오름차순으로 나열하면 'B-J-M-Q-R
-U'이므로 2번째에 오는 문자는 'J'이다.

17
정답 ③
제시된 문자를 오름차순으로 나열하면 'ㄷ-ㅁ-ㅅ-ㅇ-
ㅋ-ㅎ'이므로 5번째에 오는 문자는 'ㅋ'이다.

18
정답 ②
제시된 문자를 오름차순으로 나열하면 'B-F-M-O-P
-Z'이므로 3번째에 오는 문자는 'M'이다.

19
정답 ②
제시된 문자를 오름차순으로 나열하면 'B-4-E-J-15
-W'이므로 4번째에 오는 문자는 'J'이다.

20
정답 ③
제시된 문자를 오름차순으로 나열하면 'ㅓ-ㅁ-ㅛ-ㅜ-
ㅈ-ㅍ'이므로 2번째에 오는 문자는 'ㅁ'이다.

21
정답 ④
제시된 문자를 오름차순으로 나열하면 'c-六-八-十-k
-s'이므로 5번째에 오는 문자는 'k'이다.

22 　정답 ②

제시된 수를 내림차순으로 나열하면 '79 – 63 – 54 – 48 – 21 – 15'이므로 5번째에 오는 수는 '21'이다.

23 　정답 ①

제시된 문자를 내림차순으로 나열하면 '하 – 자 – 아 – 바 – 마 – 다'이므로 3번째에 오는 문자는 '아'이다.

24 　정답 ②

제시된 문자를 내림차순으로 나열하면 'U – Q – N – K – G – B'이므로 4번째에 오는 문자는 'K'이다.

25 　정답 ④

제시된 문자를 내림차순으로 나열하면 'ㅋ – ㅊ – ㅈ – ㅇ – ㅅ – ㄹ'이므로 2번째에 오는 문자는 'ㅊ'이다.

26 　정답 ②

제시된 문자를 내림차순으로 나열하면 'W – R – K – J – I – H'이므로 6번째에 오는 문자는 'H'이다.

27 　정답 ③

제시된 문자를 내림차순으로 나열하면 '이 – 으 – 유 – 요 – 여 – 어'이므로 5번째에 오는 문자는 '여'이다.

28 　정답 ③

영상을 기록할 수 있는 '비디오' 테이프, '접착'의 용도로 사용하는 셀로판 테이프, 끊어진 전선 등에 감는 '절연' 테이프를 통해 '테이프'를 연상할 수 있다.

29 　정답 ④

남성의 가장 '낮은' 음역인 베이스(Bass), 사물의 '맨 아래' 부분이나 지지 권력 등의 '기반'을 의미하는 베이스(Base)를 통해 '베이스'를 연상할 수 있다.

30 　정답 ④

백수(百獸)의 왕 '사자', 백수(白手) '건달', '99'세를 의미하는 백수(白壽)를 통해 '백수'를 연상할 수 있다.

31 　정답 ②

고대 '그리스・로마' 문화를 '부활'시키려는 '문화' 운동은 르네상스이다. 따라서 '르네상스'를 연상할 수 있다.

32 　정답 ③

우리나라 고유의 음식(한식)인 '김치', 4월 5일 무렵 '찬 음식'을 먹는 '명절'인 한식을 통해 '한식'을 연상할 수 있다.

33 　정답 ②

• 長幼有序(장유유서) : 오륜(五倫)의 하나로, 어른과 어린이 사이의 도리는 엄격한 차례가 있고 복종해야 할 질서가 있음을 이르는 말

34 　정답 ④

• 望雲之情(망운지정) : 구름을 바라보며 그리워한다는 뜻으로, 타향에서 고향에 계신 부모를 생각함을 이르는 말

35 　정답 ①

• 一擧兩得(일거양득) : 한 가지 일을 하여 두 가지 이익을 얻음

36 　정답 ③

• 吟風弄月(음풍농월) : 바람을 읊고 달을 보고 시를 짓는다는 뜻으로, 시를 짓고 흥취를 자아내며 즐김을 이르는 말

37 　정답 ①

• 不問曲直(불문곡직) : 옳고 그른 것을 묻지도 아니하고 함부로 마구함

38 　정답 ②

• 切磋琢磨(절차탁마) : 학문・도덕・기예 등을 열심히 닦음을 이르는 말

39 　정답 ④

• 拔本塞源(발본색원) : 폐단이 되는 근원을 아주 뽑아 버림

40 　정답 ③

• 伯仲之勢(백중지세) : 서로 우열을 가리기 힘든 형세

PART 3

제2회 최종점검 모의고사

01 수리능력검사

01	02	03	04	05	06	07	08	09	10
③	④	④	②	①	②	①	③	③	①
11	12	13	14	15	16	17	18	19	20
④	①	③	④	①	②	④	②	③	④
21	22	23	24	25	26	27	28	29	30
④	①	③	④	②	②	④	④	②	③
31	32	33	34	35	36	37	38	39	40
②	④	③	①	②	③	②	④	④	④

01 정답 ③

$520 \div 5 + 108$
$= 104 + 108$
$= 212$

02 정답 ④

$10^2 \times 10^3 \times 10^4$
$= 10^{2+3+4}$
$= 10^9$

03 정답 ④

$0.215 \times 2 \times 2^2$
$= 0.215 \times 8$
$= 1.72$

04 정답 ②

$88 \div 4 + 27.5$
$= 22 + 27.5$
$= 49.5$

05 정답 ①

$32 \times \dfrac{4,096}{256} - 26 \times \dfrac{361}{19}$
$= 32 \times 16 - 26 \times 19$
$= 18$

06 정답 ②

$81 \div 9 \div 3 - 12$
$= 9 \div 3 - 12$
$= 3 - 12$
$= -9$

07 정답 ①

$7,743 \div 87 \times 78 + 87$
$= 89 \times 78 + 87$
$= 6,942 + 87$
$= 7,029$

08 정답 ③

$0.35 \times 3.12 - 0.5 \div 4$
$= 1.092 - 0.125$
$= 0.967$

09 정답 ③

$(0.9371 - 0.3823) \times 25$
$= 0.5548 \times 25$
$= 13.87$

10 정답 ①

$4.7 + 22 \times 5.4 - 2$
$= 4.7 + 118.8 - 2$
$= 121.5$

11

정답 ④

(한 문제 이상 맞힐 확률)=1−(세 문제 모두 틀릴 확률)
따라서 이 학생이 세 문제를 모두 풀어서 한 문제 이상 맞힐 확률은 $1-\left(\dfrac{1}{6}\times\dfrac{1}{2}\times\dfrac{3}{4}\right)=1-\dfrac{1}{16}=\dfrac{15}{16}$ 이다.

12

정답 ①

A사원의 집에서 회사까지의 거리는 A사원이 자동차를 타고 이동한 거리와 같다.
자동차의 속력은 시속이고, 시간은 분으로 주어졌으므로 30분은 $\dfrac{30}{60}=0.5$ 시간으로 바꾸어 계산한다.
(거리)=(속력)×(시간)이므로 A사원의 집에서 회사까지의 거리는 $60\times0.5=30$ km이다.

13

정답 ③

물의 양을 x g이라고 하면 다음과 같은 식이 성립한다.

$\dfrac{30}{30+x}\times100=20$

→ $3,000=20(30+x)$

→ $3,000=20x+600$

→ $20x=2,400$

∴ $x=120$

따라서 소금 30g을 120g의 물에 넣어야 농도 20%의 소금물이 된다.

14

정답 ④

소고기 금액은 $4,000\times5=20,000$원이고, $28,500-20,000$ $=8,500$원이 돼지고기를 구매하는 데 사용한 금액이다.
따라서 돼지고기는 $8,500\div1,700\times100=500$ g을 구매하였다.

15

정답 ①

처음 12분 동안 달린 거리는 $8\times\dfrac{12}{60}=1.6$ km이므로 남은 거리는 8.4km이다.
따라서 남은 거리 동안의 평균 속력을 x km/h라고 하면

$\dfrac{8.4}{x}\leq\dfrac{48}{60}$

→ $48x\geq504$

∴ $x\geq10.5$

따라서 적어도 평균 10.5km/h의 속력으로 달려야 기념품을 받을 수 있다.

16

정답 ②

O씨가 준비한 상자의 개수를 x 개라고 하자.

$4(x-1)+2=10(x-2)$

→ $4x-2=10x-20$

→ $6x=18$

∴ $x=3$

따라서 O씨가 준비한 상자의 개수는 3개이다.

17

정답 ④

1부터 40까지의 자연수 중 40의 약수(1, 2, 4, 5, 8, 10, 20, 40)의 개수는 8개이고, 3의 배수(3, 6, 9, …, 36, 39)는 13개이다.
따라서 40의 약수 중 3의 배수는 없으므로 구하는 경우의 수는 $8+13=21$ 가지이다.

18

정답 ②

S고등학교의 모의고사 전체 평균점수는 $0.1\times85+0.9\times60$ $=8.5+54=62.5$ 점이다.

19

정답 ③

x 년 후에 아버지의 나이가 아들의 나이의 3배가 된다고 하면 다음과 같은 식이 성립한다.

$45+x=3(13+x)$

→ $45+x=39+3x$

→ $2x=6$

∴ $x=3$

따라서 아버지의 나이가 아들의 나이의 3배가 되는 것은 3년 후이다.

20

정답 ④

수강 정정이 끝난 후 남학생은 36명, 여학생은 24명이다.
수강 정정을 한 학생의 수를 x 명이라고 하면 다음과 같은 식이 성립한다.

$(36-x):24=5:4$

$120=4(36-x)$

∴ $x=6$

따라서 수강 정정한 학생의 수는 6명이다.

21

- 3명이 일렬로 줄을 서는 경우의 수 : $3 \times 2 \times 1 = 6$가지
- 민지와 현주가 양 끝에 서는 경우의 수 : 2가지

따라서 양 끝에 민지와 현주가 서게 될 확률은 $\frac{2}{6} = \frac{1}{3}$이다.

22

정답 ①

VIP 초대장을 만드는 일의 양을 1이라고 하자. 혼자서 만들 때 걸리는 기간은 A대리 6일, B사원 12일이다. 그러므로 하루에 끝낼 수 있는 일의 양은 각각 $\frac{1}{6}$, $\frac{1}{12}$이다. 두 사람이 함께 일할 경우 하루에 끝내는 양은 $\frac{1}{6} + \frac{1}{12} = \frac{3}{12} = \frac{1}{4}$이다. 따라서 A대리와 B사원이 함께 초대장을 만들 때 하루에 할 수 있는 일의 양은 $\frac{1}{4}$이므로 완료하는 데 걸리는 시간은 4일이다.

23

정답 ③

A는 월요일부터 시작하여 2일마다 산책하고, B는 다음날인 화요일부터 3일마다 산책하므로 표로 정리하면 다음과 같다.

월	화	수	목	금	토	일
A	–	A	–	A	–	A
–	B	–	–	B	–	–

따라서 A와 B가 만나는 날은 같은 주 금요일이다.

24

정답 ②

을과 병이 저축하는 기간을 각각 x, y년이라고 하자.
- 을 : $4 + 7x \geq 50 \rightarrow 7x \geq 46 \rightarrow x \geq 6.6$
- 병 : $20 + 6y \geq 50 \rightarrow 6y \geq 30 \rightarrow y \geq 5$

따라서 을은 7년 후부터, 병은 5년 후부터 5억 원 이상을 모을 수 있으므로, 병이 더 빨리 모은다.

25

정답 ④

두 자연수의 합이 최대가 되기 위해 일의 자리 숫자가 9가 되고, 십의 자리 수도 9가 되어야 하므로 B는 99, A는 89가 된다. 따라서 A+B의 최댓값은 $89 + 99 = 188$이다.

26

정답 ②

경현이의 영어 성적 분포를 통해 전체 평균점수를 구하면
$\frac{315 + 320 + 335 + 390 + 400 + 370}{6} = \frac{2,130}{6} = 355$점이다.
따라서 355점보다 높았던 달은 9월, 10월, 11월에 봤던 시험으로 총 3번이다.

27

정답 ④

4인 가족의 경우 경차는 54,350원, 중형차는 94,680원, 고속버스는 82,080원, KTX는 120,260원으로 중형차는 두 번째로 비용이 많이 든다.

오답분석

① 4인 가족이 중형차를 이용할 경우, $74,600 + 25,100 \times 0.8 = 94,680$원의 비용이 든다.
② 4인 가족의 경우 KTX를 이용할 때, $(114,600 + 57,200) \times 0.7 = 120,260$원으로 비용이 가장 많이 든다.
③ 4인 가족이 중형차를 이용할 경우 94,680원의 비용이 들며, 고속버스의 경우는 $(68,400 + 34,200) \times 0.8 = 82,080$원의 비용이 든다.

28

정답 ④

2018년 대비 2024년 신장 증가량은 A가 22cm, B가 21cm, C가 28cm로, C가 가장 많이 증가하였다.

오답분석

① B의 2024년 체중은 2021년에 비해 감소하였다.
② 2024년의 신장 순위는 C, B, A 순이지만, 체중 순위는 C, A, B로 동일하지 않다.
③ 2024년에 3명 중 가장 키가 큰 사람은 C이다.

29

정답 ②

초·중·고등학교 수의 총합은 2022년에 $6,001 + 3,209 + 2,353 = 11,563$개, 2020년에 $6,064 + 3,214 + 2,358 = 11,636$개로, 2022년 대비 2024년에 증가하였다.

오답분석

ㄱ. 2024년에 고등학교 수는 전년 대비 감소하였지만 초등학교 수는 증가하였다.
ㄴ. 2020년부터 2024년까지 초등학교 수와 중학교 수의 차이를 구하면 다음과 같다.
- 2020년 : $5,934 - 3,186 = 2,748$개
- 2021년 : $5,978 - 3,204 = 2,774$개
- 2022년 : $6,001 - 3,209 = 2,792$개
- 2023년 : $6,040 - 3,213 = 2,827$개
- 2024년 : $6,064 - 3,214 = 2,850$개

따라서 초등학교 수와 중학교 수의 차이가 가장 큰 해는 2024년이다.

30

정답 ③

- 2024년 입대자 수 : $5,294 \times 0.29 = 1,535$만 명
- 2023년 입대자 수 : $5,117 \times 0.27 = 1,381$만 명

따라서 2024년과 2023년의 입대자 수의 차는 154만 명이다.

31 정답 ②

D사의 판매율이 가장 높은 연도는 2024년, G사의 판매율이 가장 높은 연도는 2022년으로 서로 다르다.

오답분석

① D사와 G사는 2023년도만 판매율이 감소하여 증감추이가 같다.
③ D사의 판매율이 가장 높은 연도는 2024년이고, U사의 판매율이 가장 낮은 연도도 2024년으로 동일하다.
④ G사의 판매율이 가장 낮은 연도는 2020년이고, U사의 판매율이 가장 높은 연도도 2020년으로 동일하다.

32 정답 ④

2023년 관광수입이 가장 많은 국가는 중국(44,400백만 달러)이며, 가장 적은 국가는 한국(17,300백만 달러)이다. 각 국가의 2024년 관광지출 대비 관광수입 비율은 다음과 같다.

- 한국 : $\dfrac{13,400}{30,600} \times 100 = 43.8\%$

- 중국 : $\dfrac{32,600}{257,700} \times 100 = 12.7\%$

따라서 두 국가의 비율 차이는 43.8−12.7=31.1%p이다.

33 정답 ③

통근수단으로 버스와 지하철을 모두 이용하는 직원 수는 1,200×0.45×0.51=275명이고, 도보를 이용하는 직원 수는 1,200×0.39=468명이다.
따라서 버스와 지하철을 모두 이용하는 직원 수는 도보를 이용하는 직원 수보다 468−275=193명 적다.

오답분석

① 통근시간이 30분 이하인 직원은 전체 직원 수의 $\dfrac{210}{1,200}$ ×100=17.5%를 차지한다.
② 대중교통을 이용하는 직원 수는 1,200×0.45=540명이고, 그중 25%는 135명이므로, 60분 초과 전체 인원의 80%인 160×0.8=128명보다 많다.
④ 통근시간이 45분 이하인 직원은 210+260=470명이고, 1시간 초과인 직원의 $\dfrac{470}{160}$ =3배이다.

34 정답 ①

도보를 이용하는 직원은 1,200×0.39=468명, 대중교통 수단 중 버스만 이용하는 직원은 1,200×0.45×0.27=146명이므로, 이들의 25%는 614×0.25=154명이다. 30분 초과 45분 이하인 인원에서 도보 또는 버스만 이용하는 직원을 제외하면 260−154=106명이 된다.

따라서 이 인원이 자가용으로 출근하는 전체 인원에서 차지하는 비중은 $\dfrac{106}{1,200 \times 0.16} \times 100 = 55\%$이다.

35 정답 ②

주5일 근무제 실시 이후 가정의 소득이 줄어들 것이라고 생각한 주부는 '대체로 그렇다'와 '매우 그렇다'에 응답한 사람이다. 따라서 주5일 근무제 실시 이후 가정의 소득이 줄어들 것이라고 생각한 주부는 {(56+12)÷167}×100=41%이다.

36 정답 ③

주5일 근무제 시행 이후 소득의 변화가 없다고 대답한 주부는 (76÷142)×100=53.5%이다.

37 정답 ②

2020년과 2023년의 고정수당, 실적수당, 상여금의 합과 기본급의 차이는 다음과 같다.
- 2020년 : 52,600−(4,600+1,500+17,000)=29,500천 원
- 2023년 : 53,700−(3,200+2,100+18,000)=30,400천 원
따라서 2023년이 2020년보다 크다.

오답분석

① 1인당 평균 보수액의 경우 남성과 여성 모두 매년 증가하였으나, 기본급은 2020년에 감소하였다.
③ 남성과 여성의 1인당 평균 보수액의 2021년 대비 2024년 증가율은 다음과 같다.

- 남성 : $\dfrac{86,000-77,000}{77,000} \times 100 = 11.7\%$

- 여성 : $\dfrac{60,000-54,000}{54,000} \times 100 = 11.1\%$

따라서 남성의 증가율이 더 크다.
④ 2021 ~ 2024년 동안 전년 대비 평균근속연수의 증감추이는 '증가 − 감소 − 감소 − 증가'이고, 상여금의 증감추이는 '감소 − 증가 − 증가 − 감소'로 반대이다.

38 정답 ④

2025년의 기본급, 고정수당, 실적수당, 상여금을 구하면 다음과 같다.
- 2025년 기본급 : 63,500×1.05=66,675천 원
- 2025년 고정수당 : 4,100×0.99=4,059천 원
- 2025년 실적수당 : 1,800×0.99=1,782천 원
- 2025년 상여금 : 10,000×0.99=9,900천 원
따라서 2025년 기본급, 고정수당, 실적수당, 상여금의 총합은 66,675+4,059+1,782+9,900=82,416천 원이다.
다음으로 2021 ~ 2024년의 기본급, 고정수당, 실적수당, 상여금의 총합을 구하면 다음과 같다.

- 2021년 : 53,800+4,500+1,600+15,000=74,900천 원
- 2022년 : 53,600+3,400+2,300+17,000=76,300천 원
- 2023년 : 53,700+3,200+2,100+18,000=77,000천 원
- 2024년 : 63,500+4,100+1,800+10,000=79,400천 원

따라서 2024년이 82,416−79,400=3,016천 원으로 가장 차이가 적다.

39   정답 ④

- 관리직의 구직 대비 구인률 : $\dfrac{993}{2,951} \times 100 ≒ 34\%$
- 음식서비스 관련직의 구직 대비 취업률

  : $\dfrac{458}{2,936} \times 100 ≒ 16\%$

따라서 둘의 차이는 약 34−16=18%p이다.

40   정답 ④

영업원 및 판매 관련직의 구직 대비 취업률을 구하면 $\dfrac{733}{3,083} \times$

100=23.8%이므로 25% 이하이다.

[오답분석]

① 구직 대비 취업률이 가장 높은 직종은 $\dfrac{345}{1,110} \times 100 =$

  31.1%로 기계 관련직이다.
② 취업자 수가 구인자 수를 초과한 직종은 법률·경찰·소방·교도 관련직과 미용·숙박·여행·오락·스포츠 관련직으로 2가지이다.
③ 구인자 수가 구직자 수를 초과한 직종은 금융보험 관련직 1가지이다.

02   추리능력검사

01	02	03	04	05	06	07	08	09	10
①	②	②	①	①	①	②	③	①	①
11	12	13	14	15	16	17	18	19	20
②	③	④	②	③	④	②	①	③	②
21	22	23	24	25	26	27	28	29	30
②	③	②	②	①	④	①	④	④	③
31	32	33	34	35	36	37	38	39	40
③	①	③	②	④	①	②	②	④	③

01   정답 ①

우영 − 홍민 − 성용 − 현우 − 영권 순으로 들어왔다.
따라서 제시문 B는 참이다.

02   정답 ②

내일의 강수 확률은 40%이다. 우산을 챙기려면 기온이 영상이어야 하므로 우산을 챙길 확률은 0.4×0.2=0.08, 즉 8%이다. 따라서 제시문 B는 거짓이다.

03   정답 ②

'청렴을 택하지 않는 사람은 탐욕을 택한다.'에 대하여 '탐욕을 택하지 않는 사람은 청렴을 택한다.'의 대우가 성립하므로 제시문 B는 거짓이다.

04   정답 ①

주어진 명제를 정리하면 다음과 같다.
- p : 피로가 쌓이다.
- q : 휴식을 취한다.
- r : 마음이 안정된다.
- s : 모든 연락을 끊는다.

제시문 A를 간단히 나타내면, $p \rightarrow q$, $\sim r \rightarrow \sim q(q \rightarrow r)$, $\sim p \rightarrow \sim s(s \rightarrow p)$이다. 이를 연립하면 $s \rightarrow p \rightarrow q \rightarrow r$가 되므로 $s \rightarrow r$이 성립한다. 따라서 제시문 B는 참이다.

05   정답 ①

가격이 높은 순으로 나열하면 '파프리카 − 참외 − 토마토 − 오이'이므로 참외는 두 번째로 비싸다. 따라서 제시문 B는 참이다.

06

정답 ①

주어진 명제를 정리하면 다음과 같다.
- p : 단거리 경주에 출전한다.
- q : 장거리 경주에 출전한다.
- r : 농구 경기에 출전한다.
- s : 배구 경기에 출전한다.

$p \rightarrow q$, $q \rightarrow \sim r$, $r \rightarrow s$로 대우는 각각 $\sim q \rightarrow \sim p$, $r \rightarrow \sim q$, $\sim s \rightarrow \sim r$이다. $r \rightarrow \sim q \rightarrow \sim p$에 따라 $r \rightarrow \sim p$가 성립한다. 따라서 '농구 경기에 출전한 사람은 단거리 경주에 출전하지 않는다.'는 참이 된다.

07

정답 ②

이대리의 퇴근 시간을 x분이라고 할 때, 주어진 조건에 따라 퇴근 시간을 정리하면 다음과 같다.
- 김사원 : $(x-30)$분
- 박주임 : $(x-30+20)$분
- 최부장 : $(x-10)$분
- 임차장 : $(x-30)$분 이전

따라서 임차장은 이대리보다 30분 이상 먼저 퇴근하였으므로 거짓이 된다.

08

정답 ③

Y대학과 A대학의 평균 입학점수의 대소 관계에 대해서는 나타나 있지 않으므로, K－Y－A－L대학 또는 K－A－Y－L대학 모두 가능하다. 따라서 Y대학의 평균 입학점수가 A대학의 평균 입학점수보다 높은지 아닌지 알 수 없다.

09

정답 ①

08번 해설에 따라 참이다.

10

정답 ①

08번 해설에 따르면 평균 입학점수가 가장 낮은 대학은 L대학이고, L대학의 평균 입학점수는 첫 번째, 두 번째 조건에 따라 80점이므로 Y대학의 평균 입학점수는 80점 이상이다.

11

정답 ②

홀수 항은 $+2$, 짝수 항은 $+3$을 적용하는 수열이다.
따라서 (　)$=8+2=10$이다.

12

정답 ③

앞의 항에 $\div 3$을 적용하는 수열이다.
따라서 (　)$=1 \div 3 = \dfrac{1}{3}$이다.

13

정답 ④

앞의 항에 $+6$을 적용하는 수열이다.
따라서 (　)$=20+6=26$이다.

14

정답 ②

나열된 숫자를 각각 A, B, C라고 하면
$\underline{A \ B \ C} \rightarrow A \times B = C$
따라서 (　)$=14 \div 2 = 7$이다.

15

정답 ③

앞의 항이 $\dfrac{B}{A}$일 때 다음 항은 $\dfrac{A-1}{A \times B}$인 수열이다.
따라서 (　)$=\dfrac{60-1}{60 \times 11} = \dfrac{59}{660}$이다.

16

정답 ④

홀수 항은 $\times 3 - 1$, 짝수 항은 $+\dfrac{5}{6}$을 적용하는 수열이다.
따라서 (　)$=-\dfrac{5}{2} \times 3 - 1 = -\dfrac{15}{2} - 1 = -\dfrac{17}{2}$이다.

17

정답 ②

$+1.2$와 $\div 2$를 번갈아 적용하는 수열이다.
따라서 (　)$=1.1+1.2=2.3$이다.

18

정답 ①

나열된 수를 각각 A, B, C라고 하면
$\underline{A \ B \ C} \rightarrow B = A + C$
따라서 (　)$=-14+16=2$이다.

19

정답 ③

나열된 수를 각각 A, B, C라고 하면
$\underline{A \ B \ C} \rightarrow (A+B) \times 2 = C$
따라서 (　)$=(2+4) \times 2 = 12$이다.

20

정답 ②

나열된 수를 각각 A, B, C라고 하면
$\underline{A\ B\ C} \rightarrow B - A = C$
따라서 ( )$-(-27) = 23$이므로 ( )$= 23 + (-27) = -4$
이다.

21

정답 ②

나열된 수를 각각 A, B, C라고 하면
$\underline{A\ B\ C} \rightarrow B = (A + C) \div 3$
따라서 ( )$= (12 - 1) \div 3 = \dfrac{11}{3}$이다.

22

정답 ③

앞의 문자에 각각 $+2$, $+4$, $+6$, $+8$ …을 적용하는 수열이다.

B	D	H	N	(V)
2	4	8	14	22

23

정답 ③

1^2, 2^2, 3^2, 4^2, 5^2…의 규칙을 가진 수열이다.

A	D	I	P	(Y)
1	4	9	16	25

24

정답 ②

$+5$, -6이 반복되는 수열이다.

ㅈ	ㅎ	ㅇ	ㅍ	ㅅ	(ㅌ)
9	14	8	13	7	12

25

정답 ①

n번째 항과 $(n+1)$번째 항의 합이 $(n+2)$번째 항이 되는 수열이다.

ㄱ	ㄷ	ㄹ	ㅅ	(ㅋ)	ㄹ
1	3	4	7	11	18(4)

26

정답 ④

홀수 항은 -4, 짝수 항은 $+2$를 적용하는 수열이다.

휴	유	츄	츄	뷰	튜	뉴	(휴)
14	8	10	10	6	12	2	14

27

정답 ①

$+5$, -2를 번갈아 적용하는 수열이다.

b	g	e	j	(h)	m	k	p
2	7	5	10	8	13	11	16

28

정답 ④

대문자 알파벳, 한글 자음, 한자 순서로 나열하며, 앞의 항에
-5, -4, -3, -2, -1, …을 더하는 수열이다.

S	ㅎ	十	G	ㅁ	(四)
19	14	10	7	5	4

29

정답 ④

홀수 항은 $+2$, 짝수 항은 $\times 4$를 적용하는 수열이다.

c	A	(e)	D	g	P
3	1	5	4	7	16

30

정답 ③

$\times 1$, $+1$, -1, $\times 2$, $+2$, -2, $\times 3$, $+3$, …을 적용하는 수열이다.

B	B	C	B	D	F	D	L	(O)
2	2	3	2	4	6	4	12	15

31

정답 ③

홀수 항은 $+2$, 짝수 항은 $\times 2$을 적용하는 수열이다.

H	ㄷ	(J)	ㅂ	L	ㅌ
8	3	10	6	12	12

32

정답 ①

홀수 항은 $+2$, 짝수 항은 $\div 3$을 적용하는 수열이다.

a	R	C	F	e	(B)
1	18	3	6	5	2

33

정답 ③

• CBP-<u>WK</u>4A-P31-B0803 : 배터리형태 중 WK는 없는 형태이다.
• PBP-DK1E-<u>P21</u>-A8B12 : 고속충전 규격 중 P21은 없는 규격이다.
• NBP-LC3B-P31-B3<u>230</u> : 생산날짜의 2월은 30일이 없는

날짜이다.
- CNP-LW4E-P20-A7A29 : 제품분류 중 CNP는 없는 분류이다.

따라서 보기에서 시리얼 번호가 잘못 부여된 것은 총 4개이다.

34 　　　　　　　　정답 ②

고객이 설명한 제품정보를 정리하면 다음과 같다.
- 설치형 : PBP
- 도킹형 : DK
- 20,000mAH 이상 : 2
- 60W 이상 : B
- USB-PD3.0 : P30
- 2022년 10월 12일 : B2012

따라서 K주임이 데이터베이스에 검색할 시리얼 번호는 'PBP-DK2B-P30-B2012'이다.

35 　　　　　　　　정답 ④

환자의 환자번호 마지막 네 자리가 N000으로 표기된 것으로 보아 경증이며 증상은 기침만 있다는 것을 알 수 있다. 따라서 옳은 설명이다.

오답분석
① 맨 앞자리가 국내에서 발생하였는지(I) 해외에서 유입되었는지(O)를 알려주는 정보이다. 따라서 환자는 국내에서 감염되었음을 알 수 있다.
② 두 번째·세 번째 자리가 02인 것을 보아 인천에서 감염된 것임을 알 수 있다.
③ 네 번째 자리가 바이러스의 염기서열을 나타내는 자리이다. 환자는 3으로 표기되어 있으므로 염기서열이 G그룹임을 알 수 있다.

36 　　　　　　　　정답 ①

확진자 갑에 대한 정보를 환자번호 구성 순서로 정리하면 다음과 같다.
- 유학 중 귀국 비행 도중 감염 증상 보임 : 해외유입(O)
- 대구에서 확정 판정 : 대구(09)
- 검사 결과 S그룹 감염으로 판정 : S그룹(1)
- 27세 : 20~30대(A)
- 중등도 분류 : 중등도(D)
- 기침과 발열 증상을 보임 : 기침·발열(010)

따라서 환자번호는 'O091AD010'이다.

37 　　　　　　　　정답 ②

ㄱ. I002AN000 : 2~3번째 자리는 확진 지역 자리로 01부터 14번까지만 존재하므로 00번은 옳지 않다.
ㄷ. O124FN111 : 6번째 자리는 증상 정도를 나타내고 7~9번째 자리는 증상 내용을 나타낸다. 폐렴은 최중증에서만 나타난다고 하였는데, 증상 정도는 경증(N)에 증상 내용은 발열·폐렴(111)이므로 옳지 않다.

오답분석
ㄴ. O031AD010 : 해외유입 - 경기 - S그룹 - 20~30대 - 중등도 - 기침·발열
ㄹ. I143KL011 : 국내발생 - 제주 - G그룹 - 10대 - 중증 - 기침·발열·호흡곤란
ㅁ. O024FN001 : 해외유입 - 인천 - L그룹 - 40~50대 - 경증 - 발열

38 　　　　　　　　정답 ②

A/S 접수 현황에서 잘못 기록된 시리얼 번호는 총 7개이다.

분류1	• ABE1O6100121 → 일련번호가 09999 이상인 것은 없음
	• MBE1DB001403 → 제조월 표기기호 중 'B'는 없음
분류2	• MBP2CO120202 → 일련번호가 09999 이상인 것은 없음
	• ABE2DO001063 → 제조월 표기기호 중 'O'은 없음
분류3	• CBL3S8005402 → 제조년도 표기기호 중 'S'는 없음
분류4	• SBE4D5101483 → 일련번호가 09999 이상인 것은 없음
	• CBP4D6100023 → 일련번호가 09999 이상인 것은 없음

39 　　　　　　　　정답 ④

제조연도는 시리얼 번호 중 앞에서 다섯 번째 알파벳으로 알 수 있다. 2012년도는 'A', 2013년도는 'B'로 표기되어 있으며, A/S 접수 현황에서 총 9개를 확인할 수 있다.

40 　　　　　　　　정답 ③

A/S 접수 현황에서 제품 시리얼 번호를 확인하면 네 번째 자리의 숫자가 분류1에는 '1', 분류2에는 '2', 분류3에는 '3', 분류4에는 '4'로 나눠져 있음을 알 수 있다. 따라서 네 번째 자리가 의미하는 메모리 용량이 시리얼 번호를 분류하는 기준이다.

PART 3

01	02	03	04	05	06	07	08	09	10
④	④	①	②	④	①	④	④	①	③
11	12	13	14	15	16	17	18	19	20
④	②	④	①	④	②	④	③	②	②
21	22	23	24	25	26	27	28	29	30
②	②	④	①	④	①	①	④	④	①
31	32	33	34	35	36	37	38	39	40
①	②	①	④	③	②	③	①	②	④

01 정답 ④

- 1층 : $5 \times 5 - 9 = 16$
- 2층 : $25 - 17 = 8$
- 3층 : $25 - 18 = 7$
- 4층 : $25 - 19 = 6$
∴ $16 + 8 + 7 + 6 = 37$개

02 정답 ④

- 1층 : $5 \times 4 - 3 = 17$개
- 2층 : $20 - 4 = 16$개
- 3층 : $20 - 11 = 9$개
∴ $17 + 16 + 9 = 42$개

03 정답 ①

- 1층 : $4 \times 4 - 5 = 11$개
- 2층 : $16 - 12 = 4$개
- 3층 : $16 - 14 = 2$개
∴ $11 + 4 + 2 = 17$개

04 정답 ②

- 1층 : $4 \times 3 - 5 = 7$개
- 2층 : $12 - 8 = 4$개
- 3층 : $12 - 11 = 1$개
∴ $7 + 4 + 1 = 12$개

05 정답 ④

- 1층 : $5 \times 5 - 6 = 19$
- 2층 : $25 - 15 = 10$
- 3층 : $25 - 20 = 5$
- 4층 : $25 - 21 = 4$
∴ $19 + 10 + 5 + 4 = 38$개

06 정답 ①

- 1층 : $4 \times 4 - 2 = 14$개
- 2층 : $16 - 4 = 12$개
- 3층 : $16 - 5 = 11$개
- 4층 : $16 - 9 = 7$개
∴ $14 + 12 + 11 + 7 = 44$개

07 정답 ④

- 1층 : $5 \times 5 - 8 = 17$
- 2층 : $25 - 14 = 11$
- 3층 : $25 - 16 = 9$
- 4층 : $25 - 19 = 6$
- 5층 : $25 - 21 = 4$
∴ $17 + 11 + 9 + 6 + 4 = 47$개

08 정답 ④

- 1층 : $4 \times 4 - 2 = 14$개
- 2층 : $16 - 3 = 13$개
- 3층 : $16 - 8 = 8$개
- 4층 : $16 - 12 = 4$개
∴ $14 + 13 + 8 + 4 = 39$개

09 정답 ①

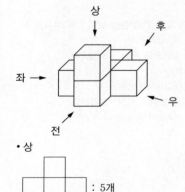

- 상

: 5개

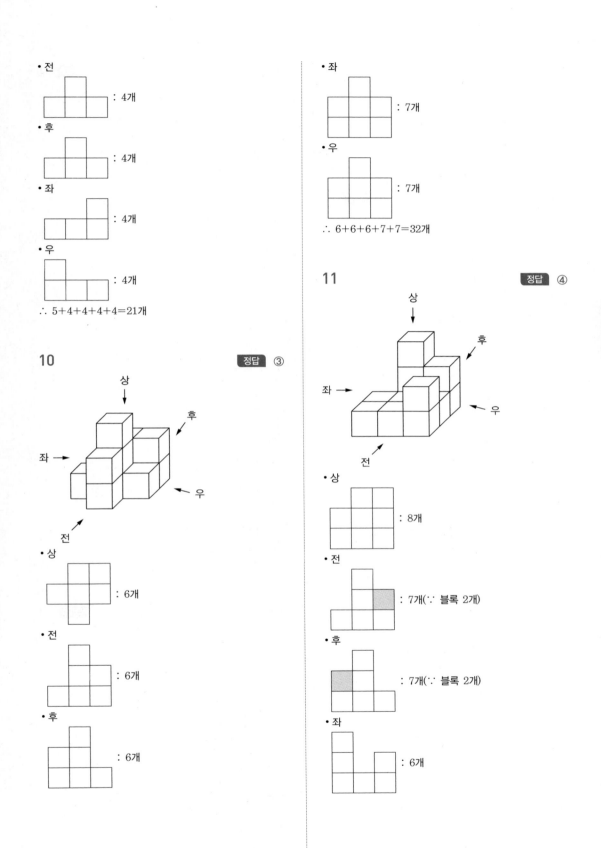

• 전

: 4개

• 후

: 4개

• 좌

: 4개

• 우

: 4개

∴ 5+4+4+4+4=21개

10　　　정답 ③

상

후

좌

우

전

• 상

: 6개

• 전

: 6개

• 후

: 6개

• 좌

: 7개

• 우

: 7개

∴ 6+6+6+7+7=32개

11　　　정답 ④

상

후

좌

우

전

• 상

: 8개

• 전

: 7개(∵ 블록 2개)

• 후

: 7개(∵ 블록 2개)

• 좌

: 6개

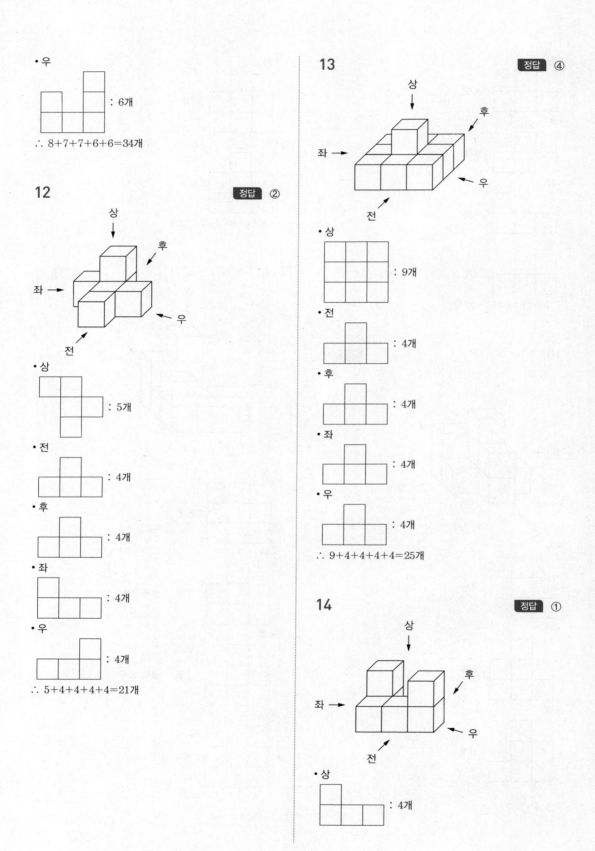

• 우

: 6개

∴ 8+7+7+6+6=34개

12

정답 ②

상

후

좌

우

전

• 상

: 5개

• 전

: 4개

• 후

: 4개

• 좌

: 4개

• 우

: 4개

∴ 5+4+4+4+4=21개

13

정답 ④

상

후

좌

우

전

• 상

: 9개

• 전

: 4개

• 후

: 4개

• 좌

: 4개

• 우

: 4개

∴ 9+4+4+4+4=25개

14

정답 ①

상

후

좌

우

전

• 상

: 4개

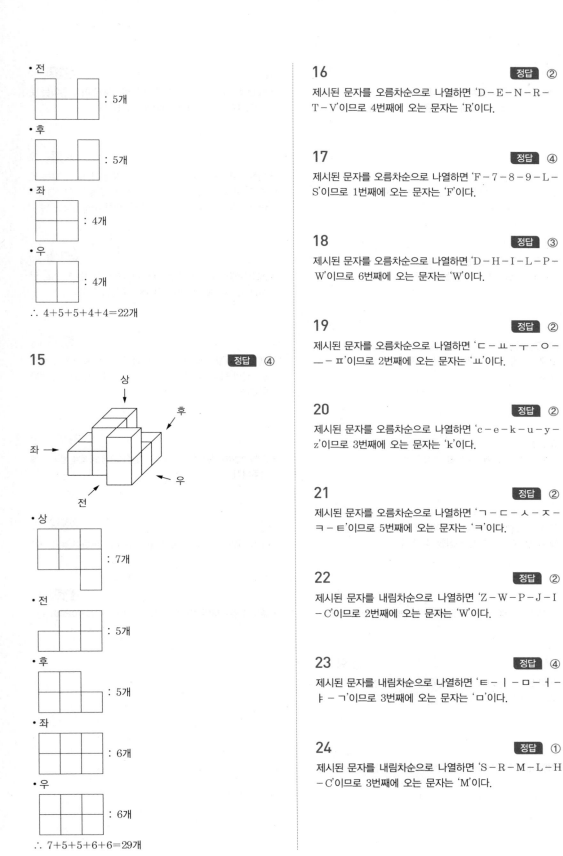

• 전

: 5개

• 후

: 5개

• 좌

: 4개

• 우

: 4개

∴ 4+5+5+4+4=22개

15

정답 ④

상

후

좌 →

우

전

• 상

: 7개

• 전

: 5개

• 후

: 5개

• 좌

: 6개

• 우

: 6개

∴ 7+5+5+6+6=29개

16
정답 ②

제시된 문자를 오름차순으로 나열하면 'D−E−N−R−T−V'이므로 4번째에 오는 문자는 'R'이다.

17
정답 ④

제시된 문자를 오름차순으로 나열하면 'F−7−8−9−L−S'이므로 1번째에 오는 문자는 'F'이다.

18
정답 ③

제시된 문자를 오름차순으로 나열하면 'D−H−I−L−P−W'이므로 6번째에 오는 문자는 'W'이다.

19
정답 ②

제시된 문자를 오름차순으로 나열하면 'ㄷ−ㅛ−ㅜ−ㅇ−ㅡ−ㅍ'이므로 2번째에 오는 문자는 'ㅛ'이다.

20
정답 ②

제시된 문자를 오름차순으로 나열하면 'c−e−k−u−y−z'이므로 3번째에 오는 문자는 'k'이다.

21
정답 ②

제시된 문자를 오름차순으로 나열하면 'ㄱ−ㄷ−ㅅ−ㅈ−ㅋ−ㅌ'이므로 5번째에 오는 문자는 'ㅋ'이다.

22
정답 ②

제시된 문자를 내림차순으로 나열하면 'Z−W−P−J−I−C'이므로 2번째에 오는 문자는 'W'이다.

23
정답 ④

제시된 문자를 내림차순으로 나열하면 'ㅌ−ㅣ−ㅁ−ㅓ−ㅑ−ㄱ'이므로 3번째에 오는 문자는 'ㅁ'이다.

24
정답 ①

제시된 문자를 내림차순으로 나열하면 'S−R−M−L−H−C'이므로 3번째에 오는 문자는 'M'이다.

PART 3

25 　정답 ④

제시된 문자를 내림차순으로 나열하면 'ㅋ-ㅣ-ㅈ-ㅠ-ㄹ-ㄱ'이므로 1번째에 오는 문자는 'ㅋ'이다.

26 　정답 ①

제시된 문자를 내림차순으로 나열하면 'Y-U-ㅅ-ㅁ-ㅑ-ㅏ'이므로 2번째에 오는 문자는 'U'이다.

27 　정답 ①

제시된 문자를 내림차순으로 나열하면 'ㅈ-ㅠ-ㅂ-E-D-ㅏ'이므로 6번째에 오는 문자는 'ㅏ'이다.

28 　정답 ④

곤충의 일종인 '꿀'벌, 알을 낳는 능력이 있는 '여왕'벌, '잘못'하거나 죄를 지은 사람에게 주는 벌을 통해 '벌'을 연상할 수 있다.

29 　정답 ④

후삼국의 '통일', 고려'청자', '생각'하고 헤아려 본다는 뜻의 고려(考慮)를 통해 '고려'를 연상할 수 있다.

30 　정답 ①

'그늘', 그림자를 찾으러 온 '피터팬', 그림자를 생기게 하는 '빛'을 통해 '그림자'를 연상할 수 있다.

31 　정답 ①

'α'(알파), '문자', '그리스'를 통해 '알파벳'을 연상할 수 있다.

32 　정답 ②

'맛'이 달다, '무게'를 달다, '단추'를 달다를 통해 '달다'를 연상할 수 있다.

33 　정답 ①

• 類類相從(유유상종) : 같은 무리끼리 서로 사귐을 이르는 말

34 　정답 ④

• 鼓腹擊壤(고복격양) : 배를 두드리고 흙덩이를 친다는 뜻으로, 매우 살기 좋은 시절을 이르는 말

35 　정답 ③

• 指鹿爲馬(지록위마) : 사슴을 가리켜 말이라고 한다는 뜻으로, 사실이 아닌 것을 사실로 만들어 강압으로 인정하게 하거나 윗사람을 농락하여 권세를 마음대로 한다는 말

36 　정답 ②

• 雪上加霜(설상가상) : 눈 위에 서리가 덮인다는 뜻으로, 난처한 일이나 불행한 일이 잇따라 일어남을 이르는 말

37 　정답 ③

• 刮目相對(괄목상대) : 눈을 비비고 상대방을 본다는 뜻으로, 남의 학식이나 재주가 놀랄 만큼 갑자기 늘어난 것을 일컫는 말

38 　정답 ①

• 大器晚成(대기만성) : 크게 될 인물은 오랜 공적을 쌓아 늦게 이루어짐

39 　정답 ②

• 好事多魔(호사다마) : 좋은 일에는 흔히 장애물이 들기 쉬움

40 　정답 ④

• 識字憂患(식자우환) : 학식이 도리어 근심을 이끌어 옴

얼마나 많은 사람들이 책 한 권을 읽음으로써

인생에 새로운 전기를 맞이했던가.

- 헨리 데이비드 소로 -

합 격 의
공 식
시대에듀
S D E D U

행운이란 100%의 노력 뒤에 남는 것이다.

– 랭스턴 콜먼 –

삼성 4급 전문대졸 GSAT 모의고사 답안지

수리능력검사

문번	1	2	3	4	문번	1	2	3	4
1	①	②	③	④	21	①	②	③	④
2	①	②	③	④	22	①	②	③	④
3	①	②	③	④	23	①	②	③	④
4	①	②	③	④	24	①	②	③	④
5	①	②	③	④	25	①	②	③	④
6	①	②	③	④	26	①	②	③	④
7	①	②	③	④	27	①	②	③	④
8	①	②	③	④	28	①	②	③	④
9	①	②	③	④	29	①	②	③	④
10	①	②	③	④	30	①	②	③	④
11	①	②	③	④	31	①	②	③	④
12	①	②	③	④	32	①	②	③	④
13	①	②	③	④	33	①	②	③	④
14	①	②	③	④	34	①	②	③	④
15	①	②	③	④	35	①	②	③	④
16	①	②	③	④	36	①	②	③	④
17	①	②	③	④	37	①	②	③	④
18	①	②	③	④	38	①	②	③	④
19	①	②	③	④	39	①	②	③	④
20	①	②	③	④	40	①	②	③	④

추리능력검사

문번	1	2	3	4	문번	1	2	3	4
1	①	②	③	④	21	①	②	③	④
2	①	②	③	④	22	①	②	③	④
3	①	②	③	④	23	①	②	③	④
4	①	②	③	④	24	①	②	③	④
5	①	②	③	④	25	①	②	③	④
6	①	②	③	④	26	①	②	③	④
7	①	②	③	④	27	①	②	③	④
8	①	②	③	④	28	①	②	③	④
9	①	②	③	④	29	①	②	③	④
10	①	②	③	④	30	①	②	③	④
11	①	②	③	④	31	①	②	③	④
12	①	②	③	④	32	①	②	③	④
13	①	②	③	④	33	①	②	③	④
14	①	②	③	④	34	①	②	③	④
15	①	②	③	④	35	①	②	③	④
16	①	②	③	④	36	①	②	③	④
17	①	②	③	④	37	①	②	③	④
18	①	②	③	④	38	①	②	③	④
19	①	②	③	④	39	①	②	③	④
20	①	②	③	④	40	①	②	③	④

지각능력검사

문번	1	2	3	4	문번	1	2	3	4
1	①	②	③	④	21	①	②	③	④
2	①	②	③	④	22	①	②	③	④
3	①	②	③	④	23	①	②	③	④
4	①	②	③	④	24	①	②	③	④
5	①	②	③	④	25	①	②	③	④
6	①	②	③	④	26	①	②	③	④
7	①	②	③	④	27	①	②	③	④
8	①	②	③	④	28	①	②	③	④
9	①	②	③	④	29	①	②	③	④
10	①	②	③	④	30	①	②	③	④
11	①	②	③	④	31	①	②	③	④
12	①	②	③	④	32	①	②	③	④
13	①	②	③	④	33	①	②	③	④
14	①	②	③	④	34	①	②	③	④
15	①	②	③	④	35	①	②	③	④
16	①	②	③	④	36	①	②	③	④
17	①	②	③	④	37	①	②	③	④
18	①	②	③	④	38	①	②	③	④
19	①	②	③	④	39	①	②	③	④
20	①	②	③	④	40	①	②	③	④

고사장

성명

수험번호

⓪	①	②	③	④	⑤	⑥	⑦	⑧	⑨
⓪	①	②	③	④	⑤	⑥	⑦	⑧	⑨
⓪	①	②	③	④	⑤	⑥	⑦	⑧	⑨
⓪	①	②	③	④	⑤	⑥	⑦	⑧	⑨
⓪	①	②	③	④	⑤	⑥	⑦	⑧	⑨
⓪	①	②	③	④	⑤	⑥	⑦	⑧	⑨
⓪	①	②	③	④	⑤	⑥	⑦	⑧	⑨

감독위원 확인

㉑

삼성 4급 전문대졸 GSAT 모의고사 답안지

고사장

성 명

수 험 번 호

⓪	⓪	⓪	⓪	⓪	⓪	
①	①	①	①	①	①	①
②	②	②	②	②	②	②
③	③	③	③	③	③	③
④	④	④	④	④	④	④
⑤	⑤	⑤	⑤	⑤	⑤	⑤
⑥	⑥	⑥	⑥	⑥	⑥	⑥
⑦	⑦	⑦	⑦	⑦	⑦	⑦
⑧	⑧	⑧	⑧	⑧	⑧	⑧
⑨	⑨	⑨	⑨	⑨	⑨	⑨

감독위원 확인

(인)

수리능력검사

문번	1	2	3	4	문번	1	2	3	4
1	①	②	③	④	21	①	②	③	④
2	①	②	③	④	22	①	②	③	④
3	①	②	③	④	23	①	②	③	④
4	①	②	③	④	24	①	②	③	④
5	①	②	③	④	25	①	②	③	④
6	①	②	③	④	26	①	②	③	④
7	①	②	③	④	27	①	②	③	④
8	①	②	③	④	28	①	②	③	④
9	①	②	③	④	29	①	②	③	④
10	①	②	③	④	30	①	②	③	④
11	①	②	③	④	31	①	②	③	④
12	①	②	③	④	32	①	②	③	④
13	①	②	③	④	33	①	②	③	④
14	①	②	③	④	34	①	②	③	④
15	①	②	③	④	35	①	②	③	④
16	①	②	③	④	36	①	②	③	④
17	①	②	③	④	37	①	②	③	④
18	①	②	③	④	38	①	②	③	④
19	①	②	③	④	39	①	②	③	④
20	①	②	③	④	40	①	②	③	④

추리능력검사

문번	1	2	3	4	문번	1	2	3	4
1	①	②	③	④	21	①	②	③	④
2	①	②	③	④	22	①	②	③	④
3	①	②	③	④	23	①	②	③	④
4	①	②	③	④	24	①	②	③	④
5	①	②	③	④	25	①	②	③	④
6	①	②	③	④	26	①	②	③	④
7	①	②	③	④	27	①	②	③	④
8	①	②	③	④	28	①	②	③	④
9	①	②	③	④	29	①	②	③	④
10	①	②	③	④	30	①	②	③	④
11	①	②	③	④	31	①	②	③	④
12	①	②	③	④	32	①	②	③	④
13	①	②	③	④	33	①	②	③	④
14	①	②	③	④	34	①	②	③	④
15	①	②	③	④	35	①	②	③	④
16	①	②	③	④	36	①	②	③	④
17	①	②	③	④	37	①	②	③	④
18	①	②	③	④	38	①	②	③	④
19	①	②	③	④	39	①	②	③	④
20	①	②	③	④	40	①	②	③	④

지각능력검사

문번	1	2	3	4	문번	1	2	3	4
1	①	②	③	④	21	①	②	③	④
2	①	②	③	④	22	①	②	③	④
3	①	②	③	④	23	①	②	③	④
4	①	②	③	④	24	①	②	③	④
5	①	②	③	④	25	①	②	③	④
6	①	②	③	④	26	①	②	③	④
7	①	②	③	④	27	①	②	③	④
8	①	②	③	④	28	①	②	③	④
9	①	②	③	④	29	①	②	③	④
10	①	②	③	④	30	①	②	③	④
11	①	②	③	④	31	①	②	③	④
12	①	②	③	④	32	①	②	③	④
13	①	②	③	④	33	①	②	③	④
14	①	②	③	④	34	①	②	③	④
15	①	②	③	④	35	①	②	③	④
16	①	②	③	④	36	①	②	③	④
17	①	②	③	④	37	①	②	③	④
18	①	②	③	④	38	①	②	③	④
19	①	②	③	④	39	①	②	③	④
20	①	②	③	④	40	①	②	③	④

삼성 4급 전문대졸 GSAT 모의고사 답안지

수리능력검사

문번	1	2	3	4	문번	1	2	3	4
1	①	②	③	④	21	①	②	③	④
2	①	②	③	④	22	①	②	③	④
3	①	②	③	④	23	①	②	③	④
4	①	②	③	④	24	①	②	③	④
5	①	②	③	④	25	①	②	③	④
6	①	②	③	④	26	①	②	③	④
7	①	②	③	④	27	①	②	③	④
8	①	②	③	④	28	①	②	③	④
9	①	②	③	④	29	①	②	③	④
10	①	②	③	④	30	①	②	③	④
11	①	②	③	④	31	①	②	③	④
12	①	②	③	④	32	①	②	③	④
13	①	②	③	④	33	①	②	③	④
14	①	②	③	④	34	①	②	③	④
15	①	②	③	④	35	①	②	③	④
16	①	②	③	④	36	①	②	③	④
17	①	②	③	④	37	①	②	③	④
18	①	②	③	④	38	①	②	③	④
19	①	②	③	④	39	①	②	③	④
20	①	②	③	④	40	①	②	③	④

추리능력검사

문번	1	2	3	4	문번	1	2	3	4
1	①	②	③	④	21	①	②	③	④
2	①	②	③	④	22	①	②	③	④
3	①	②	③	④	23	①	②	③	④
4	①	②	③	④	24	①	②	③	④
5	①	②	③	④	25	①	②	③	④
6	①	②	③	④	26	①	②	③	④
7	①	②	③	④	27	①	②	③	④
8	①	②	③	④	28	①	②	③	④
9	①	②	③	④	29	①	②	③	④
10	①	②	③	④	30	①	②	③	④
11	①	②	③	④	31	①	②	③	④
12	①	②	③	④	32	①	②	③	④
13	①	②	③	④	33	①	②	③	④
14	①	②	③	④	34	①	②	③	④
15	①	②	③	④	35	①	②	③	④
16	①	②	③	④	36	①	②	③	④
17	①	②	③	④	37	①	②	③	④
18	①	②	③	④	38	①	②	③	④
19	①	②	③	④	39	①	②	③	④
20	①	②	③	④	40	①	②	③	④

지각능력검사

문번	1	2	3	4	문번	1	2	3	4
1	①	②	③	④	21	①	②	③	④
2	①	②	③	④	22	①	②	③	④
3	①	②	③	④	23	①	②	③	④
4	①	②	③	④	24	①	②	③	④
5	①	②	③	④	25	①	②	③	④
6	①	②	③	④	26	①	②	③	④
7	①	②	③	④	27	①	②	③	④
8	①	②	③	④	28	①	②	③	④
9	①	②	③	④	29	①	②	③	④
10	①	②	③	④	30	①	②	③	④
11	①	②	③	④	31	①	②	③	④
12	①	②	③	④	32	①	②	③	④
13	①	②	③	④	33	①	②	③	④
14	①	②	③	④	34	①	②	③	④
15	①	②	③	④	35	①	②	③	④
16	①	②	③	④	36	①	②	③	④
17	①	②	③	④	37	①	②	③	④
18	①	②	③	④	38	①	②	③	④
19	①	②	③	④	39	①	②	③	④
20	①	②	③	④	40	①	②	③	④

고사장

성 명

수 험 번 호

⓪	①	②	③	④	⑤	⑥	⑦	⑧	⑨
⓪	①	②	③	④	⑤	⑥	⑦	⑧	⑨
⓪	①	②	③	④	⑤	⑥	⑦	⑧	⑨
⓪	①	②	③	④	⑤	⑥	⑦	⑧	⑨
⓪	①	②	③	④	⑤	⑥	⑦	⑧	⑨
⓪	①	②	③	④	⑤	⑥	⑦	⑧	⑨
⓪	①	②	③	④	⑤	⑥	⑦	⑧	⑨

감독위원 확인

인

삼성 4급 전문대졸 GSAT 모의고사 답안지

고사장

성 명

수 험 번 호

감독위원 확인

인

수리능력검사

문번	1	2	3	4	문번	1	2	3	4
1	①	②	③	④	21	①	②	③	④
2	①	②	③	④	22	①	②	③	④
3	①	②	③	④	23	①	②	③	④
4	①	②	③	④	24	①	②	③	④
5	①	②	③	④	25	①	②	③	④
6	①	②	③	④	26	①	②	③	④
7	①	②	③	④	27	①	②	③	④
8	①	②	③	④	28	①	②	③	④
9	①	②	③	④	29	①	②	③	④
10	①	②	③	④	30	①	②	③	④
11	①	②	③	④	31	①	②	③	④
12	①	②	③	④	32	①	②	③	④
13	①	②	③	④	33	①	②	③	④
14	①	②	③	④	34	①	②	③	④
15	①	②	③	④	35	①	②	③	④
16	①	②	③	④	36	①	②	③	④
17	①	②	③	④	37	①	②	③	④
18	①	②	③	④	38	①	②	③	④
19	①	②	③	④	39	①	②	③	④
20	①	②	③	④	40	①	②	③	④

추리능력검사

문번	1	2	3	4	문번	1	2	3	4
1	①	②	③	④	21	①	②	③	④
2	①	②	③	④	22	①	②	③	④
3	①	②	③	④	23	①	②	③	④
4	①	②	③	④	24	①	②	③	④
5	①	②	③	④	25	①	②	③	④
6	①	②	③	④	26	①	②	③	④
7	①	②	③	④	27	①	②	③	④
8	①	②	③	④	28	①	②	③	④
9	①	②	③	④	29	①	②	③	④
10	①	②	③	④	30	①	②	③	④
11	①	②	③	④	31	①	②	③	④
12	①	②	③	④	32	①	②	③	④
13	①	②	③	④	33	①	②	③	④
14	①	②	③	④	34	①	②	③	④
15	①	②	③	④	35	①	②	③	④
16	①	②	③	④	36	①	②	③	④
17	①	②	③	④	37	①	②	③	④
18	①	②	③	④	38	①	②	③	④
19	①	②	③	④	39	①	②	③	④
20	①	②	③	④	40	①	②	③	④

지각능력검사

문번	1	2	3	4	문번	1	2	3	4
1	①	②	③	④	21	①	②	③	④
2	①	②	③	④	22	①	②	③	④
3	①	②	③	④	23	①	②	③	④
4	①	②	③	④	24	①	②	③	④
5	①	②	③	④	25	①	②	③	④
6	①	②	③	④	26	①	②	③	④
7	①	②	③	④	27	①	②	③	④
8	①	②	③	④	28	①	②	③	④
9	①	②	③	④	29	①	②	③	④
10	①	②	③	④	30	①	②	③	④
11	①	②	③	④	31	①	②	③	④
12	①	②	③	④	32	①	②	③	④
13	①	②	③	④	33	①	②	③	④
14	①	②	③	④	34	①	②	③	④
15	①	②	③	④	35	①	②	③	④
16	①	②	③	④	36	①	②	③	④
17	①	②	③	④	37	①	②	③	④
18	①	②	③	④	38	①	②	③	④
19	①	②	③	④	39	①	②	③	④
20	①	②	③	④	40	①	②	③	④

2025 최신판 시대에듀 All-New 삼성 온라인 GSAT 4급 전문대졸 채용 7개년 기출 + 모의고사 4회 + 무료4급특강

개정21판1쇄 발행	2025년 04월 15일 (인쇄 2025년 03월 20일)
초 판 발 행	2013년 12월 20일 (인쇄 2013년 11월 22일)
발 행 인	박영일
책 임 편 집	이해욱
편 저	SDC(Sidae Data Center)
편 집 진 행	안희선 · 정수현
표지디자인	김도연
편집디자인	최혜윤 · 장성복
발 행 처	(주)시대고시기획
출 판 등 록	제10-1521호
주 소	서울시 마포구 큰우물로 75 [도화동 538 성지 B/D] 9F
전 화	1600-3600
팩 스	02-701-8823
홈 페 이 지	www.sdedu.co.kr

I S B N	979-11-383-9039-2 (13320)
정 가	23,000원

※ 이 책은 저작권법의 보호를 받는 저작물이므로 동영상 제작 및 무단전재와 배포를 금합니다.
※ 잘못된 책은 구입하신 서점에서 바꾸어 드립니다.

GSAT

4급 전문대졸
온라인 삼성직무적성검사

7개년 기출 + 모의고사 4회
+ 무료4급특강

최신 출제경향 전면 반영

고졸 / 전문대졸 취업 기초부터 합격까지! 취업의 문을 여는 **Master Key!**

고졸/전문대졸 필기시험 시리즈

포스코그룹
생산기술직 / 직업훈련생

삼성
GSAT 4급

현대자동차
생산직 / 기술인력

SK그룹 생산직

SK이노베이션
생산직 / 기술직 / 교육 · 훈련생

SK하이닉스
고졸 / 전문대졸

※도서의 이미지 및 구성은 변동될 수 있습니다.

NEXT STEP

시대에듀가 합격을 준비하는
당신에게 제안합니다.

성공의 기회
시대에듀를 잡으십시오.

시대에듀

기회란 포착되어 활용되기 전에는 기회인지조차 알 수 없는 것이다.
- 마크 트웨인 -